חשבון הנפש
Cheshbon ha-Nefesh
by Rabbi Mendel of Satanov

סֵפֶר
חֶשְׁבּוֹן הַנֶּפֶשׁ

הִיא תַחְבּוּלָה נִפְלָאָה לְהִתְרַפְּאוֹת מֵחֳלָיֵי הַמִּדּוֹת עַל־יְדֵי
הַתְמָדַת חִנּוּךְ תִּקּוּנֵיהֶן בְּדֶרֶךְ חֶשְׁבּוֹן וְהַנְהָגָה נוֹחָה וְקַלָּה,
וּלְהִתְמַחוֹת לְרַפֵּאת גַּם אֲחֵרִים וּלְהַקֵל חִנּוּכֵיהֶם בְּדֶרֶךְ
הַטּוֹבָה:

חִבְּרוֹ הָרַב הֶחָכָם

מוֹהר"ר מֶענְדל במוֹהר"ר יְהוּדָה לֵיב זַבָּארא אִישׁ סָאטָנאָב
בעהמח"ח ספר מדע לבינה וספר רפואת העם

סֵפֶר נִפְלָא זֶה נִדְפַּס בִּשְׁנַת תר"ה, עַל־פִּי עֵצַת
הַגָּאוֹן הֶחָסִיד בְּדוֹרוֹ ר' יִשְׂרָאֵל סַלֶנְטֶר זצ"ל, וְעַתָּה נִדְפַּס מֵחָדָשׁ
בְּהִדּוּר רַב וּבְנִיקּוּד מָלֵא עַל־יְדֵי

הוצאת ספרים פלדהיים
ירושלים / ניו יורק

חשבון הנפש
Cheshbon ha-Nefesh

by Rabbi Mendel of Satanov

with a Foreword by
Rabbi Yitzchok Isaac Sher of Slobodka

Prepared for publication by
Dovid Landesman

based on a translation by
Rabbi Shraga Silverstein

Published in 1845 with the encouragement
of Rabbi Yisroel Salanter

FELDHEIM PUBLISHERS
Jerusalem / New York
5755 — 1995

Published by:
FELDHEIM PUBLISHERS
POB 35002 / Jerusalem, Israel

200 Airport Executive Park
Nanuet, N.Y. 10954

Printed in Israel

TABLE OF CONTENTS

BIOGRAPHICAL NOTE

R. Menachem Mendel Levin [Lefin] was born in Sata-
nov, Podolia in 1749 and passed away in 1826. A prolific
writer in both Hebrew and Yiddish, R. Mendel wrote a
revised Hebrew translation of the Rambam's *Moreh
Nevuchim* [Zolkiew, 1829], Yiddish translations of
Tehillim, Mishlei, Iyov, Eichah and *Koheles* as well as
numerous essays and articles on a variety of themes. His
Iggeros ha-Chochmah received the approbations of
many of the leading scholars of Lithuania and Poland,
including R. Yosef Teumim [author of *Peri Megadim*].

Cheshbon ha-Nefesh was first published in Lemberg in
1812 and was republished with the encouragement of R.
Yisroel Salanter in 1845. It was subsequently repub-
lished in Kaidan under the auspices of the Association of
Students of the Slobodka Yeshiva with a foreword by R.
Yitzchok Isaac Sher, the *Rosh Yeshivah*.

אלה שמות חכמי הדור הרבנים הגאונים, הבאים ביקר שהדותיהם
בהדפסה הראשונה ונקובים בשמותיהם ע"פ סדר א"ב:

ר' יצחק האבנעלערנטוער אב"ד דהאמשט	ר' אלעזר סג"ל לנדא
ר' מרדכי מרגליות אב"ד דק"ק סאמבוב	ר' יהושע העשיל אב"ד דק"ק מארניפאל
ר' יהושע זעליג בלאך דיין של הנ"ל	ר' יהושע העשיל אב"ד דק"ק חעלם
ר' יצחק במהו' ישכר בער דיין של הנ"ל	ר' יעקב אורנשטיין אב"ד דק"ק לבוב
ר' מרדכי מו"מ דק"ק דאמשט	ר' יעקב סג"ל לנדא
ר' משה בערנבלום אב"ד קאסטאנטין ישן	ר' יצחק חיים בלומענפעלד אב"ד דרישא

ועוד כמה גאונים הבאים בהסכמותיהם בספרו "רפואת העם" ו"אגרות החכמה"
ובתוכם הסכמת הרב הגאון בעהמ"ח ספר פרי מגדים זצ"ל

חשבון הנפש
Cheshbon ha-Nefesh
by Rabbi Mendel of Satanov

דְּבָרִים אֲחָדִים

בְּסֵפֶר נִכְבָּד זֶה מִתְבָּאֲרִים עִנְיָנִים חֲשׁוּבִים מֵחָכְמַת הַמּוּסָר, שֶׁלֹּא מָצָאנוּם בִּשְׁאָר סִפְרֵי מוּסָר שֶׁבְּיָדֵינוּ. וְעַל שְׁנֵי עִקָּרִים חֲשׁוּבִים רְצוֹנִי לְהָעִיר אֶת הַמְעַיֵּן בּוֹ, כַּאֲשֶׁר יְדִיעָתָם נְחוּצָה מְאֹד לַמִּתְחַנְּכִים בַּעֲבוֹדַת הַמּוּסָר

— הָעִקָּר הָרִאשׁוֹן

הוּא הֲבָנַת דַּרְכֵי יְצִירַת הַמַּחֲשָׁבָה.

בָּרוּר לַכֹּל, שֶׁאִם הָאָדָם אֵינוֹ יוֹדֵעַ וּמַכִּיר אֶת עַצְמוֹ, לֹא יוֹעִיל לוֹ לִמּוּד הַמּוּסָר, כֵּיוָן שֶׁאֵינוֹ יוֹדֵעַ מֶה חָסֵר לוֹ וּמַה יֵּשׁ־לוֹ לְתַקֵּן. כֵּן הוּא גַם הַיּוֹדֵעַ וּמַכִּיר מִדּוֹתָיו הֲלֹא טוֹבִים — אִי אֶפְשָׁר לוֹ לְהִתְחַנֵּךְ בַּעֲבוֹדַת הַמּוּסָר, כָּל־זְמַן שֶׁלֹּא יִתְבָּרֵר אֶצְלוֹ בְּאֵר הֵיטֵב דַּרְכֵי יְצִירַת הַמַּחֲשָׁבָה וְאָפְנֵי הִתְפַּתְּחוּתָהּ, מִפְּנֵי שֶׁהַהַכָּרָה הַחִיצוֹנָה בַּמִּדּוֹת אֵינֶנָּה הַכָּרָה שְׁלֵמָה, שֶׁהַמִּדּוֹת הֵם רְגָשִׁים פְּנִימִיִּים בַּנֶּפֶשׁ, וּמִתְגַּלִּים בַּמַּחֲשָׁבָה וּמִשְׁתָּרְשִׁים בָּהּ, וְאַחַר־כָּךְ יוֹצְאִים לִפְעֻלּוֹת, וְעַל־ כֵּן הַהַכָּרָה הַנְּכוֹנָה הִיא רַק בִּפְנִימִיּוּת הַמַּחְשָׁבוֹת שֶׁבַּלֵּב.

וְהִנֵּה ה׳ חוֹבוֹת־הַלְּבָבוֹת׳ בְּשַׁעַר יִחוּד הַמַּעֲשֶׂה, אַחֲרֵי שֶׁהֶאֱרִיךְ וְהִזְהִיר לְהִשָּׁמֵר מֵהַיֵּצֶר הָרָע בְּמִלְחַמְתּוֹ עִם הָאָדָם בְּעֵצוֹת וְתַחְבּוּלוֹת לְשַׁבֵּשׁ אֶת הַדֵּעוֹת וּלְהַחֲלִישׁ אֶת הַמַּעֲשִׂים, סִיֵּם אֶת דְּבָרָיו, שֶׁעִקַּר הַכֹּל הוּא הַפִּקּוּחַ עַל הַמַּחֲשָׁבָה שֶׁבַּלֵּב. וְזֶה לְשׁוֹנוֹ בְּפֶרֶק ו:

"אֲבָל הַזְּהִירוּת

בַּמַּחֲשָׁבָה וּשְׁמִירָתָהּ, רָאוּי לְךָ שֶׁלֹּא תִתְעַלֵּם לִפְקֹד מַחֲשַׁבְתְּךָ

FOREWORD

This distinguished work elucidates significant areas of the *mussar* wisdom which are not to be found in other works of *mussar* in our possession. I would like to draw the reader's attention to two important principles which are important for those following the *mussar* discipline.

The first principle concerns understanding the process of thought formation. It is obvious that if a person does not know and recognize his own character, he will find the study of *mussar* to be of no avail, for he has no idea what he lacks or what he must correct. Moreover, even one who recognizes and knows his negative character traits might find the study of *mussar* to be of no avail, for he cannot undertake to follow the *mussar* way of life until he fully understands the processes of thought formation and the modes of thought development. An external awareness of one's character traits cannot be taken as complete recognition, for character traits are the internal expressions of one's soul which root themselves in one's thoughts and then manifest themselves through one's actions. Hence, complete recognition is predicated on understanding the inner workings of the heart.

The *Chovos ha-Levavos*, in the section entitled *Yichud ha-Ma'aseh*, offers a lengthy discussion and exhortation regarding the need to guard oneself from the evil inclination which battles man with a variety of strategies and tricks designed to confuse his thoughts and weaken his actions. He then explains that the principle weapon available to man is his ability to supervise his own thought processes. In Chapter Six, he writes:

As concerns being careful and guarding one's

וְרַעְיוֹנְךָ וְשַׂרְעַפֵּי לִבְּךָ, כִּי רַב הַהֶפְסֵד וְהַתִּקּוּן בַּמַּעֲשִׂים לֹא
יִהְיֶה כִּי אִם מֵחֲמָתָם, כְּפִי תִקּוּנָם וְהֶפְסֵדָם". עַד כָּאן לְשׁוֹנוֹ.

עַל־כֵּן עָלֵינוּ לְהַחֲזִיק טוֹבָה לִמְחַבֵּר סֵפֶר נִכְבָּד זֶה,
הַמִּשְׁתַּדֵּל לִמְסֹר לָנוּ מַפְתְּחוֹת חָכְמָה נִפְלָאָה זוֹ בְּעֵצוֹת
וְתַחְבּוּלוֹת, הֵיאַךְ לְפַקֵּחַ עַל מַהֲלַךְ יְצִירַת מַחְשְׁבוֹתָיו, שֶׁמֵּהֶם
תּוֹצָאוֹת כָּל פְּעֻלּוֹת הָאָדָם — תְּבוּנוֹת נִפְלָאוֹת בְּסוֹד
הִתְהַוּוּת הַמַּחְשָׁבָה, אֵיךְ הַהֶרְגֵּשִׁים וְהַצִּיּוּרִים נוֹבְעִים
בְּמַעֲמַקֵּי הַלֵּב, וְאוֹר הַשֵּׂכֶל מְצָרְפָם וּמְזַכְּכָם עַד שֶׁיּוֹצֵר מֵהֶם
מַחְשָׁבָה מְתֻקֶּנֶת וּמְשֻׁכְלָלָה, שֶׁעַל־יְדֵי יְדִיעוֹת מְאִירוֹת אֵלוּ
אֶפְשָׁר לוֹ לָאָדָם לְפַקֵּחַ עַל יְצִירַת הַמַּחְשָׁבָה בְּעָמְקֵי סִתְרֵי
הַלֵּב, לְהַבְחִין כָּל רֶגֶשׁ וְצִיּוּר בְּרֵאשִׁית עֲלוֹתוֹ בְּמַחְשַׁבְתּוֹ,
וְלִרְאוֹת הֵיאַךְ מַחֲשֶׁבֶת הָאָדָם נִגְרֶרֶת אַחֲרֵי רִגְשֵׁי הַמִּדּוֹת
וְהַתַּאֲווֹת, וּלְהַצְלִיחַ בְּסִיַּעְתָּא דִשְׁמַיָּא בְּכָל עֲבוֹדַת הַמּוּסָר.

וְנַשְׂכִּיל לִרְאוֹת דֻּגְמָא דְּגָמָא אַחַת בַּחֲכָמֵינוּ, זִכְרוֹנָם לִבְרָכָה,
שֶׁגִּלּוּ לָנוּ סוֹד בִּיצִירַת הַקִּנְאָה שֶׁבַּלֵּב בְּמַאֲמָרָם ז"ל (סנהדרין
צג, ב) גַּבֵּי שָׁאוּל הַמֶּלֶךְ, שֶׁשָּׁמַע שִׁבְחוֹ שֶׁל דָּוִד שֶׁהוּא גָדוֹל
מִמֶּנּוּ לַאֲסוֹקֵי שְׁמַעְתָּא אַלִבָּא דְהִלְכְתָא — "חָלְשָׁא דַעְתֵּהּ
וְאַקְנֵי בֵהּ". לָמַדְנוּ מִדִּבְרֵיהֶם, שֶׁיְּצִירַת הַקִּנְאָה בַּלֵּב בָּאָה עִם
חֲלִישַׁת הַדַּעַת, שֶׁהוּא רֶגֶשׁ קַל עוֹבֵר בַּמַּחְשָׁבָה, שֶׁאֵין אָדָם
עוֹמֵד עָלָיו, וְחוֹשֵׁב שֶׁחֲלִישׁוּתוֹ בָּא לוֹ מִזֶּה מַה שֶּׁדָּאַג בְּלִבּוֹ:
לָמָּה לֹא זָכָה אַחַר עֲמָלוֹ בַּתּוֹרָה לִהְיוֹת מַסִּיק שְׁמַעְתָּא אַלִבָּא
דְהִלְכְתָא. אֲבָל הַיּוֹדֵעַ סוֹד זֶה, הֵיאַךְ נוֹצְרָה הַקִּנְאָה בַּלֵּב,

thoughts, it is fitting that you not ignore guarding your thoughts, ideas and the musings of your heart, for the greater part of imperfection and rectification of one's actions is only through them.

We must, therefore, acknowledge our debt to the author of this distinguished work, who has attempted to provide us with the keys to this wonderful wisdom by providing us with the devices and strategies which will enable us to supervise our thought formations which are the sources from which all of man's actions evolve. He has provided us with wonderful insights into the mysteries of thought formation, how feelings and images have their source within the depths of the heart, and how one's intellect can combine them and refine them until they form a correct and complex thought. Through these illuminating insights, man can supervise the process of his thought formation even within the deepest chambers of his heart, weighing each feeling and image from the moment that it enters his consciousness, and thereby discern how one's thoughts follow his character traits and desires. He can thus, with God's help, be successful in following the entire *mussar* discipline.

It is worthwhile to provide an example of this from the teachings of our Sages (*SANHEDRIN* 93b), who revealed the mystery of how the trait of jealousy is created in man's heart. They commented regarding Shaul, who heard David being praised as being greater in establishing the halachah from the sources: *He had a sinking feeling and he envied him.* From their words we can see that the generation of envy is accompanied by a "sinking feeling" — a fleeting, transitory thought to which man pays little attention, assuming that it is a result of his own distress regarding his inability to establish the halachah from the sources despite his toil in Torah. However, one who is

הֲרֵי הוּא מֵבִין, שֶׁאִם בְּשָׁעָה שֶׁהוּא שׁוֹמֵעַ שִׁבְחוֹ שֶׁל חֲבֵרוֹ
הִרְגִּישׁ חֲלִישׁוּת הַדַּעַת — עָלָיו לְחַזֵּק אֶת שַׂרְעַפֵּי לִבּוֹ
בְּשֵׂכֶל וָדַעַת לְהוֹצִיא הַקִּנְאָה מִלִּבּוֹ וּלְהַטֵּהֵר מִמֶּנָּה.

וְכֵן יִרְאֶה
הַמִּתְבּוֹנֵן בְּצִיּוּרֵי רַעְיוֹן לִבּוֹ, שֶׁבְּשָׁעָה שֶׁהוּא דוֹאֵג בְּלִבּוֹ
וּמְחַשֵּׁב מַחֲשָׁבוֹת בְּחֶסְרוֹנוֹ וּמְעוּט מַעֲלָתוֹ בְּמָמוֹן וּבְכָבוֹד;
וּבְתוֹךְ אֵלּוּ הַמַּחֲשָׁבוֹת עוֹלִים בְּלִבּוֹ פִּתְאֹם צִיּוּרִים מַעֲשָׁרוֹ
וּכְבוֹדוֹ שֶׁל חֲבֵרוֹ הָאָהוּב לוֹ — יֵדַע בְּנַפְשׁוֹ שֶׁגִּלּוּיֵי צִיּוּרִים
אֵלּוּ בְּלִבּוֹ הֵם יְצִירַת הַקִּנְאָה, שֶׁהֵם שֹׁרֶשׁ פֻּרָה רֹאשׁ וְלַעֲנָה
לְהַפְסִיק וּלְבַטֵּל אֶת הָאַהֲבָה שֶׁיֵּשׁ לוֹ לַחֲבֵרוֹ, וְעָלָיו לִגְבֹּר
חֲיָלִים לְתַקֵּן מִדָּה זוֹ בְּרֵאשִׁיתָהּ.

וְכֵן כְּשֶׁהָאָדָם מֵכִין אֶת
עַצְמוֹ לַעֲשׂוֹת דָּבָר טוֹב בְּעַד הַפְּרָט אוֹ הַכְּלָל, וְחוֹשֵׁב
מַחֲשָׁבוֹת אִם לַעֲשׂוֹת הַדָּבָר אוֹ לַחְדֹּל — יִסְתַּכֵּל בְּלִבּוֹ
לִרְאוֹת אֶת הַמַּחֲשָׁבָה הָרִאשׁוֹנָה שֶׁעָלְתָה עַל לִבּוֹ לְזָרֵז אוֹתוֹ
לַעֲשׂוֹת אֶת הַדָּבָר — אִם הָיְתָה מַחֲשָׁבָה זָרָה לְתוֹעֶלֶת
עַצְמוֹ, אֶלָּא שֶׁנִּדְחֲתָה מִפְּנֵי מַחֲשָׁבוֹת גְּדוֹלוֹת וַחֲשׁוּבוֹת
הַמְמַלְּאוֹת אֶת לְבָבוֹ תָּמִיד, עַד שֶׁנִּשְׁתַּכְּחָה זוֹ מִמֶּנּוּ, וְיַשְׂכִּיל
לָדַעַת שֶׁהַמַּחֲשָׁבָה הָרִאשׁוֹנָה הִיא הָעִקָּרִית אֵצֶל הָאָדָם,
וְעָלָיו לְהִתְבּוֹנֵן בָּהּ בִּינָה הֵיאַךְ לְתַקְּנָהּ בְּשָׁרְשָׁהּ וּלְטַהֵר אֶת
לִבּוֹ. עַל-פִּי דֻגְמָאוֹת כָּאֵלּוּ נֵדַע חוֹבַת הַזְּהִירוּת לִפְקֹד אֶת
הַמַּחֲשָׁבָה וְהָרַעְיוֹן וְשַׂרְעַפֵּי הַלֵּב שֶׁהִזְהִיר הַ'חוֹבוֹת-הַלְּבָבוֹת',
אַשְׁרֵי הַשּׁוֹמֵעַ לוֹ.

וְהָעִקָּר הַשֵּׁנִי הוּא הַדַּעַת בְּמַהוּת שִׁלְטוֹן הַהֶרְגֵּל,
שֶׁלְּמָדוּנוּ מֵחֲכָמֵינוּ ז"ל שֶׁכֹּחוֹ גָּדוֹל מְאֹד. הָאָדָם נַעֲשָׂה עֶבֶד

aware of how jealousy develops in the heart understands that if he experiences a sinking feeling when hearing his friend being praised, he had better fortify the musings of his heart with wisdom and knowledge so that he can eradicate the trait of jealousy and purify himself from it.

Similarly, one who is sensitive to the images of his heart, will understand — when downcast and thinking about his needs and lack of wealth and prestige — if he suddenly sees images of his good friend's wealth and prestige, that these are indications of jealousy. They are a cancer that threatens to destroy the love that exists between his friend and himself, and he must therefore seek the forces that will eradicate this trait from the very onset of its appearance.

In the same vein, if one is preparing to do something on behalf of an individual or for the community, and he begins to question himself as to whether he should do so or not, he should consider which thought was the first to enter his mind when he prepared to act. If his thoughts included an ulterior motive that was self-serving, but he had rejected these thoughts by convincing himself of the importance and significance of what he was doing for others to the point where he forgot that he had originally thought to act for his own benefit, he should realize that the first thought he had is the fundamental one. He must carefully examine how he can correct his trait of being self-serving from its very roots so that he can purify his heart. These examples should give us an inkling of the kind of care we must exercise in guarding our thoughts, ideas and musings, as the *Chovos ha-Levavos* warned. Praised is he who follows his advice.

The second principle crucial to being able to follow the discipline of *mussar* is to understand the strength of the

לְשִׁלְטוֹן הָרֶגֶל, מְשַׁעְבֵּד לְעֹל מֶמְשַׁלְתּוֹ וְנִלְכָּד בַּעֲבוֹתוֹת הַנְּחֻנָּתוֹ. וְהַמִּתְרַגֵּל בַּעֲבֵרָה — אָבְדָה הַתִּקְוָה שֶׁיָּשׁוּב וְיַחֲזֹר בּוֹ, וְחֶזְקָתוֹ לַעֲבֹר עָלֶיהָ גַּם בֶּעָתִיד בְּלִי שׁוּם מַעְצוֹר,

כִּדְאִיתָא בְּקִדּוּשִׁין, דַּף מ, עַמּוּד א, שֶׁאֵין הַקָּדוֹשׁ־בָּרוּךְ־הוּא מְצָרֵף מַחֲשָׁבָה רָעָה לְמַעֲשֶׂה; אֲבָל בְּעוֹבֵר עֲבֵרָה וְשׁוֹנֶה בָּהּ, מְצָרְפָהּ לְמַעֲשֶׂה. וּפֵרֵשׁ רַשִׁ״י, דַּאֲפִלּוּ אִם לֹא עָבַד לַהּ, נֶעֱנָשׁ עַל מַחֲשַׁבְתּוֹ, מִשּׁוּם דְּאֵין חֲזַרְתוֹ לְשֵׁם־שָׁמַיִם, אֶלָּא מִשּׁוּם שֶׁלֹּא הָצְרַךְ לַהּ. וְעַל־כֵּן הִסְפִּידוּ עָלָיו יוֹתֵר מֵעַל מֵת, כְּמַאֲמָרָם ז״ל (מוֹעֵד־קָטָן כז, ב): "אַל תִּבְכּוּ לְמֵת וְאַל תָּנֻדוּ לוֹ, בְּכוּ בָכוֹ לַהוֹלֵךְ כִּי לֹא יָשׁוּב עוֹד" (יִרְמִיָה כב, י) — זֶה מִי שֶׁעָבַר עֲבֵרָה וְשָׁנָה בָּהּ. וְגַם גִּלּוּ סוֹדוֹ שֶׁל כֹּחַ הַהֶרְגֵּל, שֶׁהָעוֹבֵר וְשׁוֹנֶה, נַעֲשִׂית לוֹ כְּהֶתֵּר, שֶׁהֶכֶף בְּרֵאשִׁית הֶרְגֵּלוֹ פּוֹעֵל כָּל־כָּךְ לְהַחֲלִישׁ אֶת הָרֶגֶשׁ הַפְּנִימִי שֶׁהָיָה לוֹ, עַד שֶׁלֹּא לְהַרְגִּישׁ עוֹד מוֹרָא שָׁמַיִם וְלִהְיוֹת פּוֹרֵק עֹל בַּעֲבֵרָה זוֹ.

בֵּאוּר

עִנְיַן הַהֶרְגֵּל בְּכָל צְדָדָיו — הַצַּד הַטּוֹב וְהַצַּד הָרַע שֶׁבּוֹ — מוֹצְאִים אָנוּ בְּסֵפֶר זֶה נִכְבָּד זֶה. וְהַמְעַיֵּן בּוֹ רוֹאֶה שֶׁיֵּשׁ שְׁלֹשָׁה אָפְנֵי הֶרְגֵּל, וְכָל אֶחָד קָשֶׁה מֵחֲבֵרוֹ: יֵשׁ הֶרְגֵּל חִיצוֹנִי, כְּשֶׁהָאָדָם מַרְגִּל בִּפְעֻלָּה אַחַת זְמַן רַב, נַעֲשֶׂה הֶרְגֵּל זֶה

force of habit which, as our sages have taught, is
extremely powerful. Man becomes a slave to the force of
habit, subservient to the yoke of its reign and entrapped
by the cords of its rule. One who habitually transgresses
loses all hope of repenting, and will most likely transgress
again in the future without any restraint.

The Talmud (*KIDDUSHIN* 40a) notes that God does not
consider evil thoughts as being equivalent to actions.
However, as concerns one who has transgressed and
then repeated the same transgression, God does consid-
er his evil thoughts as if they had been translated into
action. Rashi explains that even if the person had not
physically gone through with the act, he is still punished
for having considered doing so. We assume that his lack
of action does not stem from his fear of heaven, but
rather from expedience. Such a person is to be more
greatly mourned than the dead, as the Sages explained
(*MOED KATAN* 27b). The verse (*YIRMEYAHU* 22:10) states: *Do
not cry for the dead, and do not bemoan him. Cry
instead for he who goes, for he shall not return* — this
refers to one who transgressed and then repeated the
same transgression. The Sages also revealed the secret of
the force of habit: One who transgresses and repeats,
reaches the point where he views the transgression as
being permissible. From the outset, habit is so strong
that it deadens the restraining feelings that one had until
he no longer feels that by transgressing he is divesting
himself of the yoke of heaven.

This distinguished work deals extensively with an anal-
ysis of habit — in both its good and bad aspects. One
who studies it will find that there are three levels of
habit, one more serious than the next. There is external
habit; i.e., when one becomes accustomed to doing

לְתַאֲוָה חֲזָקָה בְּחֵפֶץ לֵב לְמַלֵּא הֶרְגֵּלוֹ הַתְּמִידִי, עַד שֶׁקָּשֶׁה
עַל הָאָדָם לְכָבְשָׁהּ וּלְתַקְּנָהּ.

וְיֵשׁ עוֹד הֶרְגֵּל קָשֶׁה מִמֶּנּוּ,
כְּשֶׁהוּא מִשְׁתַּתֵּף עִם הַמִּדּוֹת וְהַתַּאֲווֹת, כְּמוֹ הַפַּטְפְּטָנוּת
וְהַהִסְתַּכְּלֻיּוֹת, שֶׁכֹּחוֹ פִּי שְׁנַיִם מֵהַתַּאֲווֹת וְהַהֶרְגֵּלִים כָּל אֶחָד
מֵהֶן בִּפְנֵי עַצְמָן. וְהַיּוֹתֵר קָשֶׁה מִכֻּלָּם הוּא הַהֶרְגֵּל בַּמַּחֲשָׁבָה
— אִם מַחֲשָׁבָה אַחַת כָּבְשָׁה אֶת לִבּוֹ, הֲרֵי הִיא נַעֲשֵׂית לְצִיר
מַחְשְׁבוֹתָיו, וְהַשֵּׂכֶל עַצְמוֹ נִלְכָּד בְּרִשְׁתָּהּ וְאֵין מוֹשִׁיעַ לוֹ.

וּלְאִידָךְ גִּיסָא — רַב־טוֹב צָפוּן בְּכֹחַ הַהֶרְגֵּל (עַיֵּן יוֹמָא (לח, ב)
וּבְפֵרוּשׁ רַשִׁ״י דִּבּוּר הַמַּתְחִיל 'פַּעַם רִאשׁוֹנָה וּשְׁנִיָּה' וְכוּ'), שֶׁנָּטַע הַשֵּׁם
יִתְבָּרַךְ בְּנֶפֶשׁ הָאָדָם, כִּי כָל עֲבוֹדַת חִנּוּךְ הַמּוּסָר נַעֲשֵׂית
בְּעֶזְרָתוֹ וּבְכֹחוֹ, וְכָל הַזּוֹכֶה לְהִשְׁתַּמֵּשׁ בּוֹ כָּרָאוּי הִנֵּהוּ
הַמְאֻשָּׁר; וְאַף אִם נִסְתַּבֵּךְ הָאָדָם בְּהֶרְגֵּלִים רָעִים, יָכוֹל הוּא
הָאָדָם לְתַקֵּן מַכַּת עַצְמָהּ רְטִיָּה, לְשַׁנּוֹת אֶת כֹּחַ הַהֶרְגֵּל
שֶׁנַּעֲשָׂה אֶצְלוֹ לְאֶבֶן־נֶגֶף וּלְצוּר־מִכְשׁוֹל, וּלְהָפְכוֹ לְמַכְשִׁיר
וּמַגִּיעַ לַעֲבוֹדַת הַשֵּׁם, וּלְהִתְרַגֵּל בְּהַנְהָגוֹת טוֹבוֹת עַל־יְדֵי
חִנּוּכִים מוּסָרִיִּים לְעֻמַּת הַהֶרְגֵּלִים הָרָעִים, וּלְעָקְרָם וּלְשָׁרְשָׁם
מֵלֵב, עַד שֶׁרִשּׁוּמָם לֹא יְהֵא נִכָּר כְּלָל. וְהוּא הַדָּבָר גַּם בְּהֶרְגֵּל
הַמַּחֲשָׁבָה, יָכוֹל הוּא הָאָדָם לְהִשְׁתַּמֵּשׁ בְּכֹחַ הַהֶרְגֵּל לְהַחֲלֵץ
מִמַּחְשְׁבוֹת וְהַנָּחוֹת זָרוֹת שֶׁנִּקְבְּעוּ בְּנַפְשׁוֹ, עַל־יְדֵי הִתְרַגְּלֻיּוֹת
קְבוּעָה בְּמַחֲשָׁבוֹת טוֹבוֹת, דֵּעוֹת נְכוֹנוֹת וְרִגְשֵׁי־קֹדֶשׁ, שֶׁיְּשַׁנּוּ
אֶת כָּל מַהֲלַךְ מַחְשְׁבוֹתָיו לְדֶרֶךְ הַטּוֹב.

וְכֵן רָאוּי לְהִתְעַנְיֵן בְּשִׂימַת לֵב לְדִבְרֵי הַמְחַבֵּר בְּסִימָנִים
קל״ג, קל״ד, רי״א, בְּעִנְיָן שֶׁלֹּא לִשְׁמָהּ, שֶׁהוּא עִנְיָן מְסֻבָּךְ

something over an extended period of time, the habit becomes a strong desire that has to be constantly satisfied, to the point where it is difficult for the person to break or curb it.

A more serious level of habit is one which is combined with character traits or desires — e.g., gossiping or looking [at forbidden things]. When combined with habit, these traits become twice as hard to change. The most serious is habitual thought. If a certain thought captures a person's mind, it becomes the entire focus of his attention, and his very intellect becomes enslaved to it.

On the other hand, there is much good which is also associated with the power of habit which God implanted within man's psyche. The entire *mussar* education of a man is dependent upon habit, and one who succeeds in using it correctly is fortunate. Even if man becomes entangled by his bad habits, he can use his dependence upon habit to create his own remedy, for he can transform the power of habit which has become a nemesis and stumbling block into a tool and motivational force for serving God. He can accustom himself to perform positive deeds through *mussar* education, substituting them for the negative deeds which he was accustomed to, and thus uproot and eradicate them from his heart so that no impression is left of them. The same is true of habitual thoughts. One can — by accustoming himself to think positive thoughts, proper ideas and feelings of holiness — utilize the power of habit to free himself from foreign thoughts which have established themselves in his soul. This will change his entire thought process for the good.

Special note should be taken of what the author writes in sections 133, 134 and 211 regarding the concept of *lo*

וְקָשֶׁה אֵצֶל הַלּוֹמְדִים וְכָל הָעוֹסְקִים בַּתּוֹרָה, יוֹתֵר הַרְבֵּה מֵאֵצֶל הָעוֹסְקִים בְּמִצְוֹת, שֶׁהָעוֹשֶׂה מִצְוָה שֶׁלֹּא לִשְׁמָהּ — חָסֵר אֶצְלוֹ שְׁלֵמוּת זוֹ הַמִּצְוָה הַפְּרָטִית בִּלְבָד, וּמִצְוָה אַחֶרֶת יָכוֹל הוּא לִהְיוֹת עוֹשֶׂה אוֹתָהּ לִשְׁמָהּ. אֲבָל לֹא כֵן הִיא הַמִּדָּה בְּהָעוֹסְקִים בַּתּוֹרָה, שֶׁלִּמּוּד הַתּוֹרָה הוּא רוּחַ הַחַיָּה בְּאוֹפַנֵּי כָּל הַמִּצְוֹת שֶׁהָאָדָם עוֹשֶׂה, וְגַם בְּכָל רִגְשׁוֹתָיו וּמַחְשְׁבוֹתָיו; וְהַשֶּׁלֹּא־לִשְׁמָהּ שֶׁיֵּשׁ לוֹ בְּלִמּוּד הַתּוֹרָה הוּא חִסָּרוֹן כְּלָלִי בִּשְׁלֵמוּת הָאָדָם, עַד שֶׁיֵּשׁ לִפְחֹד מִמַּאֲמָרָם, זִכְרוֹנָם לִבְרָכָה, עַל הָעוֹסֵק בַּתּוֹרָה שֶׁלֹּא לִשְׁמָהּ, שֶׁנּוֹחַ לוֹ שֶׁלֹּא נִבְרָא.

וּמְצָאנוּ גַם מַעֲשֵׂה־רַב מַפְחִיד מְאֹד, מַה שֶּׁפֵּרְשׁוּ חֲכָמֵינוּ זַ"ל (סנהדרין קו, ב) בְּדוֹאֵג הָאֲדוֹמִי, שֶׁהָיָה רֹאשׁ סַנְהֶדְרִין בְּדוֹרוֹ שֶׁל שָׁאוּל וּשְׁמוּאֵל, וְהוּא נִמְנֶה בֵּין אֵלּוּ שֶׁאֵין לָהֶם חֵלֶק לָעוֹלָם הַבָּא; וְלָמָּה לֹא הֵגִנָּה עָלָיו הַתּוֹרָה שֶׁלָּמַד? אֶלָּא מִפְּנֵי שֶׁתּוֹרָתוֹ הָיְתָה שֶׁלֹּא לִשְׁמָהּ. וְאָמְרוּ (חגיגה טו, ב), שֶׁרַב יְהוּדָא בְּכָה בְּכָה מֵרֹב דְּאָגָה דְּאַנָּה עַל עַצְמוֹ מֵהַהִיא דְדוֹאֵג, וְאָמַר: אֲנַן מָה תְּהֵוֵי עֲלָן !

וְהִנֵּה הַרְבֵּה דְבָרִים נֶאֶמְרוּ בָּעִנְיָן זֶה מֵחַכְמֵי דוֹרוֹת שֶׁלְּפָנֵינוּ. וּכְלָלוֹ שֶׁל דָּבָר, שֶׁיֵּשׁ לָנוּ לִסְמֹךְ עַל הַבְטָחַת חֲכָמֵינוּ זַ"ל שֶׁגָּזְרוּ וְאָמְרוּ: "לְעוֹלָם יַעֲסֹק אָדָם בְּתוֹרָה

lishmah — acting with improper motivation. The subject is extremely complex and hard to understand for those who study and occupy themselves with Torah — more difficult in its application for them than for those who occupy themselves with the fulfillment of the precepts. If one fulfills a precept for the wrong reasons, then there is only something amiss with the performance of that specific precept. The lack of proper motivation has no ramifications on other precepts, and one might very well fulfill other precepts for the proper reasons. This is not true, however, regarding those who occupy themselves with Torah. The Torah is the lifebreath of all the precepts that a person fulfills, as well as of all his feelings and thoughts. Learning Torah with improper motivation thus becomes a general deficiency in the person's wholeness, so much so that one must fear that which the Sages said, concerning one who learns Torah not for its sake: *It would be preferable for him that he had never been created.*

There is a frightening account in the Talmud (*SANHEDRIN* 106b) about Doeg *ha-Edomi.* He was the head of the Sanhedrin in the generation of Shaul and Shmuel, yet he is counted among those who have no share in the world to come. Why did the Torah that he studied not protect him? Because he studied *sheloh lishmah* — with improper motivation! Our Sages add (*CHAGIGAH* 15b) that R. Yehudah would cry in concern about himself when he read about Doeg, saying: "What shall become of us [who are not of Doeg's stature]?"

Much has been said about this by the wise men of previous generations. In sum, we should place our trust in that which our Sages promised, for they decreed (*PESACHIM* 50B): *Let one occupy himself with Torah and*

וּבְמִצְווֹת שֶׁלֹּא לִשְׁמָהּ, שֶׁמִּתּוֹךְ שֶׁלֹּא לִשְׁמָהּ בָּא לִשְׁמָהּ".
וְהַבְטָחָה זוֹ לֹא נֶאֶמְרָה רַק בְּעַד הַחֲלוּשִׁים שֶׁאֵין בְּכֹחָם לָכֹף
אֶת יִצְרָם לִלְמֹד לִשְׁמָהּ, אֶלָּא גַם בְּעַד שְׁלֵמֵי הַדַּעַת וְגִבּוֹרֵי
הָרוּחַ, שֶׁגַּם הֵם תְּחִלַּת לִמּוּדָם הוּא שֶׁלֹּא לִשְׁמָהּ, שֶׁכָּךְ טֶבַע
הִתְפַּתְּחוּתוֹ שֶׁל הַשֵּׂכֶל וְהַדַּעַת מִיַּלְדוּתוֹ וְקַטְנוּתוֹ, שֶׁמִּתְּחִלָּה
לוֹמֵד הָאָדָם בִּשְׁבִיל תּוֹעֲלִיּוֹת אֲחֵרוֹת שֶׁנּוֹתְנִים לוֹ מְלַמְּדָיו
וּמְחַנְּכָיו, עַד שֶׁמִּתְפַּתֵּחַ לִהְיוֹת דַּעְתּוֹ שְׁלֵמָה לְהָבִין לִלְמֹד
לִשְׁמָהּ, כְּמוֹ שֶׁבֵּאֵר הָרַמְבַּ"ם בְּפֵרוּשׁ הַמִּשְׁנָה בְּסַנְהֶדְרִין, פֶּרֶק
'כָּל יִשְׂרָאֵל', בַּאֲרִיכוּת וְדֻגְמָאוֹת, יְעַיֵּן שָׁם.

וַהֲרֵי זֶה נִסָּיוֹן

קָשֶׁה בְּעַד כָּל אָדָם, שֶׁאִי אֶפְשָׁר לַעֲמֹד בּוֹ, כֵּיוָן שֶׁנִּתְחַנֵּךְ
מִיַּלְדוּתוֹ לִלְמֹד שֶׁלֹּא לִשְׁמָהּ, הֲרֵי הוּא נִלְכָּד בְּרֶשֶׁת שִׁלְטוֹן
הַהֶרְגֵּל שֶׁבַּמַּחֲשָׁבָה, שֶׁאוֹתָן הַתּוֹעֲלִיּוֹת שֶׁהִשִּׂיג מִלִּמּוּדוֹ
בְּקַטְנוּתוֹ וְאַחֲרֵיהֶן הָיָה נִמְשָׁךְ בְּכָל לִבּוֹ לִהְיוֹת עָמֵל בַּתּוֹרָה
בִּשְׁבִילָן — הָרְגָּשִׁים אֵלּוּ מִתְחַזְּקִים בְּהַרְגֵּלֵי מַחֲשַׁבְתּוֹ
וְנַעֲשִׂים לְצַיְּרֵי כָל מַחְשְׁבוֹתָיו וַעֲסָקָיו בַּתּוֹרָה וּבַחָכְמָה, עַד
שֶׁאִי אֶפְשָׁר לוֹ לְהַעֲלוֹת בְּלִבָּבוֹ מַחֲשָׁבוֹת אֲחֵרוֹת הַמִּתְנַגְּדוֹת
לָהֶן; וְהֵיאַךְ אֶפְשָׁר לוֹ לָאָדָם לְהַגִּיעַ לִידֵי הַכָּרַת הָאֱמֶת
וּשְׁלֵמוּת הַדַּעַת, אַף אִם אֶלֶף שָׁנִים יִחְיֶה הָאָדָם וּבְכֻלָּן יַעֲמֹל
בַּתּוֹרָה, אַחֲרֵי שֶׁמִּדֵּי יוֹם בְּיוֹם הוּא מְשָׁרֵשׁ בְּחֵטְא הַשֶּׁלֹּא־
לִשְׁמָהּ שֶׁהֻרְגַּל בְּלִמּוּדוֹ? אֶלָּא שֶׁעַל כְּגוֹן זֶה אָמְרוּ חֲכָמֵינוּ
ז"ל: אִם אֵין הַקָּדוֹשׁ־בָּרוּךְ־הוּא עוֹזְרוֹ אֵינוֹ יָכוֹל לוֹ, וְהַמָּאוֹר

the precepts even with improper motivation, for from
[their fulfillment] with improper motivation, he will
come to [fulfill them] with proper motivation. This
assurance was not stated solely for the benefit of those
weak ones who lack the strength to force themselves to
study *lishmah*. It was stated even for those of strong
mind and will, for the beginning of their study is also
improperly motivated. This is the nature of the develop-
ment of the intellect and of understanding from early
childhood. At first, one studies for the sake of the
rewards that are provided by one's teachers and
mentors. Later, one matures and begins to understand
that he is obligated to learn for the sake of learning, as
the Rambam explains, citing many examples in his
commentary to the Mishnah in the 11th *perek* of
Sanhedrin.

However, this is a most difficult trial for man — one
that he can almost not stand up to — for he has been
taught from childhood on to study for the wrong
reasons. In essence, he becomes a captive to his habitual
thoughts, for the very rewards which he received when
he was young — rewards which led him to devote
himself fully to studying Torah — become fixed in his
consciousness and become the axis around which all of
his thoughts and activities in Torah and wisdom revolve.
Eventually, it becomes impossible for him to think of
anything other than these rewards. How then is it
possible for a person to reach the level of recognizing the
truth and of having a perfected intellect? Even if he lived
a thousand years and spent them all occupied in Torah
study, he would still be studying for the wrong reasons
through force of habit! The answer is as our Sages said:
Were it not that God assists him, he would never be able

שֶׁבַּתּוֹרָה יַחֲזִירוּ לְמוּטָב, וְשֶׁהַתּוֹרָה עַצְמָהּ מַגְנֵי וּמַצְּלֵי.

וּמַה נִּפְלָאָה הִיא הַדֻּגְמָא שֶׁהֵבִיאוּ חֲכָמֵינוּ זַ"ל בְּכָל מָקוֹם שֶׁהִבְטִיחוּ לִלְמֹד שֶׁלֹּא לִשְׁמָהּ, שֶׁמִּתּוֹךְ שֶׁלֹּא לִשְׁמָהּ יָבוֹא לִשְׁמָהּ, מֵהַהִיא דְּבָלָק מֶלֶךְ מוֹאָב (סוטה כב, מז, ובתוספות ד"ה לעולם), שֶׁהִשְׁתַּדֵּל לְקַלֵּל אֶת יִשְׂרָאֵל, וְהִשְׁתַּתֵּף עִם בִּלְעָם הָרָשָׁע לְהַקְרִיב קָרְבָּנוֹת אֵלּוּ, שֶׁהָיְתָה עֲבוֹדָה שֶׁלֹּא לִשְׁמָהּ, כְּמוֹ שֶׁנֶּאֱמַר (במדבר כג, כז): "אוּלַי יִישַׁר בְּעֵינֵי הָאֱלֹקִים וְקַבֹּתוֹ לִי מִשָּׁם"; וּמִכָּל מָקוֹם זָכָה בָּלָק עַל־יְדֵי עֲבוֹדָתוֹ זוֹ לְהַגִּיעַ לִידֵי רֶגֶשׁ טָהוֹר שֶׁל לִשְׁמָהּ בְּקָרְבְּנוֹתָיו אֵלּוּ, שֶׁנִּתְבָּרֵר דָּבָר זֶה מִמַּה שֶׁזָּכָה שֶׁרֶגֶשׁ־קֹדֶשׁ זֶה שֶׁהָיָה בְּנַפְשׁוֹ וּבְלִבָּבוֹ נִשְׁמַר לְדוֹרוֹת, וְנִתְגַּלָּה כֹחוֹ בִּשְׁלֹמֹה הַמֶּלֶךְ, שֶׁהִקְרִיב אֶלֶף עוֹלוֹת לִשְׁמָהּ, שֶׁזֶּה אוֹת מוֹכִיחַ שֶׁהַשֶּׁלֹּא־ לִשְׁמָהּ שֶׁלּוֹ הָיָה טוֹב, וְזָכָה לְהַגִּיעַ לִידֵי לִשְׁמָהּ עַל־יָדוֹ;

וְאֵינוּ דּוֹמֶה כְּלָל לְהַשֶּׁלֹּא־לִשְׁמָהּ שֶׁל בִּלְעָם, שֶׁהָיָה רַק לְקַנְטֵּר, וְעַל־כֵּן לֹא נִזְכַּר שְׁמוֹ עַל הַקָּרְבָּנוֹת וְאָבַד חֶלְקוֹ לָעוֹלָם הַבָּא. סִבַּת דָּבָר זֶה יְכוֹלִין אָנוּ לְהָבִין, שֶׁכֵּיוָן שֶׁיָּצְאָה מִמֶּנּוּ רוּת, אִמָּא שֶׁל מַלְכוּת בֵּית־דָּוִד, הֲרֵי הָיָה בּוֹ צַד טוֹב נְקֻדַּת הַסְּגֻלָּה הַנִּצְחִית כְּמוֹ בְּיִשְׂרָאֵל (וְעַיֵּן בְּכִתְרֵי, מַאֲמָר רִאשׁוֹן, אוֹת צה), וְכֵיוָן שֶׁהָיָה בִּפְנִימִיּוּת נַפְשׁוֹ נְקֻדָּה טוֹבָה זוֹ, זָכָה לָבוֹא מִתּוֹךְ עֲבוֹדָתוֹ שֶׁלֹּא לִשְׁמָהּ לִידֵי לִשְׁמָהּ, מַה שֶּׁלֹּא זָכָה לָזֶה בִּלְעָם, שֶׁהָיָה בִּפְנִימִיּוּתוֹ כֻּלּוֹ רַע בִּשְׁלֹשָׁה מִדּוֹת שֶׁמָּנוּ

to overcome. The light within the Torah brings him to return, and the Torah itself protects and saves him.

Our Sages offered a wonderful example of the concept that deeds done with improper motivation will come to be performed for the right reasons, citing the example (SOTAH 47a) of Balak, king of Moav. He sought to curse Israel and joined Bilam, the wicked, in offering sacrifices — sacrifices which were offered for the wrong reasons. As he said (BEMIDBAR 23:27): *Perhaps it will be right in the eyes of God that you curse them for me from there.* Nevertheless, Balak's sacrificial service — despite being improperly motivated on the surface — contained a certain level of *lishmah.* This is apparent from the fact that his pure sentiment [of wanting to offer a sacrifice to God] found expression generations later in Shlomo *ha-Melech* who offered thousands of sacrifices with the proper motivation. This is a sure sign that Balak's improper motivation contained some good which was later manifested in Shlomo's offerings.

Balak's improper motivation was far different than was Bilam's, for the latter's motivation in bringing a sacrifice was purely to anger God [by contrasting his offering to Israel who did not offer sacrifices]. It is for this reason that these sacrifices are not attributed to Bilam and that he lost his share in the world to come. We can understand why Balak's offering — despite being brought for the improper reasons — reached a level of *lishmah.* Since Ruth — the mother of the Davidic line — was his descendant, he must have had a point of good in him, a spark of eternity similar to that which resides in Israel (see the KUZARI I:95). Since he had this point of good within the recesses of his soul, he merited that his improperly motivated sacrifice would be transformed

חֲכָמִים בּוֹ. וַהֲרֵי לְפָנֵינוּ דֻּגְמָא נִפְלָאָה בְּעַד כָּל אִישׁ יִשְׂרָאֵל בְּנֵי אַבְרָהָם יִצְחָק וְיַעֲקֹב, שֶׁקִּבְּלוּ הַתּוֹרָה מֵהַר־סִינַי, שֶׁפְּנִימִיּוּתָם כֻּלּוֹ טוֹב — שֶׁיְּכוֹלִים הֵם לִהְיוֹת בְּטוּחִים שֶׁיָּבוֹאוּ לִידֵי לִשְׁמָהּ מֵעֲבוֹדָתָם לְהַשֵּׁם שֶׁלֹּא לִשְׁמָהּ.

אֶלָּא

שֶׁעִם כָּל הַבִּטָּחוֹן שֶׁהִבְטִיחוּנוּ חֲכָמֵינוּ ז"ל, יֵשׁ לָנוּ גַּם לִפְחֹד הַרְבֵּה, כְּמוֹ שֶׁפָּחֲדוּ גַּם חֲכָמֵינוּ ז"ל מִמַּעֲשֵׂה־רַב שֶׁל דּוֹאֵג הָאֲדוֹמִי, שֶׁאֶפְשָׁר לְהִיוֹת יוֹצֵא מִן הַכְּלָל כְּמוֹתוֹ, שֶׁקִּלְקֵל אֶת הַפְּנִימִיּוּת, כְּמוֹ שֶׁנֶּאֱמַר עָלָיו (תהלים נב): "אָהַבְתָּ רָע מִטּוֹב, שֶׁקֶר מִדַּבֵּר צֶדֶק"; "מַה תִּתְהַלֵּל בְּרָעָה הַגִּבּוֹר". וְעַל־כֵּן תִּקְּנוּ חֲכָמֵינוּ ז"ל לְהִתְפַּלֵּל בְּבִרְכַּת הַתּוֹרָה: "וְהַעֲרֶב נָא, וְנִהְיֶה כֻּלָּנוּ יוֹדְעֵי שְׁמֶךָ וְלוֹמְדֵי תוֹרָתֶךָ לִשְׁמָהּ", שֶׁלֹּא מָצָאנוּ כַּיּוֹצֵא בּוֹ בִּשְׁאָר בִּרְכוֹת הַמִּצְוֹת — מִפְּנֵי שֶׁרַק עַל־יְדֵי סִיַּעְתָּא דִשְׁמַיָּא אֶפְשָׁר לְהַגִּיעַ לִלְמֹד תּוֹרָה לִשְׁמָהּ.

וְזֶה יָדוּעַ לַכֹּל,

שֶׁהַסִּיּוּעַ מִשָּׁמַיִם מְקַבֵּל הָאָדָם לְפִי עֵרֶךְ הַהִתְאַמְּצוּת שֶׁלּוֹ לִהְיוֹת בָּא לְטַהֵר, שֶׁהוּא הַהִשְׁתַּדְּלוּת בְּחִנּוּךְ מוּסָרִי, לַעֲשׂוֹת אֶת הַהַבְטָחָה הַלֵּזוּ שֶׁמִּתּוֹךְ שֶׁלֹּא לִשְׁמָהּ בָּא לִשְׁמָהּ לִתְנַאי

into a properly motivated sacrifice. Bilam did not merit this, for the recesses of his soul were completely evil, tainted with the three traits which our Sages attributed to him. This is a wonderful lesson for all of Israel — the children of Avraham, Yitzchak and Yaakov — who received the Torah on Mt. Sinai, which indicates that they have a spark of good within them, a spark which gives them assurance that their service to God — even if it is improperly motivated — will come to be transformed into service offered for the proper reasons.

However, despite our trust in the veracity of all that our Sages said in this matter, we must still be very afraid — frightened as our Sages were by the account of what happened to Doeg *ha-Edomi*. He proved that there are exceptions to the rule [of improper motivations being transformed into proper ones], for he had ruined his inner soul, as the verse (TEHILLIM 52:5) states regarding him: *You have loved evil more than good, falsehood more than speaking justly* and (ibid.:3): *Why do you glory in evil, O mighty one?* Because of this [i.e., the importance of studying Torah *lishmah*] our Sages, in establishing the text for the blessing recited when studying Torah, wrote: *And may it be pleasing to You, that we should all know Your name, and study Your Torah lishmah* — a request that we never find in other blessings recited over the performance of the precepts. The reason is that one can only reach the level of learning Torah *lishmah* with Divine assistance.

It is well known that man merits Divine assistance in proportion to his efforts to achieve purity — efforts which are the crux of the *mussar* discipline. He must, therefore, always remember that his acting with improper motivation will ultimately lead him to act for

קֹדֶם לְמַעֲשֶׂה, וְשֶׁלֹּא לְהַסִּיחַ דַּעַת מִזֶּה, עַד שֶׁיָּקְבַּע בְּנַפְשׁוֹ
וְיִהְיֶה אֶצְלוֹ צִיר כָּל מַחְשְׁבוֹתָיו וּשְׁאִיפוֹתָיו בַּחַיִּים, שֶׁעַל־
יְדֵי־כָךְ יַצְלִיחַ לִמְחֹק אֶת כָּל רְשִׁימוֹת שֶׁל שֶׁלֹּא־לִשְׁמָהּ
שֶׁהֻרְגַּל בָּהֶם, וְיִהְיֶה עוֹבֵד אֶת הַשֵּׁם בְּכָל טֹהַר לִבּוֹ וְנַפְשׁוֹ
בְּעֶזֶר הַשֵּׁם עָלָיו תָּמִיד.

וְאֶחְתֹּם דְּבָרַי בְּמַאֲמָר מְאֹד נִכְבָּד מֵהַגְּרָ"א זַ"ל בְּגֹדֶל
עֵרֶךְ תִּקּוּן הַהֶרְגֵּלִים, עַל הַמִּקְרָא: "פַּלֵּס מַעְגַּל רַגְלֶךָ וְכָל
דְּרָכֶיךָ יִכֹּנוּ" (משלי ד, כו), פֵּרֵשׁ הַגְּרָ"א זַ"ל וְזֶה לְשׁוֹנוֹ:
כְּבָר

כָּתַבְתִּי שֶׁשְּׁנֵי עִנְיְנֵי מִדּוֹת הֵן, וְהַיְנוּ מִדּוֹת שֶׁנּוֹלְדוּ עִמּוֹ
בַּטֶּבַע, וּמִדּוֹת שֶׁהֻרְגַּל אֶת עַצְמוֹ; וְאוֹתָן שֶׁנּוֹלְדוּ עִמּוֹ הֵן
נִקְרָאִים דְּרָכָיו, שֶׁכֵּן דַּרְכּוֹ מִתְּחִלַּת בְּרִיאָתוֹ; וְאוֹתָן שֶׁהֻרְגַּל
אֶת עַצְמוֹ נִקְרָאִין רֶגֶל, שֶׁהֻרְגַּל אֶת עַצְמוֹ. וּלְאוֹתָן שֶׁהֻרְגַּל
צָרִיךְ לִשְׁמֹר וּלְפַלֵּס מְאֹד, וְכַאֲשֶׁר יִשְׁמֹר אוֹתָן, אָז אוֹתָן
שֶׁהָיוּ בְּטִבְעוֹ, מִמֵּילָא יִהְיוּ שְׁמוּרִים. וְזֶהוּ: "פַּלֵּס מַעְגַּל
רַגְלֶךָ" — אוֹתָן שֶׁהֻרְגַּל צָרִיךְ לְפַלֵּס וּלְהַעֲבִירָן מְעַט מְעַט
הַמִּדּוֹת הָרָעוֹת, כְּדֶרֶךְ הַפַּלֵּס, וְלֹא לְאֶחָד תֵּכֶף הַקָּצֶה הָאַחֲרוֹן,
עַד שֶׁיַּרְגִּיל אֶת עַצְמוֹ וְיִהְיוּ לוֹ כְּמוֹ טֶבַע (וְאָמַר "מַעְגַּל", כִּי
לְאוֹתָן שֶׁהֻרְגַּל אֶת עַצְמוֹ צָרִיךְ לְעַגֵּל וּלְסַבֵּב כְּעֵין
סְחוֹר סְחוֹר וְכוּ'); "וְכָל דְּרָכֶיךָ יִכֹּנוּ" — וּמִמֵּילָא אוֹתָן שֶׁהֵן
דְּרָכָיו מֵעֵת הִוָּלְדוֹ יִכֹּנוּ, מִלְּשׁוֹן כֵּן וּבָסִיס; וְאִם לֹא יִשְׁמֹר
אוֹתָן שֶׁבְּהֶרְגֵּל, גַּם הַ'דְּרָכָיו' לֹא יִכֹּנוּ, כִּי הַמִּדּוֹת דּוֹמִין
לְחוּט שֶׁל מַרְגָּלִיּוֹת — אִם עוֹשִׂין קֶשֶׁר בַּסּוֹף, אָז כֻּלָּן
נִשְׁמָרִין, וְאִם לֹא, כֻּלָּן אֲבוּדִין, כֵּן הֵן הַמִּדּוֹת. לָכֵן אוֹמֵר,

the proper reasons. He must see this as a precondition and always bear it in mind so that it becomes stamped onto his soul and becomes the axis around which all his thoughts and aspirations in life revolve. By remembering this, he will be successful in eradicating any vestige of improper motivation that he became accustomed to, and he will then serve God with a pure heart and soul, with constant help from God.

I shall conclude with the noble words of the *Vilna Gaon* regarding the importance of correcting one's habits. In his commentary on the verse (*MISHLEI* 4:26): *Straighten the circuit of your feet and all of your ways will be set*, he comments:

> I have already written that there are two types of character traits; natural traits which man has from birth, and traits which one acquires through habit. The traits which man has from birth are referred to as "his ways," for they are the ways that he follows from when he was created. The traits which are acquired are referred to as hergel — habit [etymologically related to regel — foot] for he has habituated himself to act according to them. The habitual traits must be guarded against and "straightened." When he does so, then his natural traits will be guarded as a matter of course. This is what the verse was referring to when it stated, **Straighten the circuit of your feet** — i.e., the bad habits which have become your traits must be straightened so that slowly but surely these negative traits are eradicated. It then becomes part of one's nature to act properly. If one does so, then **all of your ways will be set** — i.e., your natural traits will be set, established on a firm base [yikonu — set — being etymologically related to ken — base]. But if one fails to straighten his acquired traits, then his ways — his natural traits — will not be set. Character traits are like a strand of pearls; if one ties a knot at the end, then they will all remain on the strand. But if one fails

שֶׁעַל-יְדֵי שִׁפְלֵס מַעֲגַל רַגְלָיו, גַּם דְּרָכָיו יָכוֹנוּ. עַד כָּאן לְשׁוֹנוֹ.

וְאִם הַגָּאוֹן, זִכְרוֹנוֹ לִבְרָכָה, הוֹצִיא מִמִּקְרָא זֶה אַזְהָרָה גְדוֹלָה בְּעַד אֵלּוּ הַשְּׁלֵמִים שֶׁכְּבָר תִּקְּנוּ אֶת הַמִּדּוֹת הָרָעוֹת שֶׁבַּטֶּבַע, שֶׁהֵם צְרִיכִים גַּם לְתַקֵּן אֶת הַהֶרְגֵּלִים, וְאִם לָאו, אֵין קִיּוּם וּבָסִיס לְכָל עֲמַל שְׁלֵמוּתָם — מָה עָלֵינוּ, חֲלוּשֵׁי הַשֵּׂכֶל וְהַדַּעַת, לַעֲשׂוֹת, שֶׁעוֹד טֶרֶם הִצְלַחְנוּ לְתַקֵּן אֵיזֶה מִדָּה כָּרָאוּי — בְּוַדַּאי מֻזְהָרִים אֲנַחְנוּ לְהַתְחִיל בְּחִנּוּךְ מוּסְרִי לְפַלֵּס וּלְיַשֵּׁר הַהֶרְגֵּלִים, שֶׁזֶּה יִהְיֶה רֵאשִׁית מְלַאכְתֵּנוּ, לְחַזֵּק כֹּחַ הַשֵּׂכֶל וְהַדַּעַת בִּהְיוֹתוֹ רָגִיל לְהִתְגַּבֵּר עַל הַהֶרְגֵּלִים, וְאָז נַצְלִיחַ לְהוֹצִיא אֶת הַשֵּׂכֶל חָפְשִׁי מִכַּבְלֵי וְרִשְׁתּוֹת הַהֶרְגֵּל, וְיִשְׁתַּמֵּשׁ בְּכֹחַ הַהֶרְגֵּל שֶׁיִּהְיוּ כְּלֵי אֻמָּנוּתוֹ בִּמְלֶאכֶת הַחִנּוּךְ הַמּוּסְרִי לְתַקֵּן כָּל הַמִּדּוֹת שֶׁבַּטֶּבַע, וְכָל דְּרָכֵינוּ יָכוֹנוּ.

יצחק אייזיק שער
סלבודקה

*to do so, then they will all be lost. This is true of character traits as well. The verse therefore tells us that if one **straightens the circuit of his feet, then his ways will be set**.*

The *Gaon* was able to deduce that this verse comes to warn the righteous individuals who have managed to correct their natural character traits, that they must correct their acquired ones as well. Otherwise there will be no basis for their efforts and toil in trying to perfect themselves. What can we — who are weak and ignorant — do when we have not managed to correct any of our traits? Surely we must begin by educating ourselves in *mussar* so that we can *straighten* our own habits. This must be our first task; to strengthen our intellect and wisdom so that they can lead us to overcome our habits. We will then be successful in freeing our intellect from the chains and nets of habit, and we shall be able to use the power of habit as a tool in our *mussar* discipline to correct all of our natural traits, *and all of our ways will be set*.

Yitzchok Isaac Sher
Slobodka

הַקְדָּמָה

חָשַׁבְתִּי דְרָכָי וָאָשִׁיבָה רַגְלַי אֶל עֵדֹתֶיךָ (תהלים קיט)

א) מָשָׁל לִשְׁנֵי חֶנְוָנִים, אֶחָד עָשִׁיר חָכָם וּמָהִיר
בִּמְלַאכְתּוֹ, וְחַי בִּזְמַן וּבְמָקוֹם שֶׁסְּחוֹרָתוֹ מַעֲלָה שָׂכָר הַרְבֵּה
וְיֵשׁ עָלֶיהָ קוֹפְצִים תָּמִיד, וְהוּא שָׁקוּד יוֹם וָלַיְלָה, לְהַכְנִיס
סְחוֹרָה לְאוֹצְרוֹ וּלְפַנּוֹתָהּ לַקּוֹנִים. רוֹאֶה כִּיסוֹ מִתְמַלֵּא דִּינְרֵי־
זָהָב מֵהֶרְוַח שֶׁלּוֹ, וּבוֹנֶה אוֹצָרוֹת חֲדָשׁוֹת וּמַכְנִיס לְתוֹכָם
סְחוֹרוֹת חֲדָשׁוֹת, וְאֵינוֹ מְפַנֶּה לִבּוֹ לְחֶשְׁבּוֹנוֹת כְּלָל.

וְהַשֵּׁנִי — עָנִי בְּדַעַת וּבְמָמוֹן, וְחַי בִּזְמַן וּבְמָקוֹם שֶׁאֵין
סְחוֹרָתוֹ חֲרִיפָה וְלֹא מַעֲלָה שָׂכָר הַרְבֵּה, וְהוּא שָׁרוּי בִּדְאָגָה
וּבְסָפֵק תָּמִיד אִם הַכְנָסוֹתָיו מַכְרִיעִין אֶת הוֹצָאוֹתָיו. וּמֵחֲמַת
שֶׁאֵין לוֹ פַּרְנָסָה אַחֶרֶת, הֲרֵי הוּא וּבְנֵי־בֵיתוֹ מְסֻכָּנִים לָמוּת
נְפוּחֵי־רָעָב.

וְאֵין לוֹ תַּקָּנָה אַחֶרֶת, אֶלָּא לִהְיוֹת מְפַקֵּחַ עַל
עִסְקֵי חֶשְׁבּוֹנוֹתָיו וְאָדוּק בְּפִנְקָסוֹ תָּמִיד (וַהֲרֵי יֵשׁ לוֹ פְּנַאי
לְכָךְ), שֶׁמִּתּוֹכוֹ יִלְמַד אֵיזֶה סְחוֹרָה יוֹתֵר חֲרִיפָה וּבְאֵיזֶה זְמַן
מַעֲלָה שָׂכָר יוֹתֵר, וְעַל־יְדֵי־כָךְ יוּכַל לְהַעֲמִיק וְלַחְקֹר בְּעִסְקֵי
קְנִיַּת וּמְכִירַת מִינֵי סְחוֹרוֹתָיו, וּלְהַמְצִיא תַּחְבּוּלוֹת חֲדָשׁוֹת
מִיּוֹם לְיוֹם לְהַעֲלוֹת שָׂכָר עֲמָלוֹ יוֹתֵר וְיוֹתֵר, וּלְהַעֲרִים
וּלְדַקְדֵּק כְּמוֹ־כֵן בְּעִסְקֵי פַּרְנָסָתוֹ וְהוֹצָאוֹתָיו כְּחוּט־הַשַּׂעֲרָה.

וְיַתְמִיד בְּאֹפֶן זֶה מֶשֶׁךְ שָׁנָה אַחַת לְכָל הַפָּחוֹת, וְאָז יַצְרִיךְ

*I have considered my ways and I shall return
my steps to Your testimonies.* (TEHILLIM 119:59)

1. A PARABLE ABOUT TWO BUSINESSMEN: The first is
wealthy and wise, accomplishing his work quickly. He
lives at a time and in a place where his merchandise
brings him considerable profit and there is a great deal
of demand. He spends day and night filling his ware-
house with goods and then emptying it for deliveries to
his customers. He sees his pockets filling with gold coins
from his profits, builds new storehouses so that he can
fill them with even more goods, and has no time
whatsoever to make any accounting.

The second is poor — intellectually as well as financial-
ly. He lives at a time and in a place where his merchan-
dise has little demand and thus there is little profit. He is
beset by constant worry and doubt as to whether his
income will offset his expenses. Because he has no other
source of sustenance, he and his family are in danger of
starving to death.

He has no choice but to maintain a careful accounting
of his records and he is therefore constantly checking his
ledgers — and indeed, he has the time to do so. By doing
so, he can see which of his merchandise is most in
demand, and when it will bring him the greatest profit.
His analysis and appraisals enable him to determine
which type of merchandise should be bought or sold. He
spends day and night planning new marketing strategies
designed to increase his profits as well as maintaining
constant close supervision over his income and expenses.

He does this for at least a year, and then reviews his

חֶשְׁבּוֹן הַהוֹצָאָה כְּנֶגֶד הַהַכְנָסָה, בִּכְדֵי לַעֲמֹד עַל תֹּכֶן חֶשְׁבּוֹן
הָעֹדֶף שֶׁל הַכְנָסָתוֹ, וְיִסְתַּלֵּק עַל־כָּל־פָּנִים מִן הַסַּכָּנָה וּמִן
הַדְּאָגָה, וְכֵן בְּכָל שָׁנָה וְשָׁנָה וְכוּ', עַד שֶׁיַּגִּיעַ לְחַיֵּי פַרְנָסָה
בְּרֶוַח וָעֹנֶג בְּסִיַּעְתָּא דִשְׁמַיָּא.

וְהַנִּמְשָׁל יִתְבָּאֵר בְּחִבּוּר זֶה בְּאַרְכָּה, אִם יִרְצֶה הַשֵּׁם.

balance sheet to examine his profit margin. Understanding that his careful accounting and close supervision alleviated the worry and fears that he faced, he continues to follow this practice in the following years as well. Thus, with God's help, he is able to earn a substantial and comfortable living.

The moral of this parable will, with God's help, be explained in this work.

פְּתִיחָה

ב) כְּשֶׁאַתָּה מְטַיֵּל עַל שְׂפַת הַנָּהָר, אַתָּה מוֹצֵא בִּקְעָה שְׁלֵמָה מָלֵא קָנֶה וָסוּף, שֶׁכֻּלָּן עוֹמְדוֹת זְקוּפוֹת זוֹ אֵצֶל זוֹ, וְאֵין כֹּחַ בְּאַחַת מֵהֶן לְהָזִיז עַצְמָהּ אֲפִלּוּ כִּמְלֹא שַׂעֲרָה אַחַת מִמַּעֲמָדָהּ. אֲבָל בְּתוֹךְ שָׁעָה מוּעֶטֶת, עַל־יְדֵי נְשִׁיבַת רוּחַ כָּל־שֶׁהוּא, נִרְאֶה כָּל פְּנֵי שֶׁטַח הָעֶלְיוֹן מִזְדַּעְזֵעַ וּמִתְמוֹטֵט אֵילָךְ וְאֵילָךְ כְּגַלֵּי הַיָּם, שֶׁאֵין כֹּחַ בְּאַחַת מֵהֶן לְהִתְחַזֵּק כְּנֶגְדּוֹ וְלַעֲמֹד עַל עָמְדָהּ אֲפִלּוּ רֶגַע כְּמֵימְרָא.

כֵּן הוּא נֶפֶשׁ הַבַּהֲמִית, שֶׁאֵין בָּהּ רוּחַ עֵצָה וּגְבוּרָה לָנוּחַ אוֹ לָנוּעַ מֵעַצְמָהּ מִכֹּחַ בְּחִירָתָהּ, אֶלָּא מִתְמַעֶטֶת וְהוֹלֶכֶת תֵּכֶף עַל־יְדֵי הִתְעוֹרְרוּת אֵיזֶה נִדְנוּד רוּחַ תַּאֲוָה אוֹ צַעַר הַמֻּטְבָּעִים בָּהּ בִּתְחִלַּת בְּרִיָּתָהּ, אוֹ שֶׁנַּעֲשָׂה לָהּ טֶבַע מְלֻמֶּדֶת עַל־יְדֵי הֶרְגֵּל אָרֹךְ, עַד שֶׁהִשְׂבִּיעָה אֶת תַּאֲווֹתֶיהָ וּפָסְקוּ כָּל הַרְגָּשׁוֹתֶיהָ, וְאָז הִיא נִקְפֵּאת בְּתַרְדֵּמוֹת הָעַצְלוּת וְאֵינָהּ יְכוֹלָה לָזוּז מֵעַצְמָהּ עוֹד, עַד שֶׁיָּבוֹא אֵיזֶה רוּחַ כָּל־שֶׁהוּא שֶׁל הַרְגָּשָׁה וְתַאֲוָה וִיקִיצֶנָּה. וּכְשֶׁפּוֹגְעִים בָּהּ שְׁתֵּי רוּחוֹת הֲפוּכוֹת — אֲזַי הִיא נִכְנַעַת לְהַיּוֹתֵר חֲזָקָה שֶׁבָּהֶן בְּאוֹתָהּ שָׁעָה, לְפִי שֶׁהִיא מְחֻסֶּרֶת בִּינָה לִהְיוֹת רוֹאָה אֶת הַנּוֹלָד, וּמְחֻסֶּרֶת עֵצָה וּגְבוּרָה לִדְחוֹת אֲפִלּוּ הֲנָאָה כָּל־שֶׁהִיא שֶׁל עַכְשָׁו מִפְּנֵי צַעַר אוֹ הֲנָאָה קַיֶּמֶת לֶעָתִיד.

וְכִמְעַט שֶׁאֵין לָהֶם לְבַעֲלֵי הַחַיִּים יִתְרוֹן עַל הַצְּמָחִים וְהַדּוֹמְמִים, מֵאַחַר שֶׁאֵין בָּהֶם כֹּחַ לָנוּחַ וְלָנוּעַ אוֹ לְהַשְׁהוֹת תְּנוּעָתָן בְּכָל־שֶׁהוּא, וְנֶפֶשׁ הַבַּהֲמִית שֶׁלָּהֶם נִדְחֵית תֵּכֶף כְּקָנֶה וָסוּף הַנַּ"ל.

2. You are walking along the riverbank and you come upon a valley full of reeds and rushes, all of them standing straight. Not one of them has the ability to move even a hair's-breadth from its position. Suddenly, a brief gust of wind comes and the entire upper surface is swaying to and fro like the waves of the sea. Not one of the reeds or rushes has the ability to withstand the wind and maintain its position even for a moment.

This is what characterizes the *nefesh ha-behamis* — the animal spirit. Out of its own free choice, it has neither the power nor the wisdom to rest or to move. Rather, it is swayed and moved by the sudden gusts of the winds of desire or pain — instincts which are implanted in it from its formation. Sometimes it is moved by the nature which it acquires through long-term conditioning. It reacts up until the point at which its desires are satisfied and its feelings then cease. It then is frozen into a lethargic sleep and is unable to move again until another wind of feeling and desire comes and awakens it. When it faces winds blowing in opposing directions, it follows whichever is the strongest at that moment, for it lacks the foresight to judge the future consequences of an action. It is devoid of the counsel and strength to refuse immediate gratification to prevent pain — or delay any gratification so as to gain even greater satisfaction in the future.

Animals have almost no advantage over plants or inanimate objects, lacking as they do the power to move or to stay put as a result of their own free choice. Their "soul" is subject to the whims of the wind — like the

וּלְפִי שֶׁאֵין לָהּ לַנֶּפֶשׁ הַבַּהֲמִית מִצִּדָּהּ שׁוּם רָצוֹן שֶׁל בְּחִירָה, עַל-כֵּן לֹא שַׁיָּךְ בָּהּ צִוּוּי וְאַזְהָרָה שֶׁל עֲשֵׂה וְלֹא-תַעֲשֶׂה כְּלָל.

ג) אָכֵן הָאָדָם, שֶׁהוּא בַּעַל דַּעַת וְעָרְמָה וּמוֹשֵׁל בְּרוּחוֹ, יָכוֹל לְהָנִיעַ נֶפֶשׁ הַבַּהֲמִית לְטוֹבַת עַצְמוֹ כִּרְצוֹנוֹ, דְּהַיְנוּ לְעוֹרֵר בְּקִרְבָּהּ רוּחַ שֶׁל תַּאֲוָה וְצַעַר מַמָּשׁ, כְּגוֹן לְהַבְרִיחַ הַצִּפֳּרִים מִן הַקָּמָה עַל-יְדֵי קִשְׁקוּשׁ הַזּוּג, אוֹ לְפַתּוֹתָם בְּבְשַׂר-תַּאֲוָה לָבוֹא לְהִלָּכֵד בַּפַּח, אוֹ לְהוֹלִיד בָּהּ תַּאֲווֹת וְהַרְגָּשׁוֹת מְלֻמָּדוֹת עַל-יְדֵי הֶרְגֵּל, כַּנִּזְכָּר לְעֵיל. וּמִי שֶׁהוּא בָּקִי וּמְמֻחֶה בִּמְלֶאכֶת הַחִנּוּךְ, יָכוֹל לְהִשְׁתַּמֵּשׁ בְּכָל מִינֵי כֹּחוֹת בַּעֲלֵי הַחַיִּים כְּאָדָם הָעוֹשֶׂה בְּשֶׁלּוֹ.

דֶּרֶךְ מָשָׁל: מִין הָעוֹפוֹת, שֶׁחוּשׁ הָרְאוּת שֶׁלָּהֶם חַד מְאֹד — מְלַמְּדִין אוֹתָם צֵידַת חַיּוֹת וְעוֹפוֹת וְדָגִים; כֹּחַ הַשּׁוֹר — לַחֲרִישָׁה; חֲמוֹר — לְמַשָּׂאוֹי, וּמְרוּצַת הַסּוּס — לַעֲבוֹדַת הָאָדָם.

וַאֲפִלּוּ הַפִּיל הַגָּדוֹל, שֶׁכָּל גּוּפוֹ שֶׁל אָדָם אֵינוֹ אֶלָּא כְּיַתּוּשׁ נֶגְדּוֹ — וְהַצַּיָּדִים מַעֲרִימִין לָהֶם לְלָכְדָן לְמֵאוֹת וְלַאֲלָפִים. וְהַשֵּׁם יִתְבָּרַךְ, אֲשֶׁר הִשְׁלִיט אֶת הָאָדָם לְהִשְׁתַּמֵּשׁ בְּרוּחוֹת הָאֲוִיר לִזְרוֹת בָּהֶן אֶת הַגְּרָנוֹת, לְהָסִיעַ אֶת הָרֵחַיִם וּלְמָשֹׁךְ סְפִינוֹת טְעוּנוֹת מִקְצֵה הָאָרֶץ לְתוֹעַלְתּוֹ וְלַהֲנָאוֹתָיו — חָנְנוּ דַעַת עוֹד לִמְשֹׁל גַּם בְּרוּחוֹת נֶפֶשׁ הַבַּהֲמִיּוֹת כַּנַּ״ל, וְעַל-יְדֵי-כָךְ יָכוֹל הוּא לְצַוּוֹת עַל תּוֹעֶפֶת הַפִּיל לְקַבֵּל מָרוּת מִבְּעָלָיו, לָצֶפֶת לְאָבְסוֹ וּלְעָבְדוֹ בְּכָל כֹּחוֹ, עַד שֶׁלְּגַבֵּי הָאָדָם כִּמְעַט אֵין יִתְרוֹן לְנֶפֶשׁ הַחַיָּה עַל הַדּוֹמְמִין וְהַצֹּמְחִים וְכוּ׳, כַּנִּזְכָּר לְעֵיל.

reeds and the rushes by the riverbank.

Because the animal spirit lacks the will to exercise choice, the concepts of positive or negative precepts cannot be applicable to it at all.

3. Man, however — who is wise, crafty and who controls his will — can move the "animal spirit" to serve his own needs. He can stir it by providing it with desire or pain. For example, he can chase birds away from his grain by striking a gong or he can entice them into a trap by placing meat in front of them. Moreover, he can even create desires and feelings by conditioning the animals, as we have already mentioned. One who is expert and experienced in conditioning can use all sorts of the animals' skills to accomplish his own ends.

For example: Birds with acute vision can be trained to hunt animals, fowl and fish. The strength of an ox can be harnessed for plowing, donkeys can be trained to carry burdens and horses harnessed to serve man.

Even the mighty elephant — compared to which man is no more than a mosquito — is lured by man into traps by the hundreds and thousands. God, who gave man the ability to utilize the wind to winnow grain, to turn the millstones and to move heavily laden ships from one side of the earth to the other to meet his needs and desires, gave man the wisdom to control the "animal spirit" as well. This God given ability to command, enables man to control the mighty elephant, to train him to expect his master's commands, to accept the yoke which he places upon it and to serve man with all of its strength. In terms of man's ability to control, then, there is almost no difference between animals, plants and inanimate objects.

ד) וְהִנֵּה, הַבְּעָלִים הַפִּקְחִים חָסִים מִלְּהַטְרִיחַ בְּיוֹתֵר עַל
בְּהֶמְתָּם, וּמַסְפִּיקִים לָהֶם כָּל מַחְסוֹרָם בְּעַיִן יָפָה, בִּכְדֵי לְאַמֵּץ
אֶת כֹּחָם לַעֲבוֹדָתָם, וְעַל כָּל דָּבָר פֶּשַׁע חוֹבְטִים אוֹתָם
בְּמַקְלוֹת תֵּכֶף, שֶׁלֹּא תַחְזֹר לְסוֹרָהּ שֵׁנִית עוֹד; וּמַרְוִיחִים
מִשְּׁנֵי צְדָדִים.

וְהִפּוּךְ הַדְּבָרִים בַּשּׁוֹטִים — מַכְבִּידִים עֻלָּם
עֲלֵיהֶם וּמְקַמְּצִין לָהֶם אֶת לֶחֶם חֻקָּם, וְעַל־יְדֵי־כָךְ הֵם
מְקַצְּרִין אֶת יְמֵי חַיֵּיהֶם וּמַפְסִידִין מֵעֲבוֹדָתָן, אוֹ מַמְרִין
עֲלֵיהֶם אֶת הַפִּיל, שֶׁכֹּחַ גּוּפוֹ גָּדוֹל כִּפְלֵי־כִפְלַיִם מִשֶּׁלָּהֶם —
הוּא קָם עֲלֵיהֶם לְרָמְסָם בְּרַגְלָיו וּלְרַסֵּק אֵיבְרֵיהֶם, וְהֵם
מֻכְרָחִים לְהִתָּרִיס כְּנֶגְדּוֹ בְּקַרְדֻּמּוֹת, אוּלַי יַצְלִיחוּ לְקַפֵּחַ אֶת
חַרְטֻמּוֹ לַהֲמִיתוֹ, אוֹ עַל־כָּל־פָּנִים לַעֲשׂוֹתוֹ מְחֻסַּר אֵיבָר
וּלְאַבֵּד חֲצִי שָׁוְיוֹ.

וְשׁוֹטִים אֲחֵרִים מַפְלִיגִים לְאִידָךְ גִּיסָא,
דְּהַיְנוּ שֶׁמְּחַנְּפִין לִבְהֶמְתָּם בְּמַעֲט עֲבוֹדָה וּמְזוֹנוֹת מֻבְחָרוֹת;
מַשְׁפִּילִין עַצְמָן לִשְׂחוֹק עִמָּה וּמְלַמְּדִין אוֹתָן לִהְיוֹת מְבֻעֶטֶת
בְּטוֹבָתָן, וְסוֹפָהּ לְהִשְׁתַּעְבֵּד בְּבַעֲלֶיהָ לִנְהֹם כְּרֶסָהּ.

וּבְדֶרֶךְ כְּלָל, אוֹתָן הַחֲפֵצִים לְהִשְׁתַּכֵּר בְּכֹחוֹת בַּעֲלֵי
הַחַיִּים, צְרִיכִין לִהְיוֹת בְּקִיאִים בִּמְלֶאכֶת הַחִנּוּךְ שֶׁלָּהֶם,
וְאָמְנִים נִמְרָצִים לְהַמְצִיא בְּכָל רֶגַע מִינֵי עַרְמוּמִיּוֹת שׁוֹנוֹת
כְּפִי הָעִנְיָן. וּמַה גַּם צְרִיכִים שְׁקִידָה רַבָּה וְסַבְלָנוּת רְצוּפָה
יָמִים וְשָׁנִים, לָבוֹא בְּמַחְתֶּרֶת דֵּעוֹת אוֹתָן הַבַּעֲלֵי־חַיִּים
הַמִּתְחַנְּכִים עַתָּה עַל יְדֵיהֶן, בְּטֶרֶם שֶׁיַּצְלִיחוּ לְהַכְנִיס חָכְמָתָם
בְּנַפְשָׁם הַבַּהֲמִית וּלְהַאֲרִיךְ מֶמְשַׁלְתָּם עֲלֵיהֶם כִּרְצוֹנָם.

4. Now, wise masters are smart enough not to overwork their animals. They generously provide them with their needs so as to realize their maximum effectiveness. If the animal shows any sign of recalcitrance, it is immediately struck to prevent it from repeating the action. The master thus profits from both ends.

The opposite is true of foolish masters. They overburden their animals and stint on their provisions. By doing so, they shorten their lives and forfeit their labors, or they cause the elephant — whose strength is far greater than theirs — to rise up against them. The elephant tries to trample its master and smash his bones, and the master is forced to protect himself, wielding an ax in an attempt to strike its trunk and kill it, or at least cause it to lose a limb and lose half of its value.

Some foolish masters go to the opposite extreme. They pamper their animals by underworking and overfeeding them. They demean themselves by playing with them and condition the animal to kick at their generosity. In the end, the animal subjugates its master to fill its stomach!

Generally, those who seek to profit by using animals must be well versed in training them, and expert in improvising all types of subterfuges as the situation demands. They must invest considerable effort and patience — for days and years — so that they can plumb the depths of the psyche of the animals that they are training before they can condition the animals to follow their instruction and will.

חֶשְׁבּוֹן הַנֶּפֶשׁ

ה) הִנֵּה מָצִינוּ, שֶׁאַף־עַל־פִּי שֶׁהַפְלִיא יוֹצֵר בְּרֵאשִׁית
בָּרוּךְ הוּא תַּחְבּוּלוֹת וְהַמְצָאוֹת נִפְלָאוֹת וְנִשְׂגָּבוֹת וְנוֹרָאוֹת
מְאֹד בְּכָל חֶלְקֵי הַבְּרִיאָה, בִּכְדֵי לְהַרְאוֹת שְׁלֵמוּת חָכְמָתוֹ
יִתְבָּרַךְ וּלְמַלֹּאת כָּל הָעוֹלָמוֹת כֻּלָּם מִכְּבוֹדוֹ — מִכָּל מָקוֹם
בְּעוֹלָם הַדּוֹמְמִים וְהַצְּמָחִים שׁוֹלְטוֹת עֲדַיִן מִיתָה נִצַּחִית
מֻחְלֶטֶת. לְמַעְלָה מֵהֶם בָּרָא עוֹלָם הַמַּלְאָכִים וְהָרוּחָנִיִּים,
לִהְיוֹתָם עוֹמְדִים וְרוֹאִים בִּשְׁלֵמוּתוֹ וְנֶהֱנִין מִכְּבוֹדוֹ תָּדִיר בְּלִי
הֶפְסֵק; אֶלָּא שֶׁעֲדַיִן גַּם הֵם עֲלוּבִים קְצָת, שֶׁמִּתְפַּרְנְסִים
מִקֻּפָּה שֶׁל צְדָקָה כְּבַעֲלֵי־חַיִּים. אֵלוּ וְאֵלוּ יוֹנְקִים מִמִּדַּת
הָרַחֲמִים שֶׁל עוֹשֶׂה צְדָקוֹת עִם כָּל בָּשָׂר וָרוּחַ, דְּהַיְנוּ נַהֲמָא
דְּכִסּוּפָא, וְכִמְעַט עָנִי חָשׁוּב כַּמֵּת.

ו) אֲבָל הַמֵּיטִיב הָעֶלְיוֹן בָּחַר לוֹ מִבֵּינֵיהֶם סְגֻלָּה עוֹד
— נִשְׁמוֹת בְּנֵי הָאָדָם, וּמִשַּׁגְּרָן אַחַת אַחַת לָעוֹלָם הַשָּׁפָל
לְהִתְגַּלְגֵּל שָׁם בְּנֶפֶשׁ הַבַּהֲמִית זְמַן־מָה, לְדָבְקָהּ בִּדְרָכָיו
וּלְהֵיטִיב לַבְּרוּאִים, בִּכְדֵי לָשׁוּב אַחַר־כָּךְ אֶל הַהֲנָאָה
הָעֶלְיוֹנָה הַגְּזֶרֶת לְעֵיל בִּשְׂכַר עֲמָלָהּ וּכְיוֹתְיהָ; וַהֲרֵי זוֹ נִזּוֹנֶת
מִמִּדַּת הַחֶסֶד, כְּמוֹ שֶׁאָמַר הַכָּתוּב (תהלים סב, יג): "וּלְךָ ה'
חֶסֶד כִּי אַתָּה תְשַׁלֵּם לְאִישׁ כְּמַעֲשֵׂהוּ.

חִבָּה יְתֵרָה נוֹדַעַת לָהֶם לְיִשְׂרָאֵל, זֶרַע אַבְרָהָם אוֹהֲבוֹ
שֶׁל הַקָּדוֹשׁ־בָּרוּךְ־הוּא, שֶׁנִּקְרְאוּ בָּנִים לַמָּקוֹם, סְגֻלָּה
שֶׁבַּסְּגֻלָּה — שֶׁהִרְבָּה לָהֶם תּוֹרָה וּמִצְוֹת מִפִּי הַגְּבוּרָה מַמָּשׁ,

CHESHBON HA-NEFESH

5. Although the Creator invested all facets of His creation with the most exalted and awesome workings so as to demonstrate the perfection of His wisdom and to fill the world entirely with His glory, still in the world of the inanimate and the plants, absolute death prevails. On a level above these, God created a world filled with angels and spirits whose purpose is to stand and observe His perfection and continuously bask in His glory. But they too are somewhat pitiable, for their sustenance is provided for them like the animals. They too draw their nourishment from the mercy which He, who performs charity for all flesh and spirit, provides. Their sustenance is "the bread of shame" and it is almost as if, in their poverty, they are considered like the dead (NEDARIM 64b).

6. But, in His supreme goodness, He chose from among them a select creation — the souls of men. He dispatches them one by one to the lower world, to temporarily be incarnated within the animal spirit, to cleave to His ways and to provide benefit for all that was created. His purpose is for these souls to be able to return to the Divine bliss which we mentioned, as payment for their toil and for the good that they have done. They are then sustained by His attribute of kindness [rather than charity], as the verse (TEHILLIM 62:13) states: And You, G-d, show grace, for You pay man according to his accomplishments.

An additional measure of His love is reserved for Israel, the descendants of Avraham who was God's loved one. They are called God's children, the select of the chosen. He granted them Torah and precepts from the

בִּכְדֵי לְהַרְבּוֹת עֲמָלָן וּלְהַנְעִים אֶת שְׂכָרָן, לְהוֹסִיף עַל כְּבוֹדָם
וּלְהוֹסִיף עַל חִבָּתָם עוֹד.

ז) כִּי הִנֵּה הַנֶּפֶשׁ הַבַּהֲמִית אֵין לָהּ שׁוּם שַׁיָּכוּת בַּמִּצְוֹת
כַּנַּ"ל; וְאֵין לָהּ עַל הַנְּשָׁמָה הָאֱנוֹשִׁית שֶׁהִיא רְבוֹנָהּ, אֶלָּא
לְמַלֹּאת כָּל מַחְסוֹרֶיהָ הַגּוּפָנִיִּים בִּלְבַד וּלְשַׁעְבֵּד כָּל כֹּחוֹתֶיהָ
הַיְתֵרִים לִמְלֶאכֶת בְּעָלֶיהָ. אֲבָל הַנֶּפֶשׁ הַשִּׂכְלִית צְרִיכָה
לִמְלֶאכֶת עֲבוֹדָה רַבָּה, בִּכְדֵי לְלַמְּדָהּ מוּסָר וּמִדּוֹת שׁוֹנוֹת כָּל
יְמֵי חַיֶּיהָ כַּנַּ"ל; צְרִיכָה לְהַכְנִיעַ לָדַעַת נֶפֶשׁ הַשְּׁפָלָה וְלִהְיוֹת
צוֹלֶלֶת בְּמֶחְקְרֵי חָכְמַת הוֹלֵלוּתָהּ וְסִכְלוּתֶיהָ, שֶׁמִּתּוֹכָם תִּלְמַד
לַעֲמֹד עַל סוֹף דַּעְתָּהּ וּלְהַבְחִין אֵימַת צָרִיךְ לְיַסְּרָהּ בַּשּׁוֹטִים
דַּוְקָא, וְאֵימַת לִכְבֹּשׁ בְּפֶה רַךְ עִקְּשׁוּתֶיהָ וְטִפְּשׁוּת תַּאֲווֹתֶיהָ.
וְלֹא עוֹד אֶלָּא שֶׁהִיא מֻשְׁקַעַת תָּמִיד בְּסַכָּנָה עֲצוּמָה, לְטַבַּע
בְּנֶפֶשׁ הַתַּאֲווֹת הַבַּהֲמִיּוֹת.

לְפִיכָךְ כְּדַאי הַנְּשָׁמָה הָאֱנוֹשִׁית לִטֹּל אַחַר־כָּךְ לְפֻם צַעֲרָא
אַגְרָא בְּעוֹלַם הַהַשָּׂגוֹת כַּנַּ"ל.

ח) וְנַחֲזֹר לְעִנְיָן: נֶפֶשׁ הַבַּהֲמִית דַּעְתָּהּ קְצָרָה מְאֹד. הִיא
צוֹפָה בְּעֵינֵי בָשָׂר, שֶׁאֵינָן רוֹאוֹת אֶלָּא בַּסָּמוּךְ בְּגָלוּי וּבְשֶׁל
עַכְשָׁו, וְאוֹבֶדֶת עֵצָה לִדְחוֹת טָפֵל מִפְּנֵי עִקָּר וַעֲרַאי מִפְּנֵי
קָבוּעַ. וְהִיא גַם־כֵּן מְחֻסֶּרֶת גְּבוּרָה, דְּהַיְנוּ שֶׁאֵין בָּהּ גְּבוּרָה
לְהִתְעוֹרֵר מִשֵּׁנַת עַצְלוּתָהּ לַעֲסֹק בְּאֵיזֶה מִצְוַת עֲשֵׂה; וְלֹא
עוֹד, אֶלָּא כְּשֶׁמְּקִיצִין אוֹתָהּ פַּעַם וּפַעֲמַיִם לְאוֹתָהּ מִצְוָה
עַצְמָהּ, אֲזַי נַעֲשֶׂה לָהּ מֹרַת־רוּחַ; וְלֹא לְקַיֵּם מִצְוֹת לֹא־
תַעֲשֶׂה, וְלַעֲמֹד אֲפִלּוּ בִּפְנֵי רוּחַ מְצוּיָה (שֶׁל תַּאֲווֹת הַבַּהֲמִיּוֹת

mouth of the Almighty so as to increase their toil and sweeten their reward, to add to their glory and to make them even more beloved.

7. The animal spirit has no relationship to the precepts. Its only connection to the human spirit — which is its master — is its responsibility to fulfill the latter's physical needs and to subjugate all its remaining powers to performing its master's work. The intellectual human spirit, however, has numerous tasks to perform. It must teach the animal spirit ethical behavior and develop positive character traits for as long as it lives. It must humble itself so that it can understand the frivolity and foolishness of the animal spirit, for by doing so it can then understand the workings of its mind and determine when it should be punished with lashes, and when its stubbornness and the folly of its desires can be subdued by gentle persuasion. Furthermore, the intellectual human spirit is in constant danger of itself being swallowed by the desires of the animal spirit. Because of the dangers that it faces, the human spirit is indeed worthy of being rewarded in a manner commensurate with its labors in the world of ideas.

8. Let us return now to our discussion. The animal spirit has a short attention span. It observes the world with material eyes, seeing only that which is close, obvious and immediate. It is totally incapable of rejecting the unimportant for the fundamental, the transitory for the permanent. It also lacks strength — i.e., the power to rouse itself out of its lethargic sleep and occupy itself with the fulfillment of a positive precept. Moreover, when it is stirred once or twice to perform a precept, it becomes resentful. It lacks the strength to observe the negative precepts or to stand up against even the

הַנִּקְרָא יֵצֶר הָרַע), וְכָל־שֶׁכֵּן בְּרוּחַ שֶׁאֵינָהּ מְצוּיָה הַנִּקְרָא נִסָּיוֹן ;

וְלֹא עוֹד, אֶלָּא שֶׁנִּכְנַעַת וְנִדְחֵית מִפְּנֵי הַיֵּצֶר הָרַע תֵּכֶף וּמִיָּד כַּנַּ״ל, שֶׁאִם לֹא־כֵן, הָיְתָה יְכוֹלָה לְהַשְׁלִים קֹצֶר הַמַּשִּׂיג שֶׁלָּהּ עַל־יְדֵי הַמְּלָכָה מְתוּנָה. אָמְנָם מִי שֶׁאֵין בּוֹ רוּחַ גְּבוּרָה לַעֲמֹד עַל נַפְשׁוֹ וְלִקַּח לוֹ פְּנַאי לְהַמְלָכָה — אֵין לוֹ תַּקָּנָה.

ט) וּלְפִי שֶׁהָאָדָם מִתְּחִלַּת בְּרִיָּתוֹ נוֹלָד בְּהֵמָה מַמָּשׁ, שֶׁכָּל פְּעֻלּוֹתָיו הֵם כְּמִתְעַסֵּק בְּעָלְמָא, וְיִצְרוֹ הָרַע הוֹלֵךְ וּמִתְגַּדֵּל יוֹם יוֹם מֵעֵת הִוָּלְדוֹ עַד תֹּם כָּל שְׁנֵי קַטְנוּתוֹ, וְעַל־כֵּן נִקְרָא שְׁמוֹ זָקֵן וּכְסִיל. אָכֵן אַחַר־כָּךְ מַתְחֶלֶת לְהִתְגַּלּוֹת בּוֹ רוּחַ עֵצָה חָכְמָה וּגְבוּרָה, דְּהַיְנוּ שֶׁנַּעֲשֶׂה בַּעַל־בְּחִירָה, לְהִתְכַּוֵּן בִּפְעֻלּוֹתָיו לְהַשָּׂגַת אֵיזֶה תַּכְלִית יָדוּעַ תָּמִיד, וּמַה גַּם לְהִתְקוֹמְמָם קְצָת רוּחַ נֶגֶד תַּאֲוַת הַבַּהֲמִי, וְלִשְׁהוֹת עַד שֶׁיִּמָּלֵךְ עַל־כָּל־פָּנִים בְּרוּחַ בִּינָתוֹ תְּחִלָּה, הַמַּתְחֶלֶת לִהְיוֹת רוֹאֶה אֶת הַנּוֹלָד. וּבְאוֹתוֹ פֶּרֶק מַמָּשׁ מַתְחִילִין יְמֵי הַנְּעָרוּת, שֶׁהִיא עֵת הֻלֶּדֶת אוֹתָהּ הַהֲנָאָה הַנְּעִימָה לַעֲשׂוֹת צְדָקָה וָחֶסֶד עִם הַבְּרִיּוֹת, וְלִמְצֹא קֹרַת־רוּחַ לְהַכִּיר חֻדָּשִׁים נִפְלָאִים בִּבְחִינוֹת הַיְצוּרִים.

י) וּמֵעַתָּה אִם יִזְדָּרֵז לְגַדֵּל יֶלֶד מִסְכֵּן וְחָכָם הַזֶּה בְּכֹחַ וּבְחָכְמָה, לְהַגְבִּיר חִשְׁקוֹ תָּמִיד לִרְאוֹת וּלְהַרְאוֹת לַאֲחֵרִים אֶת שְׁלֵמוּתוֹ יִתְבָּרַךְ, לְהַכִּיר בְּטוֹבוֹתָיו וּלְהֵיטִיב לִבְרוּאָיו — אֲזַי סוֹפוֹ לִמְרֹד בַּכְּסִיל הַזָּקֵן לְגַמְרֵי, וּמַה גַּם לִלְכֹּד אֶת הַפִּיל

"normal winds" [of the animal desires which are called the evil inclination]. It obviously lacks the strength to stand up to the "unusual winds" — i.e., the tests of faith — to which men are at times subjected.

Furthermore, it immediately humbles itself before and surrenders to the onslaught of the evil inclination. Were it possessed of strength, it could compensate for its short-sightedness with calm deliberation. However, one who lacks the strength to protect himself and to take the time to think, is truly beyond help.

9. Man, from birth, is truly an animal, for all his actions are automatic, and his evil inclination grows stronger from the day he is born until the end of his childhood. It — the evil inclination — is therefore referred to as *old and foolish* (see KOHELES 4:13). However, after childhood, the signs of a spirit of counsel, wisdom and strength begin to appear. Man becomes capable of exercising free choice. He can now direct his actions to accomplish a given, known end as well as begin to rebel against the dictates of his animal desires — at least by giving them consideration before acting upon them. He begins to see the consequences of his actions. It is at this juncture that youth begins — a time when man first begins to appreciate the sweetness of acting kindly and generously towards others, when he first begins to appreciate the wonders of creation.

10. From this point, if one is zealous in raising this *poor wise youth* (see KOHELES 4:13) with strength and wisdom, reinforcing the intensity of his desire to see and show others the perfection of God, to recognize His goodness and provide benefit for that which He created, then he will eventually rebel against the *old fool* — the evil inclination — and he will be able to harness the "great

הַגָּדוֹל וּלְהַכְנִיעוֹ לַעֲבוֹדָתוֹ.

אֶלָּא שֶׁצָּרִיךְ לְהִשְׁתַּדֵּל קֹדֶם לָכֵן
לְמָרֵט אֶת כְּלֵי־זֵינוֹ וּלְהָכִין עַצְמוֹ בְּתַחְבּוּלוֹת לְמִלְחָמָה,
דְּהַיְנוּ: (א) לָהֶם אוֹתוֹ בְּכֹחַ פִּתְאֹם וּבֶהָלָה; אוֹ (ב) לִגְנֹב אֶת
לִבּוֹ בְּעָרְמָה. דֶּרֶךְ מָשָׁל: מִי שֶׁהָיוּ שְׁנֵי בָּנָיו כַּעֲסָנִים, וְהוּא
מְאַיֵּם עַל הַגָּדוֹל שֶׁבָּהֶם, כְּמוֹ שֶׁאָמְרוּ חֲכָמֵינוּ ז"ל: "כָּל
הַכּוֹעֵס, כְּאִלּוּ עוֹבֵד עֲבוֹדַת כּוֹכָבִים", וּמַתְחִיל לְחַנֵּךְ אֶת
הַצָּעִיר עַל־פִּי דַּרְכּוֹ לִמְנוּחַת הַנֶּפֶשׁ, מִכָּאן לְסַבְלָנוּת, מִכָּאן
לִמְּדַת "מִהְיוֹת טוֹב אַל תִּקְרֵי רָע".

יא) מָשָׁל אַחֵר: הַטִּיטוּן (=הֶעִישׁוּן) וְהַשִּׁכְרוּת הֵם
מֵהַתַּאֲווֹת הַמְלֻמָּדוֹת הַנַּ"ל. וְהִנֵּה שְׁנֵי אֲנָשִׁים שֶׁנִּשְׁתַּקְּעוּ
בְּתַאֲווֹת אֵלּוּ מִכַּמָּה שָׁנִים, וְעַתָּה נִמְלְכוּ בְּרוּחַ הַבִּינָה, שֶׁהֵם
מְכַלִּין אֶת מָמוֹנָם, מְבַלִּין אֶת זְמַנָּם, וּמְאַבְּדִים כֹּחוֹת הַגּוּף
וְהַנֶּפֶשׁ, וּבִפְרָט כֹּחַ הַזִּכָּרוֹן, וְנָטְלוּ עֵצָה לִדְחוֹת הֲנָאַת תַּאֲווֹת
שֶׁל הֶבֶל מִפְּנֵי הֶזֵּק הַבָּרוּר, וּשְׁנֵיהֶם מִתְגַּבְּרִים עַתָּה לְעָזְבָם
בְּפֹעַל; אֶלָּא שֶׁהָרִאשׁוֹן מָשַׁךְ יָדוֹ מֵהֶם בְּפַעַם אַחַת וְעַל־
כָּרְחוֹ, וְהַשֵּׁנִי הֶעֱרִים לְהַרְחִיב הַזְּמַן שֶׁבֵּין שְׁתִיָּה לִשְׁתִיָּה, אוֹ
לְמַעֵט שִׁעוּר כָּל אַחַת מֵהֶן אַחַת אַחַת בְּמַשֶּׁהוּ, עַד שֶׁגָּבְרוּ
שְׁנֵיהֶם עַל תַּאֲווֹתֵיהֶן לְגַמְרֵי. הִנֵּה הַדָּבָר בָּרוּר, שֶׁהָרִאשׁוֹן
הִרְוִיחַ זְמַן עַל־יְדֵי שֶׁהִשִּׂיג אֶת מְבֻקָּשׁוֹ בְּיָמִים מוּעָטִים, אֶלָּא
שֶׁבִּזְבֵּז הַרְבֵּה מִכֹּחַ הַגְּבוּרָה שֶׁלּוֹ, וְהַשֵּׁנִי שָׁמַר אֶת כֹּחוֹ
וְהִפְסִיד זְמַנּוֹ.

יב) לְפִיכָךְ מִי שֶׁהוּא עַזּוּ וְגִבּוֹר, נָאֶה לוֹ לִתְפֹּס דֶּרֶךְ
הָרִאשׁוֹן, לְפִי שֶׁאֵין רוּחַ שֶׁל כֹּחַ מַשֶּׁהוּ שָׁוֶה לוֹ בְּנֶזֶק הַזְּמַן.

elephant" — his animal spirit — to work for him.

First, however, he must strive to prepare the weaponry and strategies that he will use in battling the evil inclination: by confusing it with a strong, sudden onslaught, and by deceiving it. For example: If one has two children who are prone to anger, he can intimidate the older one by quoting the words of our Sages (ZOHAR I 27b) that *one who becomes angry is considered to have worshipped idolatry.* Concurrently, he can train the younger one according to his bent, teaching him to be more placid which will in turn lead him to be more patient, which will in turn lead him to the level of *In being good, do not be called evil.* (BAVA KAMA 81b)

11. Another example: Smoking and drinking are learned desires. Let us assume that there are two men who are addicted to these desires for many years and have now reached the conclusion that their habits are a waste of money, time and their physical and mental faculties — especially the power of memory. Recognizing their losses, they decide to break their habits and both are successful in doing so. However, they choose different methods to accomplish their goal. The first person decides to break his habit by forcing himself to immediately quit. The second decides to extend the time between each drink, or to drink less each time. Eventually, they are both completely successful. The first person has achieved his goal quickly but has expended a considerable amount of mental energy. The second has conserved his mental energy at the expense of the time which he wasted.

12. Thus, one who is strong and energetic should choose the first path, for the conservation of his mental energy is worth less to him than is his time. This was the

וְזֶהוּ עִנְיַן דּוֹרוֹת הָרִאשׁוֹנִים, שֶׁהָיָה לִבָּם רָחָב כְּפִתְחוֹ שֶׁל
אוּלָם לִרְאוֹת אֶת הַנּוֹלָד בַּהֹוֶה וְהַסָּתוּם בַּגָּלוּי, וְהָיוּ גַם
גִּבּוֹרֵי־כֹחַ לְהַלְהִיב אֶת הַיִּרְאָה בְּלִבָּם, בִּכְדֵי לְנַצֵּחַ עַל־יָדָהּ
אֶת הָעֲצֵלוּת וְהַתַּאֲוֹות, וּלְקַיֵּם אֶת הַתּוֹרָה עִם כָּל פְּרָטֵי לָאו
דְּ"לֹא תָסוּר", בְּלִי שׁוּם סִיּוּעַ שֶׁל עֵזֶר וּתְרוּפָה אַחֶרֶת, כְּמוֹ
שֶׁאָמַר הַכָּתוּב (תהלים טז): "שִׁוִּיתִי ה' לְנֶגְדִּי תָמִיד כִּי מִימִינִי
בַּל אֶמּוֹט". וּמַה גַם דְּלַגַּבֵּי מֹשֶׁה הָיְתָה אֲפִלּוּ הַיִּרְאָה עַצְמָהּ
מִלְּתָא זוּטַרְתֵּי.

יג) אֶלָּא שֶׁהָיוּ הַדּוֹרוֹת מִתְחַלְּשִׁין וְהוֹלְכִין, עַד שֶׁבִּימֵי
חַכְמֵי הַמִּשְׁנָה וְהַתַּלְמוּד הֻזְקְקוּ לִהְיוֹת עֲרוּמִים בְּיִרְאָה, דְּהַיְנוּ
שֶׁלֹּא הָיָה כֹּחַ גְּבוּרָתָם מַסְפִּיק עוֹד, וְהִצְטָרְכוּ לְצָרֵף עִמָּהּ אֶת
הָעָרְמָה וְלִמְּדוּ אֶת הָעָם בְּאַזְהָרוֹת מְיֻחָדוֹת, כְּמוֹ שֶׁאָמְרוּ
זִכְרוֹנָם לִבְרָכָה: "הֱוֵי זָהִיר בִּשְׁלֹשָׁה דְבָרִים וְכוּ'"; "הִזָּהֲרוּ
בִּכְבוֹד חַבְרֵיכֶם וְכוּ'", לְפִי שֶׁכָּל אֶחָד מֵהֶן תָּפְסוּ לְעַקֵּר אוֹתָן
הַמִּדּוֹת שֶׁנִּדַּלְדְּלוּ אֵצֶל בְּנֵי־גִילוֹ.

אַחַר־כָּךְ קָמוּ הַדּוֹרוֹת
הַמְאֻחָרוֹת מֵהֶן הַרְבֵּה, שֶׁלֹּא הִסְפִּיק לָהֶם הַתַּקָּנוֹת הָרִאשׁוֹנוֹת
עוֹד, וְהִמְצִיאוּ עִנְיַן חֶשְׁבּוֹן הַנֶּפֶשׁ, וְהִיא תַחְבּוּלָה יְקָרָה
לְאָדָם שֶׁכְּבָר נִכְשַׁל בְּדָבָר אֶחָד, שֶׁיְּחַזֵּק חַטָּאתוֹ נֶגְדּוֹ תָּמִיד
לְעָגְמַת־נַפְשׁוֹ,

approach of earlier generations. They had the broad-
mindedness to be able to see the future within the
present and the hidden within the revealed. Moreover,
they also had the spiritual strength to stir up the fear of
God within their hearts so as to use it as a weapon in
vanquishing lethargy and desire. Their fear of God
provided them with the motivation to fulfill all of the
Torah with all of the details of the prohibition of *you
shall not stray from all that they [the Sages] instruct
you (DEVARIM 17:11)*, and they needed no additional assis-
tance to accomplish this. They are characterized by the
verse *(TEHILLIM 16:8)* as, *I have placed God before me
always, and because He is by my side, I shall not fall.*
In people like Moshe, even the fear of God was
insignificant. [His ability to vanquish his desires was so
acute that he did not even need that fear to assist him.]

13. Later generations, however, became progressively
weaker. The Sages of the Mishnah and Talmud could no
longer rely on their strength alone, but had to employ all
types of subtleties to reinforce their fear of God. They
therefore offered the people specific exhortations. Thus,
we find that our Sages said: *Be careful of three things
and you will not sin (AVOS 2:1)*, and *Be careful of your
friend's honor (AVOS D'RABI NASAN 19:4)*. They understood
that they had to emphasize the importance of the charac-
ter traits which had weakened in their contemporaries.

Later generations found the exhortations of the earlier
Sages to be insufficient in providing them with the
strength to do battle. They therefore developed the idea
of *cheshbon ha-nefesh,* of taking a personal accounting: a
strategy that is most precious, especially for one who has
stumbled once in a certain area. By constantly reminding
himself of his sin and reinforcing his remorse, he can

שֶׁעַל־יְדֵי־כָךְ יִנָּצֵל מִלְּהִכָּשֵׁל בָּהֶם שֵׁנִית עוֹד.

וְהִנֵּה לְאוֹתָן בַּעֲלֵי הַמַּצָּאָה הַהִיא הָיָה מַסְפִּיק עֲדַיִן חֶשְׁבּוֹן מַחְשָׁבִי שֶׁל רָאשֵׁי דְבָרִים, וְהָיוּ שׁוֹהִין שָׁעָה אַחַת שֶׁהָיְתָה פְּנוּיָה לָהֶם לַחֶשְׁבּוֹן הַהוּא בְּכָל יוֹם. בַּדּוֹרוֹת שֶׁאַחֲרֵיהֶן הֻצְרְכוּ לְרָשְׁמָם בִּסְפָרִים, וּמִדּוֹר לְדוֹר הִתְחִילוּ לִפְרָט חֲטָאֵיהֶם בִּכְתָב יוֹתֵר וְיוֹתֵר, עַד שֶׁלֹּא נִשְׁאַר לָהֶם פְּנַאי לַעֲבוֹדָה הָעִקָּרִית, מִפְּנֵי הַמְּלָאכָה הַטְּפֵלָה הַזֹּאת שֶׁאֵינָהּ אֶלָּא דֶרֶךְ לַעֲבוֹדָה.

יד) אַחַר־כָּךְ קָמוּ הַדּוֹרוֹת הָאַחֲרוֹנִים וְהִתְחִילוּ לַחְתֹּר וְלָשׁוּב אֶל הָעֲבוֹדָה, עַל־יְדֵי שֶׁיָּגְעוּ בְּכָל כֹּחָם לַחְשֹׁב חֶשְׁבּוֹנוֹתֵיהֶם בַּלַּיְלָה עַל מִשְׁכָּבָם. אַחַר־כָּךְ הִמְצִיאוּ עוֹד לִפְנוֹת לָהֶם שָׁעָה אַחַת שֶׁל זְהִירוּת הַקּוֹדֶמֶת לַמַּעֲשֶׂה בְּעֵת הַיְקִיצָה מֵהַשֵּׁנָה בַּבֹּקֶר, לְעֵת שֶׁהַקָּדוֹשׁ־בָּרוּךְ־הוּא מַחֲזִיר לָנוּ אֶת הַנְּשָׁמָה מְלֵאָה עֹז וְחֶדְוָה, וְהִיא פְּנוּיָה וּמִתְעַלֶּסֶת לְהַשְׂכִּיל וּלְהֵיטִיב. וּבְרֹב הַיָּמִים נִתְמַעֲטוּ הַלְּבָבוֹת עוֹד יוֹתֵר וְיוֹתֵר, עַד שֶׁאֵין הַנַּנָּסִים שֶׁל עַכְשָׁו, הָאֶסְטְנִיסִים מִן הַתּוֹכָחוֹת, יְכוֹלִין לְוַתֵּר עוֹד מִגְּבוֹרַת הָרָצוֹן שֶׁלָּהֶם כְּלוּם.

טו) דֶּרֶךְ מָשָׁל: כְּבָר יָדוּעַ, שֶׁהַנֶּפֶשׁ הַבַּהֲמִית עֲשׂוּיָה לְהַחֲלִיף רַעְיוֹנוֹתֶיהָ עַל־פִּי סִגְנוֹן מַהֲלָךְ קָבוּעַ שֶׁלָּהּ תָּמִיד, וְאֵין בָּהּ כֹּחַ לְהַשְׁהוֹת וְלַעֲמֹד בְּרֶגַע בְּמַחְשָׁבָה אַחַת, זוּלָתִי עַל־פִּי רָצוֹן נֶפֶשׁ הַמַּשְׂכֶּלֶת, שֶׁהִיא יְכוֹלָה לִתֵּן רֶסֶן בְּפִיהָ לְעַכֵּב אוֹתָהּ (בִּכְדֵי לְדַקְדֵּק זְמָן־מָה בְּמַחֲשָׁבָה אַחַת) אוֹ לְהַפְנוֹתָהּ לְדֶרֶךְ אַחֵר בְּעַל־כָּרְחָהּ. אֲבָל גַּם לְכֹחַ הָרָצוֹן הַהוּא יֵשׁ גְּבוּל, כַּמָּה הוּא יָכוֹל לְהַכְרִיחַ אֶת נֶפֶשׁ הַבַּהֲמִיּוּת; וּכְשֶׁמַּכְבִּיד עָלֶיהָ יוֹתֵר מִדַּי, אֲזַי הִיא מִתְקוֹמֶמֶת בְּכֹחַ לְהַפִּיל

insure that he will not stumble again.

Those who developed this strategy found it sufficient to think about their failings generally and they would devote a free hour each day to this introspection. Later generations found it necessary to record their sins, and subsequent generations found it necessary to do so in considerable detail. Eventually, they became so involved in this accounting, that they had no time left for their real work — the Divine service. They became preoccupied with this subsidiary labor which is no more than a means towards the Divine service.

14. In the last generations, people tried to return to the Divine service by focusing their efforts to make this accounting at night before retiring. Later, they adopted the practice of adding another hour as a means of preparing before they did anything during the day — in the morning when they arose, for at that time, when God returns the soul full of vim and vigor, the spirit is free to reflect and do good. But with the passage of time, the hearts of men degenerated even further, until the point where the "dwarves" of our time — who are too delicate to accept reproof — no longer have the willpower to force themselves to do anything.

15. A parable: It is well known that the animal spirit only changes its thoughts according to a preset pattern. It does not possess the ability to stop and reflect upon a single thought unless forced to do so by the will of its intellectual master. The master can tighten the reins to hold back the animal spirit so as to focus on a single thought, or it can forcibly turn it in a different direction. However, the willpower of the intellectual master is also limited in the extent to which it can force its will on the animal spirit. When the intellectual spirit overburdens

רוֹכְבָה אָחוֹר וּלְהַכְנִיס בְּלִבּוֹ דַּוְקָא אוֹתָן מַחֲשָׁבוֹת הַיּוֹתֵר שְׂנוּאוֹת אֶצְלוֹ בִּכְדֵי לְהַקְנִיטוֹ.

טז) וּמַעֲשֶׂה בִּשְׁנֵי אֲנָשִׁים רַכִּים בַּשָּׁנִים — שְׁנֵיהֶם בְּנֵי־תּוֹרָה, יִרְאֵי אֱלֹהִים — נָתְנוּ אֶל לִבָּם לְהִתְפַּלֵּל בְּכַוָּנַת פֵּרוּשׁ הַמִּלּוֹת. הָאֶחָד הָיָה בַּר שֵׂכֶל חָרִיף וּמְזָגוֹ חַם, וְיָחִיד לְאָבִיו וּלְאִמּוֹ, וְנִתְלַהֲבָה הַיִּרְאָה בְּלִבּוֹ פִּתְאֹם לְאָנֵס נַפְשׁוֹ בְּכָל כֹּחוֹ לִגְמֹר כָּל תְּפִלּוֹתָיו בְּלִי שׁוּם סִיג מַחֲשָׁבָה זָרָה — הַמְּרִיד עָלָיו אֶת יִצְרוֹ, וְהִתְמַרְמֵר הוּא כְּנֶגְדּוֹ עוֹד יוֹתֵר, וְכָךְ הָיְתָה הַמִּלְחָמָה הוֹלֶכֶת וְגוֹבֶרֶת בְּנַפְשׁוֹ מֶשֶׁךְ כַּמָּה חֳדָשִׁים, עַד שֶׁנִּטְרְפָה דַעְתּוֹ עָלָיו, וּבְכָל פַּעַם שֶׁהָיָה מַגִּיעַ לְהַזְכָּרַת הַשֵּׁם בִּתְפִלָּתוֹ, נִשְׁתַּבֵּשׁ לְהַזְכִּיר שָׁם עֲבוֹדַת כּוֹכָבִים בִּמְקוֹמָהּ.

וְהַשֵּׁנִי הָיָה בַּעַל שֵׂכֶל מָתוּן, מְיֻשָּׁב בְּטִבְעוֹ, עַם־הָאָרֶץ בִּימֵי בַחֲרוּתוֹ, וְהִתְחִיל לְהַרְגִּיל עַצְמוֹ לַתּוֹרָה וְלָעֲבוֹדָה מְעַט מְעַט עַד שֶׁבָּא בַּשָּׁנִים; לָמַד תּוֹרָה הַרְבֵּה וְנִתְפַּרְסֵם לְתַלְמִיד־חָכָם חָשׁוּב בְּעִירוֹ, תָּם וְיָשָׁר בְּמַשָּׂאוֹ וּמַתָּנוֹ עִם הַבְּרִיּוֹת, וּתְפִלָּתוֹ בְּרוּרָה מִמַּחֲשָׁבָה זָרָה.

וּכְשֶׁנִּשְׁאַל עַל זֶה, מִנַּיִן זָכִיתָ לְכָךְ?

וְהֵשִׁיב: זֶה כַּמָּה וְכַמָּה שָׁנִים שֶׁקִּבַּלְתִּי עָלַי לְהַרְגִּיל אֶת עַצְמִי לְהַחֲזִיק אֶת דַּעְתִּי בְּמַחֲשָׁבָה אַחַת (דִּבְרֵי־תּוֹרָה אוֹ תְפִלָּה) מֶשֶׁךְ זְמַן־מָה, וְכָךְ עָלְתָה בְּיָדִי בְּרֹב הַיָּמִים לְהַחֲזִיק מַחֲשַׁבְתִּי שָׁעָה אַחַת וְיוֹתֵר!

הוּא מֵת בְּשֵׁם טוֹב, וְהִנִּיחַ חִבּוּר נֶחְמָד עַל הַשֻּׁלְחָן־עָרוּךְ בְּרָכָה אַחֲרָיו.

the animal spirit, the latter rebels by rearing up in protest to divest itself of its rider, and will spitefully focus itself on those specific thoughts that the intellectual spirit detests most.

16. There were two young men — God fearing students of Torah — who took it upon themselves to pray with devotion, concentrating their attention on the meaning of the text. One was bright and passionate, an only son. The fear of God burned so fiercely within him, that he decided to immediately force his spirit to complete his prayers without allowing any trace of foreign thought to enter his mind. However, as a result of his efforts he caused his spirit to rebel against him, and the spirit became even more resentful. His battle with his spirit went on for months until the point was reached where he became confused and found that every time he reached a place where the name of God appeared in the prayers, he would recite the name of a false god instead!

The second young man was less intelligent and more even tempered –– somewhat ignorant while still young. He began his efforts with slow conditioning, studying Torah and fulfilling the precepts until he matured. He learned much Torah and became famous as a scholar in his city — straightforward and honest in his dealings with others, his prayers free of all foreign thoughts.

When asked how he had merited reaching this level, he replied: "For many years I took it upon myself to focus my mind on a single thought — either Torah or prayer — for a specific period of time. By doing so, I eventually trained myself to be able to concentrate for an hour or even more."

He died with an outstanding reputation, and left a fine

יז) וּמַעֲשִׂים בְּכָל יוֹם בִּזְמַנֵּנּוּ, בַּעֲוֹנוֹתֵינוּ הָרַבִּים, בַּאֲנָשִׁים יְקָרִים שֶׁנִּכְוִין בְּאֵשׁ הַיִּרְאָה בִּימֵי רְתִיחַת מֶזֶג בַּחֲרוּתָם, כְּשֶׁנֶּחְפָּזִין לַעֲקֹר וּלְשָׁרֵשׁ הַיֵּצֶר הָרַע בִּמְהֵרָה וּלְאַבֵּד זִכְרוֹ מִתּוֹךְ קִמְטֵי לְבָבָם — סוֹפָן מִשְׁתַּקְּעִין בְּמָרָה שְׁחוֹרָה וְשִׁעֲמוּם הַדַּעַת, דְּהַיְנוּ מִיתַת נֶפֶשׁ הַשִּׂכְלִית שֶׁלָּהֶם, מִדְרָס לַפִּיל (סימן ד). עַל־כֵּן צְרִיכִין אָנוּ לָשׂוּם כָּל מִבְטַחֵנוּ בְּהַעֲרָמוֹת שֶׁל גְּנֵבַת דַּעַת הַבַּהֲמִיּת וּבְכָל מִינֵי תַחְבּוּלוֹת שֶׁל מְלֶאכֶת חִנּוּךְ הַמִּדּוֹת בִּלְבָד.

יח) וְאָמְנָם אוֹתָהּ מְלֶאכֶת הַחִנּוּךְ שֶׁאָנוּ עֲסוּקִים בָּהּ כָּאן, אַף־עַל־פִּי שֶׁהִיא יְקָרָה מְאֹד, לְפִי שֶׁיֵּשׁ בָּהּ צֹרֶךְ לְכָל נֶפֶשׁ, וְקָשָׁה הַרְבֵּה מֵאוֹתָהּ דִּלְעֵיל, מֵחֲמַת שֶׁבְּכָאן נֶפֶשׁ הַשִּׂכְלִית הַמְחַנֶּכֶת וְהַבַּהֲמִית הַמִּתְחַנֶּכֶת מִשְׁתַּתְּפִין בְּגוּף אֶחָד; מִכָּל מָקוֹם לֹא הֶנְחִילוּנוּ בָּהּ חַכְמֵי הַדּוֹרוֹת שֶׁלְּפָנֵינוּ כִּי אִם מְעַט מִזְעֵיר. כִּי הִנֵּה חִנּוּךְ הַבָּנִים בְּבֵית אֲבִיהֶם וּמְלַמְּדֵיהֶם, וְחָכְמַת הַנְהָגַת הַמְּדִינָה, דְּהַיְנוּ חִנּוּךְ אֻמָּה שְׁלֵמָה עַל־פִּי נִימוּסֵי מוֹשְׁלֶיהָ וּמְחוֹקְקֶיהָ, שֶׁהֶעֱמִיקוּ בָהֶן חַכְמֵי הַדּוֹרוֹת הַקַּדְמוֹנִים, אֵין בָּהֶם שׁוּם תּוֹעֶלֶת בַּנִּדּוֹן דִּידָן, לְפִי שֶׁהֵם מִשְׁתַּמְּשִׁין עַל־פִּי־רֹב בְּמִינֵי שָׂכָר וָעֹנֶשׁ גוּפָנִי: הָרַב מְחַלֵּק קְלָיוֹת וֶאֱגוֹזִים לַתִּינוֹקוֹת הַמַּקְשִׁיבִין לְקוֹלוֹ, וּמְיַסֵּר בְּשֵׁבֶט אֶת הַמְסָרְבִין, וְיַד הָאָדוֹן נְטוּיָה עַל עֲבָדָיו לְשָׂכָר וּלְפֻרְעָנִיּוֹת תֵּכֶף, וְדָבָר זֶה אֵין לוֹ שַׁיָּכוּת בְּכָאן כְּלָל. וְאַף־

work on the *Shulchan Aruch* as his legacy.

17. To our chagrin, in our times it is quite common to find wonderful people who, singed by the flame of the fear of God while young, impulsively attempt to quickly eradicate the evil inclination and destroy any trace of its influence from their hearts. What happens, however, is that they end up sinking into depression, stilted intellectually with their spirits dead. They are trampled by the elephant (see paragraph 4). Consequently, we see that we have no choice but to concentrate efforts in trying to deceive the animal spirit through various strategies that teach character development.

18. It should be noted that the discipline to which we refer — albeit important in that every soul requires it — is more difficult than the conditioning of the animal spirit to which we earlier referred. The reason for this is because the intellectual spirit — which conditions — and the animal spirit — which becomes conditioned — share the same body. In any event, the Sages of previous generations left us very little in terms of the ways in which this can be accomplished. The subject of educating one's children, or the manner in which a state should be run or the education of an entire people to act according to the values of her rulers and lawmakers were dealt with extensively by the Sages of previous generations. However, their counsel is of little use to us in the matters we are discussing. The educational methodology which they suggested is predicated mostly on the use of physical reward and punishment. A teacher hands out candies and nuts to the students who pay attention and strikes those who refuse to do so. The master's hand is always ready to provide reward or punishment as is called for by his slave's actions. This type of reinforce-

עַל־פִּי דְאֵינְהוּ גוּפַיְהוּ מוֹדוּ שֶׁעִקַּר שְׁלֵמוּת כָּל מִינֵי מְלֶאכֶת
הַחִנּוּךְ תָּלוּי בַּחִנּוּךְ שֶׁל הָעֲרָמָה וּגְנֵבַת הַדַּעַת, מִכָּל מָקוֹם לֹא
מִסְתַּגֵּי לְהוּ בָּהּ, וְאַדְּרַבָּה הֵם שָׁמַיִם מַבְטִיחָם בְּשָׂכָר וָעֹנֶשׁ
תָּמִיד.

יט) וּמַה גַּם בְּחָכְמַת הַמּוּסָר גוּפָא, שֶׁהִפְלִיגוּ חֲכָמֵינוּ
ז"ל לְהַרְחִיב בָּהּ אֶת הַדִּבּוּר לִפְקֹחַ עֵינֵי הַבִּינָה שֶׁלָּנוּ,
לְהַרְאוֹת לָנוּ אֶת הַנּוֹלָד כַּהֹוֶה וְהַסָּתוּם כַּגָּלוּי. וְאַף־עַל־פִּי
שֶׁהֵן עַצְמָן צַדִּיקִים וַחֲסִידִים גְּדוֹלִים הָיוּ, נָאֶה דוֹרְשִׁין וְנָאֶה
מְקַיְּמִין, וְאֵין לָנוּ פֶּה לְהָשִׁיב עַל תּוֹכַחְתָּם, מִכָּל מָקוֹם הֲרֵי
הֵם לֹא דִבְּרוּ אֶלָּא בְּאָזְנֵי נֶפֶשׁ הַשִּׂכְלִית בִּלְבָד; אֲבָל מִנַּיִן
נִטַּל אֲנַחְנוּ עֵצָה לִרְדוֹת בַּנֶּפֶשׁ הַבַּהֲמִית שֶׁלָּנוּ לְהַכְנִיעָהּ
לְמִשְׁמַעְתֵּנוּ? וְאַף־עַל־פִּי שֶׁגַּם הֵם יָעֲצוּ לָנוּ כַּמָּה עֵצוֹת
נֶחְמָדוֹת לְהָקֵל עָלֵינוּ אֶת הַמַּעֲשֶׂה, מִכָּל מָקוֹם אֵין זֶה כִּי אִם
מְעַט מִזְּעֵיר, וְעַל־פִּי־רֹב דְּבָרִים פְּרָטִיִּים הַמִּסְתָּעֲפִין מֵחִנּוּךְ
הַמִּדּוֹת הַכְּלָלִיּוֹת, הַנִּקְרָאִים אֶצְלָם זִכְרוֹנָם לִבְרָכָה חוֹבַת
הַלְּבָבוֹת בִּלְבָד. וְהַלְוַאי עָזְבוּ לָנוּ אוֹתָן צַדִּיקִים הַמּוֹכִיחִים,
אוֹ עַל־כָּל־פָּנִים תַּלְמִידֵיהֶם שֶׁשִּׁמְּשׁוּ לִפְנֵיהֶם, זִכְרוֹנָם
לִבְרָכָה, גַּם פְּרָטֵי סִפּוּר מְאֹרְעוֹתֵיהֶן, וּלְחַכְּמֵנוּ בְּאוֹתָן
הַתַּחְבּוּלוֹת הַמֻּפְלָאוֹת שֶׁהִמְצִיאוּ הֵן לְעַצְמָן לִכְבֹּשׁ אֶת נֶפֶשׁ
בַּהֲמִיּוּתָם וּלְהַעֲלוֹתָן לְמַדְרֵגָתָם הַנִּשָּׂאָה שֶׁאָנוּ מִשְׁתּוֹמְמִים
עָלֶיהָ מִבְּלִי יְכֹלֶת וְתוֹחֶלֶת לְהַגִּיעַ אֵלֶיהָ.

כ) אָכֵן לִפְנֵי כַּמָּה שָׁנִים נִתְגַּלָּה תַּחְבּוּלָה חֲדָשָׁה, וְהִיא
הַמְצָאָה נִפְלָאָה בִּמְלָאכָה זוֹ, שֶׁבְּקַדְמֻתָּה שֶׁיִּתְפַּשֵּׁט טִבְעָהּ אִם
יִרְצֶה הַשֵּׁם בִּמְהֵרָה, כְּאוֹתָהּ שֶׁל הַמְצָאַת הַדְּפוּס שֶׁהֵבִיאָה
אוֹרָה לָעוֹלָם. תַּחְבּוּלָה זוֹ מְקַשֶּׁרֶת אַרְבָּעָה מִינֵי תְרוּפוֹת

ment has no relevance whatsoever to our discussion. Even though the Sages admit that the ultimate success of disciplining is contingent upon deceiving and tricking the animal spirit within man, they did not pursue this. On the contrary, they placed their trust in the efficacy of reward and punishment.

19. This is especially true as concerns the *mussar* discipline itself. Our Sages expounded at length, opening our eyes so that we might see the future as clearly as we see the present, the hidden as clearly as we see the obvious. Though they were themselves great *tzaddikim* and *chassidim*, practicing what they preached, and though we stand silent in the face of their reproof, nevertheless, they only addressed the intellectual spirit. From where are we to draw counsel in our attempts to subdue the animal spirit so that it is subject to our will? Although they did provide us with a few bits of good advice to make things easier for us, these are no more than a drop in the bucket and usually specific details that are offshoots of their general efforts in educating towards character development — a discipline which they referred to as "duties of the heart." Would that these reproving *tzaddikim* — or at least their students — had left us some account of their lives, for we would then be able to study the strategies which they developed to subdue their animal spirit. We would then be able to see how they were able to achieve their lofty stature which we gaze at in awe without hope of achieving ourselves.

20. A few years ago, a new strategy was developed — a strategy that is a wonderful innovation in this field [of *cheshbon ha-nefesh*]. It would seem that the method will spread quickly -- like the invention of the printing press

הנ״ל בְּיַחַד, דְּהַיְנוּ שְׁעוֹת שְׁכִיבָה וְקִימָה, חֲנוּכִים וְחֶשְׁבּוֹן
הַנֶּפֶשׁ; אֶלָּא שֶׁהִיא מְחַסֶּרֶת אֶת טָרְחָם, וּמַרְוַחַת כִּפְלֵי־כִפְלַיִם
אֶת תּוֹעַלְתָּם; אֵינֶנָּה מְבַלֶּה אֶת הַזְּמַן כְּמוֹהֶם, וְאַדְּרַבָּה מְפַנֶּה
כָּל הַיּוֹם כֻּלּוֹ עָרוּךְ בְּסֵדֶר נָאֶה וּבְדֵעָה צְלוּלָה לַעֲבוֹדַת הַשֵּׁם
יִתְבָּרַךְ. הִיא מְסַקֶּלֶת דֶּרֶךְ הַחֶשְׁבּוֹן, מַפְשִׁירָה רְתִיחוֹת
הַמּוּסָרִים, וּמְקַלֶּת חִנּוּךְ הַמִּדּוֹת הַטּוֹבוֹת וּמְמַהַרְתָּן; וְלֹא עוֹד,
אֶלָּא שֶׁמַּמְתֶּקֶת גַּם דֶּרֶךְ הַהֶרְגֵּל בָּהֶן עַל־פִּי חֶשְׁבּוֹן מְעוּט
עֲווֹנוֹת (מְפֹרָשׁ לְקַמָּן) שֶׁהִיא נוֹתֶנֶת לְעוֹשֵׂיהֶן.

כא) אֶלָּא שֶׁמֵּחֲמַת שֶׁהֵן נוֹחִים מְאֹד, לְפִיכָךְ כָּל עִקַּר
פְּעֻלָּתָם תְּלוּיָה בְּהַתְמָדָה רְצוּפָה, כְּמוֹ שֶׁאָמַר הַכָּתוּב (איוב יד,
יט): "אֲבָנִים שָׁחֲקוּ מַיִם"; שֶׁהַדָּבָר בָּרוּר, שֶׁהַחִנּוּךְ הַנָּח
וְהַמַּתְמִיד מוֹסִיף אֲפִלּוּ כֹּחַ עַל הַגּוּף הַבַּהֲמִי עַצְמוֹ; וְכַמַּעֲשֶׂה
שֶׁל אוֹתוֹ בַּעַל אֶגְרוֹף הַגָּדוֹל בְּאֶרֶץ יָוָן, שֶׁהִרְגִּיל אֶת עַצְמוֹ
לָשֵׂאת עַל כְּתֵפוֹ עֵגֶל בֶּן־בָּקָר כַּמָּה שָׁעוֹת מִדֵּי יוֹם בְּיוֹמוֹ,
מֵעֵת הַוָּלְדוֹ עַד שֶׁנַּעֲשָׂה פַּר בֶּן שָׁלֹשׁ שָׁנִים; וַעֲדַיִן לֹא הָיָה
יָכוֹל לְהַכְבִּיד עָלָיו אֲפִלּוּ בְּגָדְלוֹ יוֹתֵר מִבְּקַטְנוֹ, עַד
שֶׁנִּשְׁתּוֹמְמוּ רוֹאָיו וְלֹא הֶאֱמִינוּ שׁוֹמְעָיו, דְּהַיְנוּ אוֹתָן שֶׁלֹּא
הִכִּירוּ בְּהַעֲרָמוֹת גְּנֵבַת הַדַּעַת שֶׁל נֶפֶשׁ הַבַּהֲמִית שֶׁלּוֹ.

which brought light to the world. This strategy ties together the four elements which we talked about: balancing one's personal ledgers before retiring and upon awakening, conditioning and *cheshbon ha-nefesh*. However, it spares the person much of the effort that these elements required when utilized alone as well as being far more effective. Instead of taking up all of a person's time, this method actually leaves the entire day open and orderly, with the mind clear for the Divine service. It clears the path so that a person can make his accounting, tempers the fires of *mussar* and facilitates character development. Moreover, the process of becoming accustomed to follow this method is sweetened by the knowledge that by acting according to it, one lessens the amount of sin of which one is guilty.

21. Because the method is easy to follow, it can only be effective if one follows it continuously. As the verse (*IYOV* 14:19) states: *Stones are eroded by water*. It is also obvious that simple, continuous discipline strengthens the animal spirit as well. The story is told of a famous Greek wrestler who would carry a calf on his shoulders for a few hours each day. He did so from the time that the calf was born until she was three years old — and despite the fact that the calf grew heavier and heavier, he was able to do so. Those who watched him were amazed by his strength, those who heard about it didn't believe what they heard. None of them realized that what he had done was fool his animal spirit by conditioning it.

וְזֶה מַעֲשֵׂה הַהֲכָנוֹת:

כב) לְכַתְּחִלָּה מַזְמִינִין לָהֶם (מֵעַצְמָן אוֹ מִפִּי סוֹפְרִים
וּסְפָרִים) שְׁלֹשָׁה־עָשָׂר פְּרָקִים שֶׁל מוּסָר לִשְׁלֹשָׁה־עָשָׂר מִדּוֹת
שׁוֹנוֹת, דְּהַיְנוּ לְאִישׁ וָאִישׁ כְּפִי צָרְכּוֹ לְתַקּוּן מִדּוֹתָיו הָרָעוֹת,
כִּי "תָּפַסְתָּ מְרֻבֶּה, לֹא תָפַסְתָּ". וְאַחַר־כָּךְ כּוֹלְלִין תֹּכֶן כָּל פֶּרֶק
וּפֶרֶק לְתוֹךְ פִּסְקָא אַחַת אוֹ מִקְרָא אֶחָד שֶׁל מוּסָר קָצָר,
וְחוֹזְרִין וּמַכְנִיסִין כַּוָּנַת כָּל מִקְרָא וּמִקְרָא בְּרֶמֶז מְיֻחָד לוֹ —
כָּל רֶמֶז מְשַׁמֵּשׁ מֶשֶׁךְ שָׁבוּעַ שָׁלֵם, בְּאֹפֶן שֶׁיְּכַלֶּה חִנּוּךְ כְּלַל
הָרְמָזִים לְעֵרֶךְ אַרְבָּעָה פְּעָמִים בַּשָּׁנָה, פַּעַם אַחַת לְכָל
תְּקוּפָה. וּבָרִאשׁוֹנָה שׁוֹנִין אוֹתָן הַי"ג פְּרָקִים וּמְדַקְדְּקִין בָּהֶן
כָּרָאוּי, בִּכְדֵי לַעֲמֹד מָתוֹן עַל תַּכְלִית כַּוָּנַת הַי"ג מִקְרָאוֹת;
וְאַחַר־כָּךְ קוֹרִין וְשׁוֹנִין הַי"ג רְמָזִים עִם פִּסְקֵיהֶן מֵרֵישָׁא
לְסֵיפָא וּמִסֵּיפָא לְרֵישָׁא כַּמָּה פְּעָמִים, עַד שֶׁיִּהְיוּ שְׁגוּרִין בְּפִיךְ
כֻּלָּם, וּמֵהַיּוֹם וָהָלְאָה אֵינְךָ צָרִיךְ אֶלָּא לְרֶמֶז אֶחָד מֵהֶן בְּכָל
שָׁבוּעַ כַּנַּ"ל, דְּהַיְנוּ שֶׁבְּמֶשֶׁךְ כָּל יְמֵי הַשָּׁבוּעַ לֹא יָזוּחַ הָרֶמֶז
הַהוּא עִם הַפִּסְקָא שֶׁלּוֹ מִדַּעְתְּךָ כָּל כַּמָּה שֶׁתּוּכַל, וִיהֵא חָקוּק
כָּל־כָּךְ בְּלִבְּךָ, עַד שֶׁיִּדְמֶה לְךָ כְּאִלּוּ אַתָּה רוֹאֵהוּ כָּתוּב מְפֹרָשׁ
נֶגֶד עֵינֶיךָ, כְּאִלּוּ אַתָּה שׁוֹמְעֵהוּ מְלַחֲשִׁין לְךָ בְּאָזְנֶיךָ, וּכְאִלּוּ
אַתָּה עוֹנֶה אַחֲרָיו גַּם־כֵּן בְּפִיךְ.

כג) מֶשֶׁךְ יְמֵי הַשָּׁבוּעַ צָרִיךְ אַתָּה לְהִשְׁתּוֹקֵק: מָתַי יָבוֹא
מִקְרָא זֶה לְיָדִי וַאֲקַיְּמֶנּוּ! וְאִם לֹא יָאֻנֶּה לְיָדְךָ מִאְרָע לְקַיְּמוֹ
כָּרָאוּי — הֲרֵי מֵעֲרִים לְקַיֵּם אוֹתוֹ בְּכָל מַה דְּאֶפְשָׁר, לְפִי
שֶׁכָּל כַּמָּה שֶׁתּוֹסִיף לְקַיֵּם אוֹתוֹ הַיּוֹם, כָּךְ תֵּקַל עָלֶיךָ
הַמְּלָאכָה לְמָצֹא עַלֵהּ לְקַיְּמוֹ מָחָר, וְכָל־כָּךְ יִתְחַקֵּק הוּא
בְּקִרוֹת לִבְּךָ יוֹתֵר וְיוֹתֵר. אָכֵן כָּל שְׁאָר י"ב רְמָזִים יִהְיוּ
צְפוּנִם בְּלִבְּךָ לְמִשְׁמֶרֶת בִּלְבָד, אֶלָּא שֶׁבְּכָל עֶרֶב צָרִיךְ אַתָּה

PREPARATION

22. The first step is to collate — either by oneself or from books — thirteen chapters of *mussar* literature that deal with thirteen different character traits. Each person should prepare material relevant to his own negative traits for "if you try to grab too much, you will wind up without anything." Next, one should summarize each chapter into one short statement or verse of *mussar* and each one of these short statements should be condensed into a codeword. Each codeword is used for an entire week, so that through the fifty-two weeks of the year, one will have used each of the thirteen codewords four times, once in each season. In the beginning, one should carefully read the thirteen full chapters of *mussar* selected so that he understands the intent of the thirteen summarizing statements. Next, the thirteen summaries and their corresponding codewords are reviewed a number of times — forward and backward and vice versa — until one reaches the point where he is completely familiar with them. From that point on, one will need no more than the codeword alone each week. He should then concentrate on the codeword associated with the summary for a week, as if it was engraved on his heart, as if he saw it actually written in front of him, as if someone was whispering it into his ear and as if he was repeating it after him.

23. Throughout the week, one should hope that he will be presented with the opportunity to deal with the specific character trait associated with that week's codeword. If the opportunity does not present itself, then one should try to create a situation that calls for

לְקַבֵּל חֶשְׁבּוֹן אִם לֹא עָבַרְתָּ עֲלֵיהֶם בַּיּוֹם.

כד) וּלְעִנְיָן זֶה צָרִיךְ שֶׁתִּהְיֶה לְךָ פִּנְקָס קָטָן אֶחָד שֶׁל
תִּשְׁעָה דַפִּים, שֶׁהֵם שְׁמוֹנָה-עָשָׂר עַמּוּדִים: שְׁלֹשָׁה-עָשָׂר מֵהֶם
לִי"ג מִדּוֹת הָאֲמוּרוֹת לְעֵיל; בְּרֹאשׁ כָּל עַמּוּד כָּתוּב רֶמֶז אֶחָד
מִן הַי"ג רְמָזִים וּמְפֹרָשׁ בַּמִּקְרָא שֶׁלּוֹ, וְתַחְתָּיו לוּחַ אָרֹךְ
לְאֹרֶךְ שְׁלֹשׁ-עֶשְׂרֵה אֶצְבָּעוֹת עַל רֹחַב שֶׁבַע, בְּאֹפֶן שֶׁתּוּכַל
לְסַמֵּן לְךָ בְּקֻלְמוֹס מְרֻבָּע אָרֹךְ, כּוֹלֵל תִּשְׁעִים-וְאֶחָד מְרֻבָּעִים
קְטַנִּים; דְּהַיְנוּ שֶׁבַע עֲרוּגוֹת שֶׁל שְׁלֹשָׁה-עָשָׂר מְרֻבָּעִים אֶצְבַּע
עַל אֶצְבַּע. וְאָז תִּרְשֹׁם מִצַּד יָמִין שֶׁל עֲרוּגָה הַיְמָנִית אוֹתָן
הַי"ג רְמָזִים, זֶה תַּחַת זֶה כַּסֵּדֶר, וְאַחַר-כָּךְ תְּסַמֵּן לְךָ
בְּאוֹתִיּוֹת: א' ב' ג' ד' ה' ו' ז' עַל הָעֲרוּגוֹת מִלְּמַעְלָה, בִּכְדֵי
לְיַחֵד כָּל אֶחָד מֵהֶם לְיוֹם מְיֻחָד מִימֵי הַשָּׁבוּעַ. אַחַר-כָּךְ תִּקַּח
לְךָ עוֹד אַרְבָּעָה עַמּוּדִים לְאַרְבַּע תְּקוּפוֹת הַשָּׁנָה, וּתְצַיֵּן עַל
כָּל אֶחָד מֵהֶם מְרֻבָּע גָּדוֹל שֶׁל אַרְבַּע-עֶשְׂרֵה אֶצְבָּעוֹת רֹחַב
עַל שְׁלֹשׁ-עֶשְׂרֵה אֹרֶךְ, דְּהַיְנוּ מֵאָה שְׁמוֹנִים וּשְׁנַיִם מְרֻבָּעִים
קְטַנִּים שֶׁל אֶצְבַּע עַל אֶצְבַּע; מִיָּמִין הַמְרֻבָּע הַכּוֹלֵל תִּרְשֹׁם
הַי"ג רְמָזִים כַּנַּ"ל, וְעָלָיו מִלְּמַעְלָה מְסַמְּנִים אַרְבַּע-עֶשְׂרֵה
עֲרוּגוֹת זוֹ אֵצֶל זוֹ לְרֹחַב הָעַמּוּד בְּאוֹתִיּוֹת א' ב' ג' ד' וְכוּ'
עַד י"ד — כָּל עֲרוּגָה מְיֻחֶדֶת לְשָׁבוּעַ אֶחָד מִשְּׁלֹשָׁה-עָשָׂר
שָׁבוּעוֹת שֶׁל כָּל תְּקוּפָה, וַעֲרוּגָה הָאַרְבַּע-עֶשְׂרֵה לְכָלֵל
חֶשְׁבּוֹן שְׁלֹשׁ-עֶשְׂרֵה שַׁבָּתוֹת הַנַּ"ל כְּאַחַת. וְהִנֵּה שְׁלֹשָׁה-עָשָׂר
לוּחוֹת הָרִאשׁוֹנִים יִקָּרְאוּ "לוּחַ הָעֲוֹנוֹת", וְאַרְבָּעָה הָאַחֲרוֹנִים
— "לוּחַ הַסְּכוּמוֹת". הַלּוּחַ הָאַחֲרוֹן מִלְּחוֹם הַסְּכוּמוֹת יֵשׁ בּוֹ
עוֹד עֲרוּגָה אַחַת יְתֵרָה מִצַּד שְׂמֹאל, מְיֻחֶדֶת לְכָלֵל הָאַרְבַּע
תְּקוּפוֹת אוֹ לְסִכּוּם כָּל הַשָּׁנָה כֻּלָּהּ. וּלְדֻגְמָא הוּבְאוּ כָאן
שְׁלֹשָׁה-עָשָׂר פְּרָקִים וּפִסְקֵיהֶן וְרִמְזֵיהֶן עִם לוּחוֹתֵיהֶן,
מַחְלְקוֹתֵיהֶן וְכָל סִימָנֵיהֶן, בַּצּוּרוֹת שֶׁבְּסוֹף הַסֵּפֶר.

him to test the trait on which he is working. The more that one puts this into practice now, the easier it will be to do so in the future, and it will become second nature to him. As concerns the other twelve codewords; one should review every night whether one has not violated them [i.e., if he has acted in accordance with the traits which he is trying to reinforce].

24. For this nightly review, one should prepare a small notebook of nine pages — i.e., eighteen sides. Thirteen of the sides are to be used for the thirteen character traits. On the top of each page, write down the codeword for that particular trait along with its corresponding statement of summary. Next, prepare a chart thirteen spaces long and seven spaces wide, far enough apart so that there is room to write in the ninety-one small boxes in the chart. On the side of the right hand column, the thirteen traits should be copied one under the other. On top of the chart, the numbers 1–7 should be written above each box so that each box corresponds to a day of the week. Next, take four pages for the four seasons of the year, and draw a chart thirteen spaces long and fourteen spaces wide, so that you have a chart with 182 spaces. Along the right margin, copy the thirteen codewords. On the top of the chart, write the numbers 1–14 above each box. The first thirteen boxes are meant to correspond to one of the weeks of each season. The fourteenth is to be used as a summation for the entire thirteen weeks. The first charts are referred to as the seasonal charts, while the last four charts are referred to as the the charts of summation. The last chart of the four should have an extra column on the left hand side. This is to be used to sum up the entire year. To illustrate what we mean, we have included thirteen chapters with their codewords, statements of summary as well as a sample chart in the back of this work.

וְזֶה סֵדֶר הַהַנְהָגָה:

כה) בְּכָל בֹּקֶר תִּקְרָא בְּפִיךָ הָרֶמֶז הַשַּׁיָּךְ לְאוֹתוֹ שָׁבוּעַ,
וְתַפְסִיק מְעַט בִּכְדֵי לְהִתְבּוֹנֵן כֵּיצַד לְהִשְׁתַּמֵּשׁ בּוֹ הַיּוֹם.
וְאַחַר־כָּךְ תְּדַקְדֵּק לַחְקֹר בְּדַעְתְּךָ, כַּמָּה מִינֵי עֲסָקִים מֻטָּלִים
עָלֶיךָ לְהִטַּפֵּל בָּהֶן הַיּוֹם — הֵן בְּמִלֵּי דִשְׁמַיָּא, הֵן בְּמִלֵּי
דְעָלְמָא — וְתַעֲרֹךְ לְךָ הַיּוֹם לַעֲשׂוֹתָן בְּסֵדֶר נָכוֹן וּבַמֶּשֶׁךְ
הָרָאוּי לְכָל אֶחָד וְאֶחָד מֵהֶן, וּבַסֵּדֶר הַזֶּה מַמָּשׁ תִּהְיֶה שָׁקוּד
אַחַר־כָּךְ לְגָמְרָם, וְכַמִּשְׁפָּט הַזֶּה תַּעֲשֶׂה בְּכָל יוֹם וָיוֹם. וּבְכָל
עֶרֶב קֹדֶם הַשֵּׁנָה חֲזֹר לַאֲחוֹרֶיךָ לְהַבְחִין בַּמֶּה בִּלִּיתָ הַיּוֹם
הַזֶּה, כָּל עֵסֶק וָעֵסֶק וְכָל פְּרָטוֹתֵיהֶן זֶה אַחַר זֶה כְּסֵדֶר מִבֹּקֶר
וְעַד הָעֶרֶב. וְאִם לֹא נִתְקַיְּמָה מַחֲשַׁבְתְּךָ (בְּמִקְצָת מֵהֶן) מִבֹּקֶר
תֵּן דַּעְתְּךָ לְהִתְבּוֹנֵן מִפְּנֵי־מָה לֹא נִתְקַיְּמָה. וְאִם אֵרַע מֵחֲמַת
אֵיזוֹ טָעוּת, אֲזַי תְּדַקְדֵּק הֵיטֵב מִנַּיִן בָּאַת לִכְלָל הַטָּעוּת
הַהוּא, וְתִשְׁתַּמֵּשׁ בּוֹ לְהִתְחַכֵּם מִנִּסָּיוֹן זֶה לַיָּמִים הַבָּאִים.
אַחַר־כָּךְ קוּם וְחַפֵּשׂ, אִם אוּלַי עָבַרְתָּ עַל אֵיזוֹ מִי"ג מִדּוֹת
שֶׁלְּךָ הַיּוֹם, וְאָז תִּרְשֹׁם לְךָ תֵּכֶף בְּעֵט שֶׁל עוֹפֶרֶת נְקֻדָּה קְטַנָּה
בְּפִנְקָסְךָ, בָּעֲרוּגָה הַשַּׁיָּכָה לְאוֹתוֹ יוֹם וּבַמְרֻבָּע הַשַּׁיָּךְ לְאוֹתָהּ
מִדָּה שֶׁעָבַרְתָּ עָלֶיהָ. וְאִם שָׁנִיתָ וְשִׁלַּשְׁתָּ בַּעֲבֵרָה זוֹ בַּיּוֹם
הַהוּא — אֲזַי תִּשְׁנֶה וּתְשַׁלֵּשׁ הַנְּקֻדּוֹת בְּאוֹתוֹ מְרֻבָּע כְּמִסְפַּר
הַחֲטָאִים, וְכֵן לְכָל חֵטְא וָחֵטְא עַד גְּמִירָא, וְכֵן מִלַּיְלָה לְלַיְלָה
עַד תֹּם כָּל יְמֵי הַשָּׁבוּעַ.

כו) וּבְכָל מוֹצָאֵי־שַׁבָּת תִּרְשֹׁם לְךָ בְּלוּחַ הַסְּכוּמוֹת,
בָּעֲרוּגָה הַשַּׁיָּכָה לְאוֹתוֹ שָׁבוּעַ שֶׁל אוֹתָהּ תְּקוּפָה, סְכוּם
הָעֲווֹנוֹת שֶׁבְּכָל מִדָּה וּמִדָּה שֶׁנִּכְשַׁלְתָּ מֶשֶׁךְ כָּל יְמֵי הַשָּׁבוּעַ
שֶׁעָבְרָה, בְּקֻלְמוֹס וּבִדְיוֹ. וְאַחַר כְּלוֹת שְׁלֹשָׁה־עָשָׂר שָׁבוּעוֹת,
דְּהַיְנוּ בְּמוֹצָאֵי כָּל תְּקוּפָה וּתְקוּפָה, תַּחְזֹר וְתִרְשֹׁם לְךָ סַךְ כָּל

PROCEDURE

25. Every morning, repeat aloud the codeword that pertains to that week, and pause to consider how it can be implemented that day. Then, carefully consider what you have to do that day — both as regards your obligations to God and your obligations to your fellow man — and plan your day so that you can fulfill your obligations in their proper order and at the time appropriate for each one. Try to do these things in the order that you set. This routine should be followed daily. Before retiring at night, review the day's activities and consider what you did that day. Review each and every activity in all of their details and in the order of their occurrence. If your original intent was not fulfilled, even partially, consider why this happened. If it was because of a mistake, then try to understand why you made that mistake, using your analysis as a means of learning a lesson for the future. Next, see whether you have violated any of the thirteen character traits that day. If you have, take a pencil and make a mark in your notebook in the box that corresponds to that day and that character trait. If you violated the trait a number of times that day, then make the corresponding number of notations in the box. Do this for each and every one of the traits which you have violated. This practice should be followed every night until the end of the week.

26. On *motzaei Shabbos*, take a pen and mark the number of times you violated each trait that week in the charts of summation. After thirteen weeks — i.e., at the end of each season — mark the total of times that you violated each trait during the entire season in the

הַחֲטָאִים שֶׁל כָּל מִדָּה וּמִדָּה (שֶׁעָבַרְתָּ עֲלֵיהֶם בַּתְּקוּפָה שֶׁעָבְרָה) לְמִשְׁמֶרֶת בָּעֲרוּגָה הָאַרְבַּע־עֶשְׂרֵה כַּנַּ"ל (סִימָן כד). וְאִם רְצוֹנְךָ לַחֲזֹר וּלְהִשְׁתַּמֵּשׁ בְּלוּחַ הָעֲווֹנוֹת שֶׁל פִּנְקַס הַיָּשָׁן שֶׁלְּךָ גַּם בַּתְּקוּפָה הַבָּאָה, אֲזַי יָכוֹל אַתָּה לִמְחֹק כָּל הַנְּקֻדּוֹת עוֹפֶרֶת הַנַּ"ל, עַד שֶׁיָּשׁוּב הַנְּיָר לָבָן וְחָדָשׁ כְּבַתְּחִלָּה, וְלֹא תַשְׁאִיר בְּיָדְךָ זוּלָתִי רְשׁוּמוֹת סְכוּמֵי הַחֲטָאִים שֶׁל כָּל שָׁבוּעַ וְשָׁבוּעַ וְשֶׁל כָּל תְּקוּפָה וּתְקוּפָה לְגָנְזָם לְךָ לְמִשְׁמֶרֶת. וּבְמוֹצָאֵי שָׁנָה רִאשׁוֹנָה תִּרְשֹׁם לְךָ גַּם כָּל סְכוּם כְּלַל עֲווֹנוֹת הַשָּׁנָה שֶׁבְּכָל מִדָּה וּמִדָּה, בָּעֲרוּגָה הַחֲמֵשׁ־עֶשְׂרֵה שֶׁבָּעַמּוּד הַשִּׁבְעָה־עָשָׂר הַנַּ"ל.

כז) וּבְמוֹצָאֵי כָּל שָׁנָה וְשָׁנָה תַּעֲבֹר גַּם עַל כָּל אֶחָד וְאֶחָד בְּלוּחוֹת הַסְּכוּמִים הַנַּ"ל בִּפְרָטוּת, וְרָאִיתָ וְרָחַב וְשָׂמַח לְבָבְךָ בְּעֶזְרַת הַשֵּׁם יִתְבָּרַךְ, כִּי תִמְצָא הָעֲווֹנוֹת מִתְמַעֲטִין וְהוֹלְכִין מִשָּׁנָה לְשָׁנָה וּמִתְּקוּפָה לִתְקוּפָה וּמִשָּׁבוּעַ לְשָׁבוּעַ, וּבָזֶה תֵּדַע כִּי רָצָה אֱלֹהִים מַעֲשֶׂיךָ וְנָכַח בְּדֶרֶךְ אֱמֶת, כְּמוֹ שֶׁאָמְרוּ חֲכָמֵינוּ זַ"ל: "בְּדֶרֶךְ שֶׁאָדָם רוֹצֶה לֵילֵךְ, מוֹלִיכִין אוֹתוֹ", וְאָז תֵּלֵךְ לָבֶטַח דַּרְכֶּךָ עוֹד אֵיזֶה תְּקוּפוֹת, עַד שֶׁיִּמָּחֶה זֵכֶר הָעֲווֹנוֹת שֶׁל מִדָּה אַחַת מִסְּפָרְךָ לְגַמְרֵי, וְתוּכַל לְהַכְנִיס אַחֶרֶת הַצְּרִיכָה רְפוּאָה בִּמְקוֹמָהּ. וְכָךְ תּוּכַל לְהַכְנִיס אַחַת לְאַחַת אֲחֵרוֹת בִּמְקוֹמָם, עַד שֶׁיִּטָּהֵר כָּל סִפְרְךָ מִכִּתְמֵי הָעֲווֹנוֹת, וְהָיוּ לְאוֹתוֹת עַל טֹהַר לְבָבְךָ וְעַל מֶמְשֶׁלֶת עֹז נַפְשְׁךָ הַמְדַבֶּרֶת עַל הַבַּהֲמִית, שֶׁכָּל עִקָּרְךָ לְכָךְ נוֹצַרְתָּ. אָז יָנוּחַ לְךָ מִכָּל אוֹיְבֶיךָ לַעֲבֹד אֶת הַשֵּׁם בְּשִׂמְחָה בִּשְׁנֵי יְצָרֶיךָ כָּל יְמֵי חַיֶּיךָ, עַד שׁוּב גּוּפְךָ לַעֲפָרָהּ וְהָרוּחַ תָּשׁוּב אֶל מְקוֹמָהּ לְהִשְׁתַּעֲשֵׁעַ בְּגַן־עֵדֶנָהּ וְלֵהָנוֹת מִזִּיו זָהֳרֵי שְׁכִינָה.

כח) וּכְדַאי הֵן הַדְּבָרִים הַלָּלוּ, שֶׁכְּבוֹדוֹ שֶׁל אָדָם וְחַיָּיו בָּעוֹלָם הַזֶּה וּבָעוֹלָם הַבָּא תְּלוּיִין בָּהֶם, לְדַקְדֵּק בָּהֶם מְאֹד

fourteenth box. If you wish to reuse the same seasonal charts, then erase the marks that you made so that the page is completely clean, leaving only the totals for each week and season as reminders. At the end of the year, mark down the sum total of violations for each trait.

27. At the end of the year, carefully review the charts of summation. With God's help, what you see will make you quite happy, for you will find that the violations have diminished year by year, season by season and week by week. You will thus know that God has desired your actions and has led you on the path of truth. As our Sages said (*MAKOS* 10b): *In the path that man wishes to follow, he is led*. When you follow this path securely for a few more seasons, you will find that all traces of the violation of a particular trait have disappeared from your notebook. You can then eliminate that trait from the book and substitute another trait of yours which needs correction. Slowly but surely you will be able to replace all of the original traits with new ones, until you reach the point where your notebook will be entirely devoid of markings of any violations — testimony to the purity of your heart and the triumph of your intellectual spirit over the animal spirit. The entire purpose of your creation was to achieve this. At this point you will be able to serve God without interference from your enemies; both of your inclinations [i.e., both your intellectual and animal spirits] serving Him in joy for as long as you live, until you return to the dust and your spirit returns to its place, delighting in its garden of Eden and deriving its pleasure from the radiance of the *Shechinah*.

28. This accounting is worthwhile — man's honor and life in this world and in the World to Come depend upon it. One should be as careful about it as one would be

כְּמוֹנֶה מַרְגָּלִיוֹת. וּלְעִנְיָן זֶה טוֹב לִשְׁמֹר פִּנְקָס רְשִׁימוֹת
הַסְּכוּמוֹת וּלְהַשְׁגִּיחַ עָלָיו בְּעַיִן פְּקִיחָא תָּמִיד, כְּדֵי לַעֲמֹד
מְתֻכָּן עַל תֹּכֶן חֶשְׁבּוֹן הָעֲמִידָה וְהַהֲלִיכָה, הַמְּהִירוּת
וְהַמְּתִינוּת, הָעֲלִיָּה וְהַשְּׁקִיעָה וְכוּ', וּבִכְדֵי לְמַהֵר לִמְצֹא עַל־
יְדֵי־כָךְ מְקוֹר הָעִכּוּבִים וְהַמִּכְשׁוֹלוֹת שֶׁל מַהֲלַךְ הַתִּקּוּן,
וְלָדַעַת לְסַקֵּל הַדֶּרֶךְ מֵהֶם, וּלְהַבְחִין בִּמְהִירוּת וּמְתִינוּת
הַמִּדּוֹת וְחֶלְקֵי הַמִּדּוֹת וְכַיּוֹצֵא בָזֶה.

כט) יְמֵי הָעֲמִידָה שֶׁל אֵיזוֹ מִדָּה הֵם — כָּל־זְמַן שֶׁאִי
אֶפְשָׁר לִמְצֹא מְעַט מֵחֶשְׁבּוֹן הָעֲווֹנוֹת שֶׁלָּהּ, דְּהַיְנוּ שֶׁאֵין
עֲווֹנוֹתֶיהָ מִתְמַעֲטִין וְהוֹלְכִין עֲדַיִן. אָכֵן מֵאוֹתָהּ שָׁעָה
שֶׁמַּתְחִיל לְהִגָּלוֹת בָּהֶן הַתְמַעֲטוּת, יֵשׁ לִקְרוֹתָן יְמֵי מַהֲלַךְ
הַתִּקּוּן: הַמַּהֲלַךְ הַזֶּה, פְּעָמִים שֶׁהוּא מָתוּן וּפְעָמִים שֶׁהוּא
מָהִיר, לְפִיכָךְ יֵשׁ לְדַקְדֵּק בְּחֶשְׁבּוֹן הַסְּכוּמוֹת הַנַּ"ל, לְהַבְחִין
אֵיזוֹ מִדָּה לֹא זָזָה עֲדַיִן מִמַּעֲמָדָהּ, בְּעוֹד שֶׁהָאֲחֵרוֹת הוֹלְכוֹת
וּמְמַהֲרוֹת בְּמַהֲלַךְ הַתִּקּוּן שֶׁלָּהֶם, אוֹ שֶׁהִיא מְתוּנָה מֵהֶן
בְּמַהֲלָכָהּ בִּלְבָד. הִלְכָּךְ יֵשׁ לְדַקְדֵּק בְּשִׁעוּר הַמְּהִירוּת שֶׁל כָּל
מִדָּה וּמִדָּה, בִּכְדֵי לְהָבִין וּלְהַכִּיר אֵיזוֹ מִן הַמִּדּוֹת יוֹתֵר
מְתוּנוֹת בְּמַהֲלַךְ תִּקּוּנָם אֶצְלָךְ, וּלְהִתְגַּבֵּר עֲלֵיהֶם יוֹתֵר בִּכְדֵי
לְכָבְשָׁם. וּלְפִי שֶׁיֵּשׁ לְךָ מִדּוֹת כְּלָלִיּוֹת שֶׁיְּכוֹלִין לְפָרֵט אוֹתָן
לִפְרָטִים רַבִּים, עַל־כֵּן כְּשֶׁאַתָּה מוֹצֵא אֵיזוֹ מִדָּה כְּבֵדָה מְאֹד,
שֶׁאִי אֶפְשָׁר לְהַזִּיזָהּ עַל־יְדֵי הַחִנּוּךְ, אֲזַי צָרִיךְ לַחְקֹר אַחַר מְקוֹר הָעִכּוּב הַהוּא,
וּבְאֵיזוֹ פְּרָט מִפְּרָטֵי הַמִּדָּה הַזֹּאת הוּא תָלוּי, וְאָז יְכוֹלִין לַעֲזֹב
אוֹתָהּ, וּלְהַעֲמִיס כָּל כֹּחַ הַחִנּוּךְ עַל אוֹתוֹ פְּרָט גְּרֵידָא. דֶּרֶךְ
מָשָׁל: פִּסְקָא ג' וָד' כְּלוּלִין מִשְּׁתֵּי בָבוֹת (עַיֵּן לְקַמָּן עח פא)
שֶׁאֶפְשָׁר לַעֲזֹב אַחַת מֵהֶן כְּפִי הָעִנְיָן.

counting jewels. For this reason, one should save the charts and review them carefully and often, for one can use them to determine whether he is moving forward or standing still, whether he is making quick or slow progress and whether he is improving or regressing. The review will also enable one to quickly pinpoint the reasons for the delays and the impediments which block progress in correcting character traits, as well as making him aware of the need to clear the path of them. The review will give him the ability to determine whether he is quick or slow in every facet of his character development.

29. When we make reference to "days of standing in place," we refer to those periods when no diminishing of the number of violations of a particular trait can be discerned. The "days of progress" refer to those periods when one notices that the number of violations of a character trait is diminishing. The process is sometimes slow and at other times fast; therefore one should carefully review the charts of summation so as to be able to determine which trait still evidences little or no progress and which show steady progress and improvement. Through this evaluation, one can devise new strategies to help improve the former. Since there are character traits which are themselves made up of a number of elements, if you find that a certain trait seems to be especially resistant, and conditioning seems unable to affect any change in it or only minor change, then one must investigate the source of the impediment and see from which element of that trait it stems. One can then abandon the treatment of the overall trait, concentrating instead on the particular element. An example of this is provided in subsections 78 and 81.

ל) וְהִנֵּה הַסְּבָרָא נוֹתֶנֶת, שֶׁיְּהֵא מַהֲלָךְ הַתִּקּוּן רַבָּא דְרַבָּא
הוֹלֵךְ וּמָהִיר בִּתְנוּעָתוֹ, כְּמוֹ שֶׁאָמְרוּ חֲכָמֵינוּ ז״ל: הַבָּא
לְטַהֵר, מְסַיְּעִין לוֹ; דְּהַיְנוּ, שֶׁאִם אֵין הַמְּעוּט נִכָּר לְכַתְּחִלָּה,
אֶלָּא מִסְכּוּם עֲוֹנוֹת שָׁנָה אַחַת לַחֲבֶרְתָּהּ, אֲזַי יִתְגַּלֶּה בִּמְהֵרָה
גַּם־כֵּן מִסְכּוּם תְּקוּפָה לִתְקוּפָה וְכוּ׳ בְּסִיַּעְתָּא דִשְׁמַיָּא. וְזֶהוּ
עִנְיַן מַהֲלָךְ הַתִּקּוּן וּמַהֲלָךְ הַמְּהִירוּת וַעֲמִידַת הַמְּהִירוּת,
שֶׁהִיא גַּם־כֵּן דְּקִדּוּק יְקַר הָעֵרֶךְ בִּמְלֶאכֶת הַחִנּוּךְ.

לא) וְאָמְנָם לִפְעָמִים אֶפְשָׁר שֶׁאֵרַע גַּם־כֵּן הֵפֶךְ הַדָּבָר,
דְּהַיְנוּ כְּשֶׁהַמִּתְחַנֵּךְ מוֹצֵא שֶׁעֲוֹנוֹת אֵיזוֹ מִדָּה הוֹלְכִין וּמִתְרַבִּין
מִתְּקוּפָה אוֹ מִשָּׁנָה לְשָׁנָה, וְזֶהוּ נִקְרָא ״מַהֲלָךְ
הַשְּׁקִיעָה״, חַס וְשָׁלוֹם. וְאָז צָרִיךְ שֶׁלֹּא לָבֹעַת מִמַּעֲשֵׂה
הַשָּׂטָן, וְלֹא יֵבוֹשׁ מֵהַמַּלְעִיגִים, אֶלָּא לְהִתְאַצֵּר בְּמִדַּת מְנוּחַת
הַנֶּפֶשׁ בִּכְדֵי שֶׁלֹּא יִתְיָאֵשׁ לְהֵרָפוֹת מִמְּלַאכְתּוֹ; וּכְמוֹ שֶׁאָמְרוּ
חֲכָמֵינוּ ז״ל: אֲפִלּוּ חֶרֶב חַדָּה מֻנַּחַת עַל צַוָּארוֹ שֶׁל אָדָם
וְכוּ׳,

לְפִי שֶׁאֵינוּ דּוֹמֶה אוֹתָהּ נְפִילָה שֶׁל הַבָּא לְטַמֵּא,
שֶׁפּוֹתְחִין לוֹ לִפֹּל לִשְׁאוֹל תַּחְתִּית, לְאוֹתָהּ מִקְרֶה שֶׁל שְׁקִיעָה
הַמִּתְקוֹמֶמֶת זְמַן־מָה בְּדֶרֶךְ הַיְשָׁרִים בִּכְדֵי לְנַסּוֹתָם. לְפִיכָךְ
צָרִיךְ לְהַקְשׁוֹת עָרְפּוֹ, לְהַתְמִיד עֵסֶק הַחִנּוּךְ בְּלִי רִפְיוֹן עוֹד,
וְלַחְקֹר אַחַר מְקוֹר אוֹתוֹ פֶּגַע רַע, שֶׁלִּפְעָמִים אֶפְשָׁר שֶׁהוּא
בָּא מֵחֲמַת אֵיזוֹ עִנְיָנִים חִיצוֹנִים, כְּגוֹן שֶׁנִּזְדַּמְּנוּ לוֹ חֲבֵרִים
רָעִים, אוֹ שֶׁנִּתְחַדְּשׁוּ אֵיזוֹ שִׁנּוּיִים טוֹבִים אוֹ רָעִים בְּעִסְקֵי

30. It is to be expected that the progress of correcting one's traits will, for the most part, proceed quickly. As our Sages said (*SHABBOS* 104a): *One who comes to purify himself is assisted.* Thus, even if the decrease in the number of violations of a particular trait is at first hardly discernible — apparent only through a comparison of the yearly summations — with God's help, it will soon become apparent in the seasonal summations as well. These [i.e., the preceding paragraphs] are the procedures of correction and the methods of measuring progress; all important factors in the discipline of character improvement.

31. At times, however, it is possible that the opposite will occur — i.e., you will find that the number of failures in a certain trait is increasing, season by season and year by year. This is referred to as the "process of regression." If this happens, you must not be afraid of this act of Satan nor should you be embarrassed by those who mock you. Rather, you must strengthen your trait of equanimity so that you do not give up hope and abandon your efforts. As our Sages said (*BERACHOS* 10a): *Even if a sharp sword is placed on a man's neck, let him not despair of God's mercy.*

No comparison can be drawn between the failure of one whose motivations are impure, where Heaven presents an opening for him to fall into the nethermost *She'ol*, and between one who follows the path of the just, for in the latter's case, regression is a trial set in his way. Therefore, one must "stiffen his neck" and continue the discipline without interruption. He must investigate the reason for his regression. At times, he will discover that it can be traced to external factors; e.g., bad friends, or improvements or setbacks in his business, his property

הוֹנוֹ וּרְכוּשׁוֹ וּבְנֵי־בֵיתוֹ וְכַיּוֹצֵא בָזֶה. וְאָז יָכוֹל הוּא לְהָעֵרִים
וּלְנוֹפֵשׁ תַּחְבּוּלוֹת בִּכְדֵי לְסַלֵּק מְקוֹר הַנֶּזֶק הַהוּא כָּל כַּמָּה
שֶׁאֶפְשָׁר, וּבֵינֵי בֵינֵי יַתְמִיד לְצַמְצֵם חֶשְׁבּוֹן הַסְּכוּמוֹת בְּמַהֲלַךְ
הַשְּׁקִיעָה שֶׁלּוֹ וּלְשַׁעֵר מְהִירוּת הַהוּא הַנִּקְרָא מַהֲלַךְ מְהִירוּת
מַהֲלַךְ הַשְּׁקִיעָה, עַד שֶׁיִּזְכֶּה לְהַגִּיעַ לִימֵי עֲמִידַת מַהֲלַךְ
הַשְּׁקִיעָה, אוֹ עַל־כָּל־פָּנִים עֲמִידַת מַהֲלַךְ מְהִירָתוֹ בְּעֵזֶר הַשֵּׁם
יִתְבָּרַךְ, וְאִם יֶחֱרַץ לְהוֹסִיף אֹמֶץ עוֹד, עַד שֶׁיִּסְתַּיֵּעַ לָשׁוּב לִימֵי
הָעֲמִידָה וּמַהֲלַךְ הַתִּקּוּן וְהַמְּהִירוּת בְּעֵזֶר הַשֵּׁם יִתְבָּרַךְ
בִּמְהֵרָה.

לב) וְיֵשׁ לְהִתְבּוֹנֵן, שֶׁעִקַּר חִנּוּךְ כָּל מִדָּה וּמִדָּה בִּכְדֵי
לַהֲזִיזָהּ לְמַהֲלַךְ הַתִּקּוּן, מַתְחִיל מֵאוֹתוֹ שָׁבוּעַ שֶׁהִיא חָלָה בּוֹ;
וְאַף־עַל־פִּי שֶׁהָיְתָה מְתוּנָה הַרְבֵּה קֹדֶם לָכֵן, מִכָּל מָקוֹם אֵין
מִשָּׁם רְאָיָה שֶׁהִיא מִדָּה כְּבֵדָה מִצַּד עַצְמָהּ, מֵאַחַר שֶׁעֲדַיִן לֹא
נִתְחַנְּכָה אֶלָּא בְּדֶרֶךְ טָפֵל וְאַגַּב. וְזוּלַת זֶה יֵשׁ לְדַקְדֵּק עוֹד,
שֶׁי"ג מִדּוֹת הַלָּלוּ, מִקְצָתָן יֵשׁ בָּהֶם קוּם עֲשֵׂה וּמִקְצָתָן שֵׁב
וְאַל תַּעֲשֶׂה; בְּאֵלּוּ צָרִיךְ לְנַצֵּחַ כֹּחַ הָעַצְלוּת, וּבְאֵלּוּ צָרִיךְ
לִכְבֹּשׁ רוּחַ הַתַּאֲוָה. לְפִיכָךְ צָרִיךְ כָּל אָדָם לְהִתְבּוֹנֵן בְּמֶשֶׁךְ
הַחִנּוּךְ שֶׁלּוֹ, אֵיזוֹ חֵלֶק מִשְּׁנֵי חֲלָקִים אֵלּוּ הוּא יוֹתֵר מָהִיר
אֶצְלוֹ בְּמַהֲלַךְ הַתִּקּוּן שֶׁלּוֹ.

לג) טוֹב מְאֹד לְהַשְׁגִּיחַ תָּמִיד עַל כָּל פְּרָטֵי מְאֹרְעוֹתָיו
הַנּוֹגְעִים לְעֵסֶק הַחִנּוּךְ שֶׁלּוֹ, בִּכְדֵי לְקַבֵּל תּוֹעֶלֶת מֵהֶם לַיָּמִים
הַבָּאִים; וְאִם יִזְדַּמֵּן לוֹ מְאֹרַע טוֹב אוֹ רַע בְּיוֹתֵר, אֲזַי יֵשׁ
לְרָשְׁמָהּ בְּקִצּוּר אֲפִלּוּ בְּפִנְקְסוֹ לְזִכָּרוֹן, שֶׁאִם לֹא יוֹעִיל לוֹ
לְעַצְמוֹ עַכְשָׁו, יָכוֹל לְהוֹעִילוֹ [לַאֲחֵרִים] לַיָּמִים הַבָּאִים
לְהִשְׁתַּמֵּשׁ בַּחִנּוּכִים הָאֵלּוּ, שֶׁיֵּדַע הוּא לְיָעֵץ לְטוֹבָתָם עַל־פִּי
הַנִּסְיוֹנוֹת שֶׁלּוֹ. וּלְעִנְיָן זֶה יוֹתֵר טוֹב לְבַקֵּשׁ לוֹ חָבֵר בַּחִנּוּךְ,

or his family. He will then [i.e., once he has discovered the source] be able to devise strategies to remove the source of his problems. At the same time, he should persist in at least reducing the rate of his regression until he reaches the point where his regression stops completely, or at least the rate slows. He can then strive to find further strength until he is Divinely helped to return to the "days of standing in place" and resume the process of improvement, with God's help.

32. It should be borne in mind that the major part of the conditioning of each character trait — in terms of improvement — takes place during the week that is specifically set aside for it. Even though the improvement in that trait may have been slow until that point [i.e., until the week specifically devoted to it], this should not be taken as an indication that this trait is especially difficult. Rather, one can ascribe the slow progress to the fact that it was only dealt with incidentally until then. Aside from this, some of the thirteen character traits are active whereas others are passive, some call for a struggle against laziness whereas others call for a struggle against one's desires. Therefore, in the course of this process, one should note in which of these two areas [i.e., in passive or active traits] one's progress is more rapid.

33. It is highly desirable to be constantly aware of all the details of events that are relevant to this discipline, for they will be useful in the future. If a particularly good or bad event transpires, it should be noted briefly in the notebook as a reminder, for even if it is not beneficial now, it may prove to be useful at a later date for someone else who is pursuing a similar course of character improvement, for it can help one provide advice based on his own experience. In this vein, it is preferable that

בִּכְדֵי שֶׁעַל־יְדֵי־כָךְ יְעוֹרֵר כָּל אֶחָד אֶת חֲבֵרוֹ תָּמִיד, וְיָכוֹל
לִלְמֹד כָּל אֶחָד וְאֶחָד מִמְּאֹרְעוֹתֵיהֶן שֶׁל שְׁנֵיהֶם, כִּי אִם יִפֹּלוּ,
הָאֶחָד יָקִים אֶת חֲבֵרוֹ (קהלת ד); וּמַה גַּם בְּמוֹצָאֵי שַׁבָּתוֹת
וּתְקוּפוֹת, כְּשֶׁהוּא פּוֹקֵד חֲטָאֵי יוֹם יוֹם מִימֵי הַשָּׁבוּעַ, וְשֶׁל
שָׁבוּעַ וְשָׁבוּעַ מֵהַתְּקוּפָה שֶׁעָבְרָה, בִּכְדֵי לְצָרְפָם לְסַכּוּם עֲוֹנוֹת
שָׁבוּעַ וּתְקוּפָה שֶׁעָבְרָה, אָז רָאוּי לָשׂוּם לֵב לִהְיוֹת נִזְכָּר
בַּגְּרָמוֹת שֶׁגָּרְמוּ רִבּוּי מִפְלָג שֶׁל חֲטָאִים בְּאֵיזֶה יוֹם מִימֵי
הַשָּׁבוּעַ אוֹ בְּאֵיזֶה שָׁבוּעַ שֶׁל הַתְּקוּפָה, לִלְמֹד דַּעַת מֵהֶם
לֶעָתִיד.

לד) מִי שֶׁחוֹשֵׁב לְהִכָּנֵס לְבֵית־וַעַד שֶׁל אֲנָשִׁים רַבִּים, אוֹ
לְהַתְחִיל אֵיזוֹ עֵסֶק חָדָשׁ וְעִם אֲנָשִׁים שֶׁאֵינוֹ רָגִיל עִמָּהֶם —
אֲזַי יֵשׁ לְפַשְׁפֵּשׁ קֹדֶם לָכֵן, בְּאֵיזוֹ מִדָּה מִן הַי"ג הוּא עָלוּל
לָבוֹא לִידֵי נִסָּיוֹן עַל־יְדֵי אוֹתוֹ וַעַד אוֹ אוֹתוֹ עֵסֶק הֶחָדָשׁ,
וְיִקָּרֵא הַפְּרָקִים הַשַּׁיָּכִים לְאוֹתָן הַמִּדּוֹת, אוֹ עַל־כָּל־פָּנִים
הַמִּקְרָאוֹת שֶׁלָּהֶן — לִהְיוֹת לְכְלִי־זַיִן מוּכָן בְּיָדוֹ קֹדֶם
לְמַעֲשֶׂה, שֶׁלֹּא יִכָּשֵׁל בָּהֶם. וְאִם יָכוֹל לִמְצֹא לוֹ אֵיזֶה מִתְחַנֵּךְ
אַחֵר לְהִתְיָעֵץ עִמּוֹ בְּנִדּוֹן זֶה אָז, אֲדַי יוֹתֵר טוֹב.

לה) וְהִנֵּי מִלֵּי בְּנִסָּיוֹן קָצָר, אֲבָל בְּנִסָּיוֹן אֲרֹךְ יָמִים
וְשָׁנִים, כְּגוֹן מִי שֶׁעָזַב בְּנֵי־גִילוֹ וְנִכְנַס לָדוּר בָּעִיר אַחֶרֶת, אוֹ
מִי שֶׁהִכְנִיס אִשָּׁה חֲדָשָׁה שֶׁבְּנֵי מִשְׁפַּחְתָּהּ וּבְנֵי־גִילָהּ נַעֲשִׂים
בְּנֵי־בֵיתוֹ וְכַיּוֹצֵא בָזֶה, אֲזַי צָרִיךְ הַמִּתְחַנֵּךְ לְהַעֲלוֹת כַּוָּנַת
אוֹתָהּ מִדָּה הַבָּאָה עַכְשָׁו לִידֵי נִסָּיוֹן לְמַדְרֵגָה יוֹתֵר גְּדוֹלָה,
עַד לְמַלֵּי דַחֲסִידוּת, וְלִסְיָגָהּ בִּסְיָגִים חֲזָקִים. דֶּרֶךְ מָשָׁל: מִי
שֶׁנִּתְחַנֵּךְ כְּבָר בְּמִדַּת הַשְּׁתִיקָה וְעָלְתָה לוֹ כָּל־כָּךְ, עַד שֶׁכְּבָר
הִגִּיעַ לְמַדְרֵגַת מַהֲלַךְ מְהִירוּת הַתִּקּוּן הַנַּ"ל (סימן ל), וְעַתָּה
הוּא מְזֻמָּן לְהִתְגַּלְגֵּל בְּמָקוֹם נִסָּיוֹן מְסֻכָּן מְאֹד לְמִדָּה זוֹ,

one undertake this course along with a friend, for then they can continuously motivate each other, and each can benefit from the other's experiences. As the verse (*KOHELES* 4:10) states: *If they fail, then one will raise his friend*. Also, on *motzaei Shabbos* or at the end of a season, when one reviews the failures that transpired during that week or season, one should reflect upon the causes for his having had so many failures on a specific day or in a specific week, so as to draw a lesson for the future.

34. One who plans on going somewhere where many people congregate, or who is beginning a new business with people with whom he is unfamiliar, should first examine which one of the character traits will be subjected to the greatest test by his plans. He should then review the chapters relevant to that trait, or at least the summaries associated with the trait, so that he is prepared and will not stumble. If he can find someone with whom he can take counsel, that is even better.

35. The above applies to a short term trial. However, if the trial [of the new business or community] will be a long term affair; e.g., if one is leaving his friends and moving to another city, or if he marries a woman and her family and friends will become a part of his household, then the character trait which he has determined that will be put to trial will be subjected to even greater testing. He should therefore act with *chassidus* by hedging the trait with even stronger fences. For example: Let us assume that the character trait which he had decided to work on was silence, and he had reached a level wherein he had noticed rapid improvement. By moving into a new society, the improvement that he had made might be threatened to the point where he might start regress-

וְקָרוֹב הַדָּבָר לִידֵי שְׁקִיעָה אוֹ לִידֵי יֵאוֹשׁ, חַס וְשָׁלוֹם (סִימָן
לא), אֶלָּא שֶׁמֵּאַחַר שֶׁהוּא נִמְלָךְ לְקַדֵּם אֶת הַיֵּצֶר הָרָע בְּעוֹד
שֶׁלֹּא נִגְלֵית גִּרְמַת הַתַּאֲוָה לְעֵינֵי הַנֶּפֶשׁ הַבַּהֲמִית, אֲזַי קַל
הַדָּבָר לִגְדֹּר בַּעֲדוֹ בְּעֶזְרַת הַשֵּׁם יִתְבָּרַךְ, דְּהַיְנוּ לְשַׁנּוֹת אֶת
הַפִּסְקָא, לְהַעֲלוֹת כַּוָּנָתָהּ וּלְהַחְמִירָהּ כְּפִי הַצֹּרֶךְ וּלְהַתְחִיל
עִמָּהּ חִנּוּךְ חָדָשׁ. כְּגוֹן רֶמֶז י', "שְׁתִיקָה" — פִּסְקָא נוֹחָה
שֶׁלָּהּ: "קֹדֶם שֶׁתִּפְתַּח פִּיךָ, שְׁתֹק וְהַמְלֵךְ בְּלִבְּךָ מַה תּוֹעֶלֶת
וְכוּ'" (עי' לקמן ר"פ י) וְעַכְשָׁו צָרִיךְ לְהַעֲלוֹתָהּ בָּזֶה הַלָּשׁוֹן:
"סְגֹר פִּיךָ, וְאַל תִּפְתָּחֶנּוּ אֶלָּא לְצֹרֶךְ מִצְוָה וּבִדְבּוּרִים
קְצָרִים".

רֶמֶז א', מְנוּחַת הַנֶּפֶשׁ — פִּסְקָא נוֹחָה שֶׁלָּהּ:
"הִתְגַּבֵּר עַל מְאֹרָעוֹת פְּחוּתֵי הָעֵרֶךְ וְכוּ'" (עיין לקמן ר"פ א);
וְעַתָּה יֵשׁ לְשַׁנּוֹתָהּ כָּזֶה: "הִתְגַּבֵּר עַל כָּל מִינֵי רוּחוֹת שֶׁל
נֶפֶשׁ הַבַּהֲמִית שֶׁלְּךָ, שֶׁלֹּא יְבַטְּלוּ מְנוּחַת נַפְשֶׁךָ". וּמִשֶּׁחָזְרָה
הַמְּנוּחָה בְּלִבְּךָ לְגַמְרֵי, אֲזַי הַמְלֵךְ בְּיֵצֶר טוֹב, כַּמָּה מַגִּיעַ
מִמְּךָ לִנְהֹם כְּרֵסָּהּ שֶׁל נֶפֶשׁ שֶׁל הַבֶּהֱמֶף.

רֶמֶז ו', עֲנָוָה — פִּסְקָא
נוֹחָה שֶׁלָּהּ: "הִשְׁתּוֹקֵק לִלְמֹד דַּעַת מִכָּל אָדָם וְכוּ'" (עיין ר"פ
ו); וְעַכְשָׁו תַּחְמִירֶנָּה כָּךְ: "בְּלֹם אֶת פִּיךָ, וּפְקַח אָזְנֶיךָ לִשְׁמֹעַ
מִפִּי אֲחֵרִים חֶסְרוֹנוֹתֶיךָ, תְּקַבְּלֵם בְּאַהֲבָה מַרְפֵּא לְנַפְשֶׁךָ".
וְהוּא הַדִּין לְכָל מִדָּה וּמִדָּה הַבָּאָה לִידֵי נִסָּיוֹן. וִיעַיֵּן וִידַקְדֵּק
בַּדָּבָר לְעָמְקוֹ, עַל־יְדֵי עַצְמוֹ אוֹ עַל־יְדֵי אֲנָשִׁים חֲכָמִים

ing or despairing of further improvement. By first
preparing himself to face his *yetzer ha-ra* [which will
make its presence known by causing him to regress] even
before it has begun to entice his animal spirit, he will find
it easier to stave it off, with God's help. He can accom-
plish this by changing the summary verses he had been
using, making them even more stringent if necessary and
thus begin a new routine of discipline. Returning to the
example of silence; a regular summation for the rein-
forcement of this trait is: "Before you speak, be silent
and consider what effect your words will have." A more
stringent summation which could be substituted in the
above situation is: "Close your mouth, opening it only to
speak succinctly for the sake of a mitzvah."

Another example: Let's assume that the trait which
you are working to improve is equanimity. A routine
summation for this trait is: "Rise above events that are
inconsequential." In the above situation, it should be
changed to: "Rise above all of the moods of your animal
spirit so that they do not destroy your equanimity." Once
your trait of equanimity has been completely restored,
then take counsel with your good inclination regarding
the extent to which your animal spirit's desires should be
placated.

Another example: Let's assume that the trait you are
working on is humility. An ordinary statement of summa-
tion is: "Strive to learn wisdom from everyone." Because
of the trial you now face, this should be changed to:
"Close your mouth and open your ears to hear others
speak of your faults and accept them lovingly as consti-
tuting a remedy for your soul." This advice holds true for
all the character traits which are tested by your changed
situation. One should subject this new situation to in-

אוֹהֲבָיו, כְּדֵי לְחַבֵּר לוֹ פֶּרֶק רָאוּי לַפִּסְקָא הַחֲדָשָׁה הַהִיא.

לו) כְּמוֹ שֶׁהַמַּבְרִיאִים, אֲפִלּוּ לְאַחַר שֶׁנִּתְרַפְּאוּ מֵחֳלָיִם צְרִיכִין לְחַיֵּי זְהִירוּת זְמַן אָרֹךְ, לְפִי חֻמְרַת הַמַּחֲלָה שֶׁיָּצְאוּ מִמֶּנָּה וְאֹרֶךְ הַתְּמָדָה, לְפִי שֶׁהֵם עֲלוּלִים עֲדַיִן לַחֲזֹר וְלִפֹּל בָּהּ עַל-יְדֵי הִתְרַשְּׁלוּת — כָּךְ צָרִיךְ גַּם הַשָּׁב מֵחֲטָאָיו, אֲפִלּוּ לְאַחַר שֶׁנִּגְמַר תִּקּוּן אֵיזֶה מִדָּה וְהַבְּרִיאָה בִּשְׁלֵמוּת, שֶׁלֹּא לְעָזְבָהּ מִתּוֹךְ לוּחַ הַחִנּוּךְ שֶׁלּוֹ לְגַמְרֵי, אֶלָּא צָרִיךְ לְהַכְנִיסָהּ בִּכְלַל מַשְׁמָעוּת אֵיזוֹ מִדָּה אַחֶרֶת (שֶׁהִיא מֵעִנְיָנָהּ), שֶׁלֹּא הַבְרִיאָה עֲדַיִן, דְּהַיְנוּ עַל-יְדֵי הַעֲלָאַת הַכַּוָּנָה שֶׁל אוֹתָהּ מִדָּה שֶׁלֹּא נִתְרַפְּאָה עֲדַיִן כַּנַּ"ל (סִימָן לה), שֶׁנִּכְלָל הַסַּבְלָנוּת בִּמְנוּחַת הַנֶּפֶשׁ, וְהַשְּׁתִיקָה בָּעֲנָוָה וְכַיּוֹצֵא בָזֶה.

לז) וְהִנֵּה צָרִיךְ לְהִתְלַמֵּד לִזְכֹּר אֶת הָעֲוֹנוֹת עַד הַלַּיְלָה, וְעַל-יְדֵי-כָךְ יִתְחַנֵּךְ גַּם-כֵּן אַחַת אַחַת לִהְיוֹת יָכוֹל לַחֲזֹר לְאַחֲרָיו תָּמִיד מִן אַחֲרִית כָּל עֵסֶק וָעֵסֶק עַל תְּחִלַּת מְקוֹרוֹ, וְלַחֲזֹר לִהְיוֹת צוֹפֶה וְהוֹלֵךְ וּמַשְׁגִּיחַ עַל כָּל גִּלְגּוּלֵי הָרְפַתְקָאוֹת שֶׁל הָעֵסֶק הַהוּא, אֵיךְ הֵם מִשְׁתַּלְשְׁלִים זוֹ מִתּוֹךְ זוֹ מֵרֵאשִׁית מוֹצָאוֹ עַד תַּכְלִית סוֹפוֹ וּגְמָרוֹ. וְאִם יַרְגִּיל אֶת עַצְמוֹ בְּמִדָּה זוֹ (שֶׁהִיא הַבִּינָה הַגְּמוּרָה בֶּאֱמֶת), אֲזַי יִתְגַּלּוּ לוֹ דְּבָרִים יְקָרִים תָּמִיד בְּהַתְהַלּוּכוֹת עִסְקֵי בְנֵי-אָדָם וְקוֹרוֹתֵיהֶם, תַּהֲפוּכוֹת לָכֶם וְהַבְטָחוֹתֵיהֶם, שֶׁעַל-יְדֵי זֶה יִזְכֶּה לָדַעַת הַגְּמוּרָה, וְנֶהֱנִין מִמֶּנּוּ עֵצָה בְּעִנְיָנִים הַנּוֹגְעִים לְהַצְלָחָתוֹ בִּשְׁנֵי הָעוֹלָמוֹת בְּסִיַּעְתָּא דִשְׁמַיָּא.

לח) וְהִנֵּה מָצִינוּ, שֶׁהַמַּתְחִילִים קוֹבְלִים מְאֹד עַל הַשִּׁכְחָה שֶׁלָּהֶם מֶשֶׁךְ יוֹם שָׁלֵם לַאֲחוֹרֵיהֶם, וְיָכוֹל לִהְיוֹת שֶׁעַל-יְדֵי-כָךְ יֵצֵא טָעוּת בְּפִנְקְסָם, שֶׁתִּמָּצֵא בּוֹ חֶשְׁבּוֹן שֶׁל

depth analysis — either alone or with the counsel of wise men — so as to also provide new *mussar* materials to accompany the new summation.

36. Just as someone who has been cured from an illness must — based on its severity and length — exercise caution for an extended period of time so as not to suffer a relapse through negligence, so too must one who has corrected a character trait exercise great care even after it seems that it has been completely corrected. One should not erase the trait completely from his routine of discipline. Rather, he should include it within the framework of another trait that is somewhat related and whose correction is not yet complete. For example, patience can be included within equanimity, silence can be included with humility.

37. One must get into the habit of remembering his daily violations that same evening. By doing so, one can train himself to be able to review each and every occurrence and trace them back to their source. He can evaluate an occurence and view all that transpired as a result — how one event leads to another. If he makes it a practice to do so [which is true *binah* — understanding], then he will gain valuable insights into the affairs of men, the alterations in their states of mind and their promises. This will bring him to a level of pure *da'as* — knowledge; a level of self-awareness which can provide counsel to insure his personal success in both worlds, with God's help.

38. We find that people who begin this regimen often complain about their forgetfulness when trying to reconstruct all that happened during the day. It is possible that because of their forgetfulness, an error will appear in their notebooks; e.g., they may discern an erroneous

שְׁקִיעָה מְזִיפֶּת (סִימָן לב); רְצוֹנִי לוֹמַר, שֶׁיִּתְרַבּוּ מִסְפַּר עֲווֹנוֹת יָמִים הַבָּאִים מִשֶּׁלְּפָנִים, בְּעוֹד שֶׁלֹּא נִתְחַנַּכְנוּ עֲדַיִן בְּלֶקֶט הַשִּׁכְחָה הַנַּ"ל. וּבִשְׁעַת הַדַּחַק יְכוֹלִין לְהַתִּיר עַל זְמַן מָה לִרְשֹׁם לָהֶם הָעֲווֹנוֹת תֵּכֶף לַחֲטָאִים, עַד שֶׁיִּתְחַנְּכוּ אַחַת אַחַת לִזְכֹּר אֶת עֲוֹנָם שָׁעָה וּשְׁתַּיִם וְשָׁלֹשׁ וְכוּ' עַד הָעָרֶב.

לט) טֶבַע בְּנֵי הַנְּעוּרִים, לִדְחוֹת הַתְחָלַת חִנּוּכָם בַּדֶּרֶךְ הַטּוֹבָה מִיּוֹם לְיוֹם וּמֵחֹדֶשׁ לְחֹדֶשׁ וּמִשָּׁנָה לְשָׁנָה. עַל־כֵּן רָאוּי לְרַבָּם, אַחַר שֶׁהִגִּיעוּ הַלּוּחוֹת הָאֵלֶּה לְיָדוֹ, לְהַכִּיר בְּתוֹעַלְתָּם, לְזָרֵז לְקֶדֶם וּלְשַׁבֵּר הָעֲצֵלוּת הַבַּהֲמִית, וּלְהַתְחִיל בְּחִנּוּךְ הַלּוּחוֹת הָאֵלֶּה תֵּכֶף מִבֹּקֶר יוֹם רִאשׁוֹן הַסָּמוּךְ. וּמִכָּל־שֶׁכֵּן לְמִי שֶׁכְּבָר בָּא בַּשָּׁנִים, וּמְתֻנָּן בַּחֲלָיֵי מִדּוֹתָיו מִיָּמִים וְשָׁנִים, שֶׁיִּתְגַּבֵּר כָּאֲרִי לְמַהֵר וּלְהָחִישׁ אֶת חִנּוּכוֹ בְּכָל מַה דְּאֶפְשָׁר.

מ) אִם רְצוֹנְךָ לְחַנֵּךְ אֶת בָּנֶיךָ — אֲזַי צָרִיךְ אַתָּה לְהִזְדָּרֵז לְהַתְחִיל מִשֶּׁהִגִּיעַ לִשְׁלֹשׁ־עֶשְׂרֵה שָׁנָה, מֵעֵת שֶׁמִּדּוֹתָיו מַתְחִילִין לְהִגָּלוֹת וְלִהְיוֹת נִכָּרִין בִּשְׁלֵמוּתָם וְחֶסְרוֹנָם. וְאָז תַּתְמִיד לְהַשְׁגִּיחַ עָלָיו מֶשֶׁךְ חָמֵשׁ שָׁנִים, בִּכְדֵי לְהַכִּיר כָּל פְּרָטֵי מוּמִין שֶׁבְּמִדּוֹתָיו, וְתִרְשֹׁם אוֹתָם אַחַת אַחַת לְזִכָּרוֹן; וּבְהַגִּיעַ שְׁנַת הַשְּׁמוֹנֶה־עֶשְׂרֵה, אָז יָכוֹל אַתָּה לַהֲבִינוֹ וְלַהֲכִינוֹ לְמוּסַר תִּקּוּן הַמִּדּוֹת, וְלִמְסֹר לְיָדוֹ הַלּוּחוֹת לְהִתְחַנֵּךְ מִתּוֹכָם. וְגַם אַתָּה תַּעֲזֹר לוֹ בַּתְּחִלָּה עַל־פִּי הַנִּסְיוֹנוֹת שֶׁעָבְרוּ

indication of regression. They may think that they are violating more now than they did before when in truth, their forgetfulness is at fault [i.e., they may have forgotten about earlier violations and failed to record them then]. In this case, an exception can be made [to the rule of recording things only at night], and violations may at first be immediately recorded. Then one should attempt to wait an hour or two before recording them, until one reaches the point where he can wait until the night without forgetting anything.

39. It is the nature of the young to delay the beginning of this discipline from day to day, from month to month and from year to year. It therefore behooves their teacher — once he has these charts and recognizes their effectiveness — to spur his students on and help them break their animal laziness. They should begin the discipline of the charts starting on the first Sunday [after they have received the charts]. This is especially true of one who is older and whose traits have suffered from years of attrition. He should strengthen himself like a lion and begin the discipline as quickly as possible.

40. If you wish to use this discipline with your children, then one should begin the regimen once the child is thirteen years old, for it is then that the character traits begin to become apparent and their imperfections or perfections are first noticeable. You should persist in supervising him for five years so that you can recognize any fault in his character. Record them each so as to remember them. When the child is eighteen, you can explain and prepare him to begin the discipline of character improvement on his own. You can present him with the charts for him to use and you can assist him, in the beginning, by apprising him of your own

עָלֶיךָ מִימֵי חַיֶּיךָ, וּבְכָל זֹאת תַּתְמִיד הַשְׁגָּחָתְךָ עָלָיו בַּסֵּתֶר,
בִּכְדֵי לִרְאוֹת וּלְהִתְבּוֹנֵן בְּמַהֲלָךְ תִּקּוּנוֹ וּלְתַקֵּן טָעֻיוֹתָיו
בִּמְלַאכְתּוֹ זֹאת.

מא) כְּשֶׁנִּמְצָא חֵלֶק מִדָּה אַחַת מֵהַי"ג הַלָּלוּ מְשֻׁתָּף
לִשְׁתַּיִם אוֹ לְשָׁלשׁ וְאַרְבַּע מֵהֶן כְּאַחַת, אֲזַי הַדָּבָר בָּרוּר
שֶׁאוֹתוֹ הַחֵלֶק יוֹתֵר מָהִיר בְּמַהֲלָךְ תִּקּוּנוֹ, מֵחֲמַת שֶׁנִּכְפָּל
חִנּוּכוֹ. וְנָפְקָא מִנָּהּ לְעִנְיָן אֵיזוֹ מִדָּה כְּבֵדָה, שֶׁבִּכְדֵי לְהָקֵלָה
מְפָרְקִין אוֹתָהּ לַחֲלָקִים, וּבוֹרְרִין חֵלֶק הַיּוֹתֵר כָּבֵד שֶׁבָּהֶן,
וְכוֹלְלִין אוֹתוֹ הַחֵלֶק לְתוֹךְ שְׁאָר מִדּוֹת עַל־יְדֵי הַעֲלָאָה כַּנַּ"ל
(סִי' לג וסִי' לו). וְאִם בְּכָל זֹאת אִי אֶפְשָׁר לְהַזִּיזָהּ עוֹד, אֲזַי
יִבְרֹר לוֹ הַמִּדָּה הַיּוֹתֵר מְהִירָה אֶצְלוֹ מִכָּל הַי"ג, וְיִטֹּל מִמֶּנָּה
אֶת שְׁלִיטָתָהּ בְּשָׁבוּעַ מְיֻחָד וְיַכְנִיס הַכְּבֵדָה תַּחְתֶּיהָ, בְּאֹפֶן
שֶׁתִּשְׁתַּלֵּט הַמִּדָּה הַכְּבֵדָה מֶשֶׁךְ שְׁנֵי שָׁבוּעוֹת, וְלַמְּהִירָה יַסְפִּיק
הַחִנּוּךְ שֶׁבְּדֶרֶךְ אַגַּב בִּלְבַד. וְאָמְנָם צָרִיךְ לְהִזָּהֵר לְהַרְחִיק שְׁנֵי
שָׁבוּעוֹת שֶׁל שְׁלִיטַת הַכְּבֵדָה זוֹ מִזּוֹ, וְלָתֵן שִׁשָּׁה שָׁבוּעוֹת
רֶוַח בֵּינְתַיִם, בִּכְדֵי שֶׁלֹּא תָּקוּץ הַנֶּפֶשׁ הַבַּהֲמִית בְּחִנּוּכָהּ
כַּנַּ"ל.

מב) הָרַעְיוֹנוֹת הַצְּפוּנוֹת בְּלִבּוֹ שֶׁל אָדָם, מְלַוִּין אוֹתוֹ
בְּכָל מָקוֹם וּבְכָל עֵת, וּפוֹעֲלִים בְּנַפְשׁוֹ מִדַּעְתּוֹ וְשֶׁלֹּא מִדַּעְתּוֹ,
לְפִי תֹקֶף מֶמְשַׁלְתָּם בִּלְבַד. דֶּרֶךְ מָשָׁל: אָדָם פְּלוֹנִי יוֹצֵא
מִבֵּיתוֹ, וּמְפַנֶּה כָּל מַחְשְׁבוֹתָיו לְעִסְקֵי יוֹם הַשּׁוּק שֶׁלְּפָנָיו;
אֶלָּא שֶׁעַל־יְדֵי מִדַּת הַגַּאֲוָה הַתְּקוּעָה בְּלִבּוֹ תָּמִיד, אֲפִילוּ שֶׁלֹּא
מִדַּעְתּוֹ, הוּא הוֹלֵךְ בִּנְטִיַּת גָּרוֹן, מְדַקְדֵּק בִּפְסִיעוֹתָיו וּמְשַׂחֵק

experiences. Nevertheless, you should discreetely continue to watch him so as to note his progress and offer help in correcting his mistakes.

41. When an element of one of the thirteen traits [selected for correction] is found to be common to three or four character traits, then the progress of improvement of that element will be more rapid because of the duplication of effort involved. This is important to consider when dealing with a particularly difficult trait. As we mentioned, a difficult trait should be divided into its components and the most difficult single element should be chosen for inclusion within the regimen of improving other traits (see subsections 33 and 36). If one finds that he can make no progress with this trait, then one should remove the trait which he has been most successful in improving from the regimen, substituting this recalcitrant element in its place so that for a period of two weeks, he concentrates on this difficult trait. The removed trait can be dealt with by incidental discipline alone. However, one should be careful that the two weeks now devoted to the discipline of the difficult element should not be consecutive. Rather, one should wait for six weeks so as not to provide the "animal spirit" with an excuse to rebel against the discipline.

42. The thoughts that are hidden within man's heart accompany him at all times, and — based on their strength — affect him both consciously and unconsciously. For example: B leaves his house, directing all of his [conscious] thoughts to his forthcoming business in the market. Because his trait of pride accompanies him everywhere even without his awareness, he walks with his head held high, counting his steps and rolling his

בְּמַקְלוֹ בֵּין רָאשֵׁי אֶצְבְּעוֹתָיו; וּמִשֶּׁהוּא עוֹבֵר לִפְנֵי אָדָם גָּדוֹל
— מִיָּד מַקְלוֹ שׁוֹקֵעַ, עָרְפּוֹ מִתְרַפֶּה, וּמִסְפַּר צְעָדָיו
מִשְׁתַּכְּחִין מִמֶּנּוּ.

וּלְעֵת־עֶרֶב עוֹד סִיעָה גְדוֹלָה שֶׁל אֲנָשִׁים
פְּנוּיִים מִמְּלַאכְתָּם וְהוֹלְכִים לְטַיֵּל לָהֶם, שֶׁכֻּלָּן רוֹאִים
וְשׁוֹמְעִים הַמּוֹנָהּ שֶׁל אוֹתוֹ יוֹמָא דְשׁוּקָא בְּעַצְמוֹ, אֶלָּא שֶׁכָּל
אֶחָד מֵהֶם נִגְלִין לוֹ בּוֹ פְּרָטִים אֲחֵרִים הַנּוֹגְעִים לַעֲסָקָיו:
הֶחָרָשׁ, הַצּוֹרֵף וְהַסַּנְדְּלָר, הַחֶנְוָנִי וְהַסַּרְסוּר וְכוּ', כָּל אֶחָד
וְאֶחָד רוֹאֶה וְשׁוֹמֵעַ וְלוֹמֵד שָׁם מֵעֲסָקָיו, מְלַאכְתּוֹ וּפַרְנָסָתוֹ
הַשּׁוֹלְטִים בְּלִבּוֹ מִלִּין אוֹתוֹ תָּדִיר; וְאַף־עַל־פִּי שֶׁבְּאוֹתָהּ
שָׁעָה אֵין בְּלִבָּם אֶלָּא לְטַיֵּל, דְּהַיְנוּ לְהָנֵפֶשׁ מִמְּלַאכְתָּם
וּלְהַסִּיחַ דַּעַת מִכָּל עִסְקֵיהֶם.

מג) וְעַל־כֵּן, כָּל מִדָּה וּמִדָּה בַּשָּׁבוּעַ שֶׁלָּהּ פּוֹעֶלֶת מְאֹד
בְּגוּף הַמִּתְחַנֵּךְ וּמַשְׁפַּעַת עַל כָּל מַחְשְׁבוֹתָיו. וְאִם בַּעַל־נֶפֶשׁ
הוּא, נוֹחַ לוֹ לְגַלּוֹת אָז אֵיזוֹ דִקְדּוּקִים וּפְרָטִים חֲדָשִׁים
בָּעִנְיָנִים הַנּוֹגְעִים לְאוֹתָהּ מִדָּה. עַל־כֵּן טוֹב וְיָשָׁר הַדָּבָר
לְלַקֵּט חִדּוּשִׁים אֵלּוּ מִדֵּי שָׁבוּעַ בְּשָׁבוּעַ, עַד תֹּם כָּל הַי"ג
מִדּוֹת, וְאַחַר־כָּךְ יַחֲזֹר וְיַעֲבֹר עַל הַחִדּוּשִׁים שֶׁבְּכָל מִדָּה וּמִדָּה
בַּשָּׁבוּעַ שֶׁלָּהּ בַּתְּקוּפָה הַשֵּׁנִית, בִּכְדֵי לְצָרֵף אוֹתָם וּלְהוֹסִיף
עֲלֵיהֶם עוֹד, וְכֵן יַחֲזֹר וִישַׁלֵּשׁ עוֹד וְכוּ' מֶשֶׁךְ כָּל שְׁנוֹת
חִנּוּכוֹ, וְיִצְמַח מִזֶּה יַלְקוּט יָקָר, בְּעֵזֶר הַשֵּׁם יִתְבָּרַךְ, לְתוֹעֶלֶת
עַצְמוֹ לַיָּמִים הַבָּאִים, אוֹ עַל־כָּל־פָּנִים לִבְנֵי־גִילוֹ הַגָּאוֹתִין
בְּעַצְתוֹ.

מד) נִתְבָּרֵר לְעֵיל, שֶׁהַחַבְרוּתָא טוֹבָה מְאֹד לָעֵסֶק
הַחִנּוּךְ. וְכָל־שֶׁכֵּן לְאִישׁ וְאִשְׁתּוֹ, שֶׁמִּשְׁתַּתְּפִין בְּכָל לְבָבָם,
בְּכָל נַפְשָׁם וּבְכָל מְאֹדָם; וְלֹא עוֹד אֶלָּא שֶׁהָאִשָּׁה יְכוֹלָה

walking stick between his fingers. However, were he to meet an important person while walking, he would stop playing with his cane, would lower his head and would stop walking with measured steps.

Another example: Towards evening, a group of people return home from work and take a stroll. Each of them sees and hears the hustle and bustle of the same market day, but each one of them — the artisan, the smith, the shoemaker, the storekeeper and the agent — assimilates only those details which concern his personal affairs. Each of them sees and hears what affects him. His work and his livelihood accompany him always — even though they all seem to simply be taking a walk and all seem to be resting from their labors and thinking about other things.

43. In the same manner, every trait in the week devoted to its improvement, is extremely active in the person undergoing this regimen and influences all of his thoughts. If he is sensitive, he can utilize this preoccupation to gain new insights into the trait. It is therefore desirable to collect these insights every week — for each of the 13 traits — and then review them when he begins the cycle again in the next season so that he can add fresh insights. He should repeat this each time he begins a new cycle so that by the end of the period of character improvement, he will have a precious collection of insights which will benefit him in the future, or at least help others who seek his counsel.

44. We previously explained that this discipline is best undertaken in partnership with someone else. This is surely true of a husband and wife whose cooperation is "with all their hearts, with all their souls and with all their might." One's wife can provide him with the most severe

לְהָבִיא לִידֵי נִסָּיוֹן הַיּוֹתֵר קָשֶׁה וְהַיּוֹתֵר מַתְמִיד, שֶׁאִי אֶפְשָׁר
לְהִפָּלֵט וְלֹא לְהִשָּׁמֵט מִפָּנָיו כָּל יְמֵי חַיָּיו. וּמִי שֶׁאִשְׁתּוֹ
מְכַשֶּׁרֶת לְקַבֵּל מוּסָר — אָז אֵין לְךָ אוֹהֵב נֶאֱמָן וְאָח יוֹתֵר
דָּבוּק מִמֶּנָּה, דְּנִיחָא לֵהּ וּשְׁכִיחָא לֵהּ בְּכָל זְמַן וְעִדָּן. וּבִשְׂכַר
עֲמָלוֹ וְהַתְמָדָתוֹ טָרְחוֹ לְהַשִּׂיא אוֹתָהּ לְחַנְּכוֹ, יִזְכּוּ לְהִשְׁתַּתֵּף
גַּם־כֵּן שְׁנֵיהֶם לְגַדֵּל בָּנִים לַעֲבוֹדָתוֹ יִתְבָּרַךְ. אֶלָּא שֶׁעַל־פִּי־רֹב
אֵין הַנָּשִׁים יְכוֹלוֹת לִפְנוֹת לִבָּן לְכָךְ כָּרָאוּי, מֵחֲמַת טֹרַח
עִסְקֵי הַבַּיִת וְטִפּוּל הַתִּינוֹקוֹת, לְכָךְ טוֹב לְבַקֵּשׁ לוֹ גַּם חָבֵר
נֶאֱמָן לְהִתְוַעֵד וּלְהִתְיָעֵץ עִמּוֹ עַל־כָּל־פָּנִים לְיוֹם הַחֶשְׁבּוֹן
פַּעַם אַחַת בַּשָּׁבוּעַ.

מה) "טוֹבִים הַשְּׁנַיִם מִן הָאֶחָד וְגוֹ', כִּי אִם יִפֹּלוּ וְגוֹ'"
(קהלת ד) — אָתֵי נָמֵי לְמַעוּטֵי שְׁלֹשָׁה וְיוֹתֵר, לְפִי
שֶׁהַמַּקְהֵלוֹת עֲלוּלוֹת מְאֹד לְהִתְקַלְקֵל; שֶׁאַף־עַל־פִּי שֶׁכַּוָּנַת
אוֹתָהּ הַכְּנוּפְיָא בַּתְּחִלָּה הִיא לְהִסְתַּיֵּעַ בְּעֶזְרַת אֲנָשִׁים רַבִּים
לְדָבָר טוֹב, מִכָּל מָקוֹם תֵּכֶף כְּשֶׁמַּתְחִילִין לְהַצְלִיחַ בְּמַהֲלָכָם
בַּדֶּרֶךְ הַיְשָׁרָה, נִטְפָּלִים אֲלֵיהֶם חֲבֵרִים חֲדָשִׁים מִיּוֹם לְיוֹם,
עַד שֶׁאִי אֶפְשָׁר לִבְחֹר בָּהֶם לְקָרֵב אֶת זֶה וְלִדְחוֹת אֶת זֶה,
מִפְּנֵי הַקִּנְאָה; אַחַת אַחַת צוֹמְחוֹת בֵּינֵיהֶם פֵּרוּד הַלְּבָבוֹת,
וְתַקָּלוֹת קְצָרוֹת וַאֲרֻכּוֹת, וְאַחַר־כָּךְ — מִכְשׁוֹלוֹת, קְטָטוֹת
וּפְאָצוֹת, רַחֲמָנָא לִצְּלָן; מַה שֶּׁאֵין כֵּן בְּחָבֵר טוֹב, שֶׁהַדָּבָר קַל
לִמְצֹא לוֹ אָדָם יָשָׁר וְכָשֵׁר אֶחָד לְהִתְחַבֵּר עִמּוֹ לִפְרָקִים.

מו) וְיוֹתֵר טוֹב לְבַקֵּשׁ עוֹד לוֹ רַב לְשַׁמֵּשׁ לְפָנָיו וּלְקַבֵּל
מִמֶּנּוּ עֵצוֹת טוֹבוֹת, וּמַה גַּם קֹדֶם פְּטִירָתוֹ, לְקַבֵּל מִמֶּנּוּ אֵיזוֹ
אַזְהָרוֹת, שֶׁמִּתּוֹךְ שֶׁהוּא זוֹכֵר אֶת רַבּוֹ הֶחָבִיב לוֹ, הוּא נִזְכָּר
גַּם־כֵּן בְּמוּסָרָיו וּמִשְׁתַּמֵּשׁ בְּעֵצוֹתָיו. וְאָמְנָם לְפִי שֶׁרָחוֹק
הַדָּבָר לִמְצֹא רַב הָגוּן בְּכָל דְּרָכָיו, לְכָךְ יוֹתֵר טוֹב לְבַקֵּשׁ לוֹ

and continuous testing [of his improvement] — a test that cannot be escaped or ignored for as long as one lives. As to one whose wife is willing to accept *mussar*; there can be no more loving and faithful partner, for she is always available and always amenable. As reward for his toil and efforts to include her in this discipline, they shall both merit raising children to His service. In most cases, however, women are not in a position to free their minds from their housekeeping and child rearing responsibilities. Therefore, it is a good idea to seek a loyal friend with whom to speak and seek advice from — at least for the one day a week when he makes his accounting.

45. The verse *(KOHELES* 4:10) states: *Two are better than one; if they fail, then one will raise his friend.* This verse can also be taken to exclude three or more people undertaking the discipline together, for too large a group can spoil things. Even though their original intent was to utilize the group as a means of furthering their good intentions, invariably, when they begin to succeed in the discipline, new people will seek to join them and it will prove impossible to accept some and reject others without causing jealousy to arise. Little by little, disagreements will begin between them, then short or long disruptions, and then impediments, quarrels and fights, God forbid. This is not true if one chooses one good friend, and it is not difficult to find one righteous and honest person with whom one can occasionally consult.

46. Even more preferable is to seek a rabbi whom one can serve and from whom one can seek counsel. How much more important is it to be able to hear his exhortations before his passing. By recalling a beloved rabbi, one recalls his words of *mussar* and makes use of his advice. However, since it is difficult to find a rabbi who is perfect

מוֹרֶה פְּלוֹנִי לְכַמָּה וְכַמָּה מִדּוֹת יְדוּעוֹת, וּמוֹרֶה פְּלוֹנִי לְצֹרֶךְ
אֵיזוֹ מִדּוֹת אֲחֵרוֹת, יְקַשֵּׁר אֶת עַצְמוֹ הוּא בְּתוֹרַת הַשֵּׁם
לְשָׁמְרוֹ מִן הַטָּעוּת וּלְהַיְשִׁיר כָּל אֹרְחוֹתָיו.

מז) וּמֵאַחַר שֶׁהוֹתִיר לָנוּ הַשֵּׁם יִתְבָּרַךְ שְׂרִידִים, אֲנָשִׁים
יְרֵאִים וּשְׁלֵמִים בְּכָל דּוֹר וּבְכָל מָקוֹם, שֶׁעָמְלוּ כָּל יְמֵיהֶם
בְּמִלְחֶמֶת הַיֵּצֶר בְּכָל כֹּחַ וּבְכָל תַּחְבּוּלָה, וְנִסְתַּיְּעוּ מִן הַשָּׁמַיִם
לְנַצְּחוֹ; עַל־כֵּן רָאוּי וְכָשֵׁר הַדָּבָר, שֶׁיִּתְבּוֹנְנוּ אֲנָשִׁים יְקָרִים
אֵלֶּה בַּיּוֹם הַנְחִילָם אֶת הוֹנָם לִבְנֵיהֶם כְּמוֹתָם, לְהַנְחִיל אוֹתָם
גַּם־כֵּן אוֹתָן הָעָרְמוֹת וְהָעֵצוֹת שֶׁהִמְצִיאוּ כָּל יְמֵי חַיֵּיהֶם
וּלְפַרְסְמָן לִזְכוּת בָּהֶם אֶת הָרַבִּים. וּמִשֶּׁפָּסְקוּ לַעֲשׂוֹת מִצְוֹת
בְּעַצְמָן בְּיוֹם מוֹתָם, יַתְחִילוּ לִהְיוֹת מִן הַמַּעֲשִׂין אֶת אֲחֵרִים.
וְאִם שָׁעָה אַחַת שֶׁל מַעֲשֶׂה יָחִיד בָּעוֹלָם הַזֶּה יָפֶה מִכָּל חַיֵּי
הָעוֹלָם הַבָּא — זְכוּת הָרַבִּים לַדּוֹרוֹת עַל אַחַת כַּמָּה וְכַמָּה.

מח) טוֹב וְנָכוֹן הַדָּבָר לְאִישׁ מַשְׂכִּיל וְיוֹדֵעַ לְאַמֵּן אֶת
יָדָיו, לְחַבֵּר פְּנִינֵי דְבָרִים יְקָרִים הַמְּפֻזָּרִים כֹּה וָכֹה, לַהֲגוֹת
בְּאַגָּדוֹת וּמִדְרָשִׁים וְסִפְרֵי־יְרֵאִים וּלְלַקֵּט מִתּוֹכָם עֵצוֹת טוֹבוֹת
בְּכָל מִדָּה וּמִדָּה, וּלְתַקְּנָם בְּאֹפֶן נָאוֹת לִבְנֵי גִילוֹ וְדוֹרוֹ, בִּכְדֵי
לְהָקֵל חֻנְכָם עַל חוֹלֵי הַנְּפָשׁוֹת, כְּגוֹן עֵצָה לְמַחֲשָׁבוֹת זָרוֹת
(סִימָן יז) וְכֵן עֵצָה לְהִרְהוּרֵי עֲבֵרָה (סִימָן קח), וְכֵן כָּל כַּיּוֹצֵא
בָהֶן.

מט) לְפִי שֶׁהַמּוּסָר בְּלֹא עֵצָה אֵינוֹ מַסְפִּיק כְּלָל, דְּלָאו
בְּכָל שַׁעֲתָּא מִתְרַחִישׁ שֶׁתְּהֵא הַנֶּפֶשׁ הַבַּהֲמִית נִשְׁמַעַת לַעֲצַת
הַנְּשָׁמָה הַמַּשְׂכֶּלֶת, וַאֲפִילוּ בְּשָׁעָה שֶׁהִיא מְכַבֶּרֶת דְּבָרֶיהָ
כַּשֶּׁמֶשׁ בַּחֲצִי הַיּוֹם. דֶּרֶךְ מָשָׁל: מִי שֶׁעוֹמֵד בְּרִחוּק שְׁמוֹנָה

in all his ways, it is better to seek one teacher for a few specific character traits and another teacher for other traits and bind himself to God's Torah to safeguard himself from error and to straighten all his ways.

47. God has left us a few remnants — a few God fearing and perfect people in each generation and place — who have spent their entire lives battling their inclinations with all their strength and cunning, meriting success through Heaven's assistance. It is therefore fitting that these people, when bequeathing their wealth to their children at their passing, should bequeath the strategies and counsel which they developed and publicize them for the good of everyone. Though they will have ceased to fulfill mitzvos on their own on the day of their death, they can begin to be catalysts for others. If an hour of an individual's good deeds in this world is greater than all of the life in the World to Come, then the merit of having an entire community perform good deeds for generations [due to one's influence] is surely greater.

48. It is both good and correct for an intelligent person to train himself to collect the pearls of wisdom that are scattered in many places. One should study the *aggados*, the *midrashim* and the works of those who fear God, so as to collate efficacious advice regarding each character trait. He should arrange them in a suitable manner for use by his contemporaries, so that he can ease their efforts of curing their souls by offering advice for dealing with foreign thoughts or thoughts of sinning, and similar things.

49. *Mussar* without counsel is insufficient, for one can not expect the animal spirit to be consistently willing to obey the advice of the intellectual spirit — even when the latter's advice is as "clear as the sun at noon." For

אֵמוֹת אֲחוֹרֵי קָנֶה הַשְּׂרֵפָה בְּשָׁעָה שֶׁרוֹצִין לְהַבְעִיר בָּהּ אֶת
הַפְּתִילָה, וְהוּא נִמְלָךְ בַּעֲצַת הַנֶּפֶשׁ הַמַּשְׂכֶּלֶת לְהִתְרַחֵק מִמֶּנָּה
עוֹד אַרְבַּע אַמּוֹת לְמַעֲרָב, בְּעוֹד שֶׁהוּא מְדַקְדֵּק לִרְאוֹת שְׂפִיָּה
מִכָּאן לְמִזְרָח — אַף־עַל־פִּי־כֵן נִטֶּלֶת מִמֶּנּוּ דֵעָה וְהַשְׂכֵּל עַל־
יְדֵי הַבְּהָלָה, וְהוּא נִזְדַּקֵּר לְאָחוֹר כְּאִישׁ מְשֻׁגָּע, עַל־יְדֵי רוּחַ
בַּהֲמִיּוּתוֹ אַחַר־כָּךְ בְּשָׁעָה שֶׁהִיא פּוֹקַעַת.

אֲפִלּוּ תִּינוֹקוֹת שֶׁל
בֵּית־רַבָּן יוֹדְעִין שֶׁסּוֹף הָאָדָם לָמוּת, שֶׁהַכֹּל בִּידֵי שָׁמַיִם, ה'
נָתַן וַה' לָקָח — אֶלֶף דִּבְרֵי תַנְחוּמִין בְּרוּרִים כַּשֶּׁמֶשׁ כְּאֵלֶּה,
וּמִכָּל מָקוֹם אֲפִלּוּ חָכָם וְנָבוֹן, אָזְנֵי נֶפֶשׁ בַּהֲמִיּוּתוֹ אֲטוּמוֹת
וּמְחוּ מְטַמְטְם בְּשָׁעָה שֶׁמֵּתוֹ מוּטָל לְפָנָיו.

וְהַכֹּל מוֹדִיעִין
לִשְׁכּוֹר אֶת קְלוֹנוֹ וְקִלּוֹן מִשְׁפַּחְתּוֹ וּפְגַם גּוּפוֹ וְנִשְׁמָתוֹ וְכוּ',
וְהוּא שׁוֹמֵעַ וּמוֹדֶה לְדִבְרֵיהֶם, אֶלָּא שֶׁאֵין יְכֹלֶת בְּלִבּוֹ עוֹד
לָשׁוּב מִדְּרָכָיו, עַד שֶׁהוּא מוֹאֵס כָּל מוּסָר, אוֹטֵם אָזְנוֹ וּבוֹרֵחַ
מִן הַתּוֹכָחוֹת. לָכֵן הָעִנְיָנִים הַקַּדְמוֹנִים שֶׁבְּאֶרֶץ לַאקאנְיַע הָיוּ
אוֹנְסִים אֶת עַבְדֵּיהֶם לִשְׁתּוֹת וּלְהִשְׁתַּכֵּר בְּיוֹתֵר, עַד שֶׁיֵּקִיאוּ
וְיִתְגַּוְּלוּ מְאֹד לְעֵינֵי בְּנֵיהֶם, שֶׁעַל־יְדֵי־כָךְ יִתְחַנְּכוּ הֵם לְמָאֵס
אֶת הַשִּׁכְרוּת מִנְּעוּרֵיהֶם.

וַאֲפִלּוּ בָּרְפוּאוֹת הַגּוּפָנִיּוֹת אִיתָא
נַמֵּי דַּגְמָאוֹת טוֹבָא, שֶׁצָּרִיךְ הָרוֹפֵא לְהִתְחַכֵּם בְּכָל הִתְפַּעֲלוּת
כֵּיצַד לְמַתֵּק, לְהוֹעִיל וּלְהָקֵל סַמְמָנֵי הָרְפוּאוֹת הַיְקָרִים
וְהַמְרוֹרִים בְּיוֹתֵר וּשְׁאָר תְּרוּפוֹת הַקָּשׁוֹת, בִּכְדֵי שֶׁיּוּכְלוּ
הַחוֹלִים הָאִיסְטְנִיסִים וְהַיְלָדִים לַעֲמֹד בָּהֶם, וְכֵיצַד לְהַמְצִיא
אוֹתָם בְּדָמִים מוּעָטִים לְחוֹלִים עֲנִיִּים, דְּאִי לָאו הָכִי, כָּל צֳרִי
גִלְעָד לֹא יוֹעִילוּ וְלֹא יַצְלִיחוּ לְמִי שֶׁאֵינוֹ יָכוֹל לְהִשְׁתַּמֵּשׁ
בָּהֶם;

example: If a man is standing eight steps behind the barrel of a cannon about to be fired, his intellectual spirit advises him to be cautious and move back four more steps, and to move away from the direction that the gun is aimed. Nevertheless, when the gun is actually fired, his animal spirit causes him to jump back in fright, even though his intellectual spirit has already taken all of the precautions necessary to insure that he not be injured.

Even children know that all men are destined to die, that everything is in the hands of God, that God gives and God takes — thousands of such consoling remarks which are completely logical. Yet even wise and sagacious men find that the ears of their animal spirits are blocked and their intellect clouded when faced with death.

Everyone apprises the alcoholic of the shame he brings to himself and to his family, of the damages he causes his body and soul. He listens and agrees with all that they say, but he is powerless to change his ways and he therefore rejects all reproof, closes his ears and flees from all chastisement. The ancient Greeks in the land of Laconia [Sparta] would force their slaves to drink until they vomited and thereby became disgusting to their children who would thus, while still young, be cured of all desire to become intoxicated.

In the healing of the body there are also many parallels. Doctors must devise ingenious methods to sweeten bitter drugs, to make them less costly and more palatable so that they can be used to treat the delicate, children or the poor. Were they not to do so, then even the balms of Gilead [i.e., the most effective drug — *see YIRMEYAHU* 8:22 *and* 46:11] would be of no avail if no one used them.

עַל אַחַת כַּמָּה וְכַמָּה לִרְפוּאוֹת הַנֶּפֶשׁ, שֶׁצָּרִיךְ לְבַקֵּשׁ
וּלְהַמְצִיא תַּחְבּוּלוֹת רַבּוֹת מְאֹד בִּכְדֵי לְהַסְפִּיק לְכָל מִינֵי
חוֹלֶה וּלְכָל מִינֵי מַחֲלָה כָּל־כָּךְ שֶׁאֶפְשָׁר. וְהִנֵּה הֶאֱרַכְנוּ
בְּהַגָּהוֹת מְרֻבּוֹת שֶׁאֵין בְּכֻלָּם תּוֹעֶלֶת לַכֹּל, אֶלָּא שֶׁהַמְעַיְּנִים
יִבְרְרוּ לָהֶם אִישׁ אִישׁ חֶלְקוֹ, אֲבָל כְּדַאי הֵם הַדְּבָרִים,
שֶׁכְּבוֹדוֹ שֶׁל אָדָם וְחַיָּיו וְכוּ׳.

How much more is this true when the subject is the healing of the soul. One must devise and seek strategies for as many kinds of patients and as many types of illnesses as possible. We have elaborated with many suggestions, not all of which may be useful for everyone. Each reader should choose that which he finds appropriate. But all these things must be said, for man's honor and life depend upon them.

הַקְדָּמָה לי"ג פְּרָקִים

נ) הַנֶּפֶשׁ הַבַּהֲמִית, בְּשָׁעָה שֶׁהִיא שְׁקֵטָה מִכָּל נִדְנוּד רוּחַ
תַּאֲוָה אוֹ צַעַר, אֲזַי אֵין לָהּ אֶלָּא מַהֲלַךְ הַקָּבוּעַ שֶׁל חִלּוּף
הָרַעְיוֹנוֹת כַּנַּ"ל בִּלְבָד — מַהֲלָךְ זֶה נִקְרָא "מַהֲלַךְ הָעַצְלוּת",
עַל שֵׁם שֶׁהוּא מִתְהַלֵּךְ מֵאֵלָיו תָּדִיר בְּלִי שׁוּם כֹּחַ וָטֹרַח כְּלָל;
וְאִי יְכָלְתָּהּ הִיא הַנֶּפֶשׁ הַשִּׂכְלִית לְעַכְּבוֹ אוֹ לְשַׁנּוֹתוֹ כְּחֶפְצָהּ
עַל־יְדֵי גְּבוּרַת הָרָצוֹן שֶׁלָּהּ. אָכֵן אֵין כֹּחָהּ הַזֶּה מַסְפִּיק לִכְבֹּשׁ
אוֹתוֹ אֶלָּא מֶשֶׁךְ זְמַן מוּעָט, לְפִי שֶׁהִיא מִתְחַלֶּשֶׁת וְהוֹלֶכֶת
עַל־יְדֵי הַטֹּרַח הַהוּא עַד שֶׁמִּתְיַגַּעַת לְגַמְרֵי, וְאָז חוֹזֵר מַהֲלַךְ
הָעַצְלוּת וְשָׁב לְאֵיתָנוֹ הָרִאשׁוֹן.

נא) לְמַעְלָה מִמֶּנָּה — רוּחַ הַתַּאֲווֹת, שֶׁהַנֶּפֶשׁ הַבַּהֲמִית
נוֹדֶדֶת מִפָּנֶיהָ תֵּכֶף כְּעָלֶה נִדָּף כַּנַּ"ל, דְּהַיְנוּ שֶׁמַּהֲלַךְ הָעַצְלוּת
מִתְעַכֵּב אוֹ מִשְׁתַּנֶּה עַל־יְדֵי רוּחַ כָּל־דְּהוּא. הִלְכָּךְ כְּשֶׁעוֹלֶה
בִּרְצוֹן נֶפֶשׁ הַמַּשְׂכֶּלֶת לִכְבֹּשׁ אֲפִלּוּ אֵיזוֹ תַּאֲוָה קְטַנָּה מְאֹד,
מִכָּל מָקוֹם טָרְחָהּ מְרֻבֶּה מִטֹּרַח כְּבוּשׁ מַהֲלַךְ הָעַצְלוּת בִּלְבָד,
וְעַל־כֵּן הִיא מִתְיַגַּעַת בִּמְהֵרָה יוֹתֵר, לְפִי שֶׁהָרוּחַ הַבַּהֲמִי הוּא
מִתְנַגֵּד יוֹתֵר חָזָק מִן הָעַצְלוּת לְבַד כַּנַּ"ל. וְאִלּוּ הָיָה טֶבַע
הָרוּחוֹת (שֶׁל תַּאֲוָה אוֹ צַעַר) לְהַתְמִיד אֶת תְּנוּעָתוֹ בְּמַהֲלַךְ
הָרַעְיוֹנוֹת, אֲזַי לֹא הָיָה כֹּחַ בַּיֵּצֶר טוֹב לְנַצֵּחַ שׁוּם תַּאֲוָה כָּל־
שֶׁהִיא אֲפִלּוּ הַיּוֹתֵר קְטַנָּה; אֶלָּא שֶׁמִּשֶּׁמַּת שֶׁהָרוּחוֹת אֵינָן
שׁוֹלְטוֹת אֶלָּא זְמַן־מָה, לְפִיכָךְ יֵשׁ כֹּחַ בַּנֶּפֶשׁ הַשִּׂכְלִית
לְהִתְגַּבֵּר עֲלֵיהֶן כְּשֶׁהֵן חֲלוּשׁוֹת וּקְצָרוֹת, עַל־כֵּן יֻכְלֵנוּ לְנַצֵּחַ
כָּל מִינֵי רוּחוֹת חֲלוּשׁוֹת בְּמָקוֹם שֶׁאֶפְשָׁר לָסוּר וּלְהִתְרַחֵק

PREFACE TO THE THIRTEEN CHAPTERS

50. When the animal spirit is free from any stirrings brought on by desires or pain, then it experiences only the regular flow of thought as we noted earlier. This mode is referred to as the "mode of sluggishness" in that it is self-generating and requires no effort or strength. It is then that the intellectual spirit can interrupt or change the actions of the animal spirit to fulfill its desires by exerting the force of its will. However, its ability to do so is limited, for its strength to subdue the animal spirit wanes through its exertion until that strength is entirely depleted. Then, the "mode of sluggishness" reasserts itself with its original vigor.

51. More intense is the sensation of desire which moves the animal spirit with the ease of a wind-blown leaf. The "mode of sluggishness" in which the animal spirit languishes is interrupted or changed by the smallest sensation. Hence, when the intellectual spirit seeks to overcome even a minute desire, it must exert an effort even greater than that required to subdue the "mode of sluggishness" alone. It therefore becomes exhausted more quickly since the animal spirit's desires are more resistant to change than is its "mode of sluggishness." Were the nature of the sensations of desire or pain more persistent in remaining within the animal spirit's thoughts, then the *yetzer ha-tov* would not have the strength to subdue even the smallest desire. However, since sensations only last for a brief period, the intellectual spirit has the ability to overcome them, provided that they are weak and brief. Thus, we can overcome all sorts of weak sensations by distancing ourselves from

מִמָּקוֹם הַגֶּרְמָא שֶׁנִּתְעוֹרֵר עַל-יָדָהּ הָרוּחַ. דֶּרֶךְ מָשָׁל: נָזִיר שֶׁרוֹאֶה אֶת הַיַּיִן בַּיּוֹם הָרִאשׁוֹן לְנִזְרוֹ — מִסְתַּלֵּק לוֹ וְהוֹלֵךְ וְרוּחַ תַּאֲוָתוֹ פּוֹסֶקֶת.

נב) וְאָמְנָם גַּם הָרוּחוֹת הַחֲזָקוֹת הֵן עַל-פִּי-רֹב נוֹחוֹת מְאֹד בִּתְחִלָּתָן. כִּי הִנֵּה הַנֶּפֶשׁ הַבַּהֲמִית אֵינָהּ רוֹאָה אֶלָּא בְּסָמוּךְ, כַּנִּזְכָּר לְעֵיל; וְכָל זְמַן שֶׁהַרְגָּשַׁת הַגֶּרְמָא שֶׁלָּהּ רְחוֹקָה קְצָת, אֲזַי אֵינֶנָּה יְכוֹלָה עֲדַיִן לְהָשִׁיב אֶת רוּחָהּ בְּזַעַף. וְעַל-כֵּן בִּמְקוֹמוֹת שֶׁיְּכוֹלִין לְהִסְתַּלֵּק מִפְּנֵי הַגֶּרְמָא, יְכוֹלָה הִיא הַנֶּפֶשׁ הַשִּׂכְלִית הָרוֹאָה מֵרָחוֹק לְנַצֵּחַ בְּכֹחַ אֶת הַתַּאֲווֹת הַיּוֹתֵר קָשׁוֹת בְּקַטְנוּתָן בַּתְּחִלָּה, וְכָל-שֶׁכֵּן שֶׁיְּכוֹלָה לְהִפָּטֵר מֵהֶם אֲפִלּוּ בְּלֹא טֹרַח כְּלָל, בְּעוֹד שֶׁלֹּא נִגְלוּ עֲדַיִן לְעֵינֵי בְּשַׂר הַבַּהֲמִי.

וּמִפְּנֵי שֶׁהַדָּבָר מָצוּי, שֶׁנִּגְלֵית הַרְגָּשַׁת אֵיזוֹ גֶרְמָא לְעֵין הָרוֹאֶה פִּתְאֹם וּבְסָמוּךְ מְאֹד, וּמְעוֹרֶרֶת הָרוּחַ בְּכָל תָּקְפּוֹ תֵּכֶף. וַהֲרֵי יֵשׁ לָךְ גַּם סְעָרוֹת וְנִסְיוֹנוֹת, שֶׁכֹּחַ גּוּפָנִיּוּתֵיהֶם גָּדוֹל כִּפְלֵי-כִפְלַיִם מִגְּבוּרַת הָרָצוֹן; וְלֹא עוֹד אֶלָּא שֶׁאֵין הַיֵּרִידִין מְצוּיִין כָּל-כָּךְ בַּדּוֹרוֹת שֶׁלָּנוּ לְקַדֵּם אֶת הַיֵּצֶר בְּעוֹד שֶׁהַשָּׁעָה מַכְשֶׁרֶת לְכָךְ, וּמַה גַּם שֶׁכֹּחַ הָרָצוֹן בְּעַצְמוֹ קָטָן מְאֹד כַּנַּ"ל. לְפִיכָךְ הָיִינוּ כִּכְלִי אוֹבֵד מִפְּנֵי יֵצֶר הַתַּאֲווֹת, לוּלֵא רַחֲמֵי הַשֵּׁם יִתְבָּרַךְ עָלֵינוּ, שֶׁהוֹתִיר לָנוּ מָנוֹס עוֹד עַל-יְדֵי מְלֶאכֶת הַחִנּוּךְ.

נג) וּבִכְדֵי לְהָבִין לְהַבְּין דָּבָר זֶה עַל בֻּרְיוֹ, צָרִיךְ לְהִתְבּוֹנֵן תְּחִלָּה, שֶׁכָּל הַרְגָּשָׁה קַלָּה שֶׁבַּקַּלּוֹת שֶׁמִּשְׁתַּכַּחַת מִן הַלֵּב אֲפִלּוּ בְּאוֹתָהּ רֶגַע עַצְמָהּ, מִכָּל מָקוֹם אֵין זִכְרָהּ אוֹבֵד מִן הַנֶּפֶשׁ הַבַּהֲמִית לְגַמְרֵי, אֶלָּא לְעוֹלָם מִשְׁתַּיֵּר אַחֲרֶיהָ רְשִׁימָה קְטַנָּה בְּכֹחַ הַזִּכָּרוֹן; וּכְשֶׁמִּתְחַדֶּשֶׁת הַרְגָּשָׁה זֹאת בַּנֶּפֶשׁ פַּעַם

the source activating the sensation. For example: If a *nazir* sees wine on the first day of assuming his *nezirus*, he can distance himself from the wine and thereby cause his sensation of desire to disappear.

52. Even the strongest sensations are, for the most part, weak at first. As we already noted, the animal spirit sees only that which is in its proximity. Therefore, as long as the generating source of the desire is somewhat removed, the animal spirit is incapable of violently arousing itself to seek the desire. Consequently, when it is possible to remove oneself from the source of the sensation, the intellectual spirit which can see ahead, can overcome the strongest desires by dealing with them in their first stages. It can surely discard them completely — without exertion — if the animal spirit is still unaware of them.

However, the generating source of the desire frequently presents itself suddenly and in proximity, immediately generating a sensation of desire in all its intensity. Moreover, there are storms and trials [to which man is subjected] which are physically more powerful than the strength of the intellectual spirit's will. Finally, our generations are not blessed with people who have the zeal to deal with their inclinations when the time is still ripe. Additionally, the power of our will is minimal. Because of all these factors, we would be powerless to deal with our desires were it not for the mercy of Heaven, which has provided us with an escape through the regimen of discipline.

53. To fully understand this, one must realize that even the slightest sensation which is forgotten by the heart — even if it is immediately forgotten — is not erased from the animal spirit. It always leaves a trace within the

שֵׁנִית, אֲזַי מִצְטָרֶפֶת הָרְשִׁימָה הַיְשָׁנָה עִמָּהּ וּמוֹסִיפָה עָלֶיהָ
בְּמַשֶּׁהוּ. וְכֵן בְּכָל פַּעַם שֶׁהַהַרְגָּשָׁה הַהִיא חוֹזֶרֶת לְהִגָּלוֹת, אֲזַי
מִצְטָרְפִין אֵלֶיהָ כָּל הַמַּשֶּׁהוּיִין שֶׁל רְשִׁימוֹת הַקּוֹדְמוֹת. וּמִכָּאן
תָּבִין עִנְיַן כֹּחַ הַהֶרְגֵּל לְחַזֵּק הַהַרְגָּשׁוֹת הַיּוֹתֵר קַלּוֹת, וְהֵיאַךְ
הוּא מוֹלִיד הַתַּאֲוָה הַמְלֻמֶּדֶת הַנַּ"ל בַּנֶּפֶשׁ הַבַּהֲמִית, שֶׁהוֹלְכִין
וּמִתְחַזְּקִין עַל־יְדֵי הַהֶרְגֵּל הָאָרֹךְ יוֹתֵר וְיוֹתֵר עוֹד.

נד) וְכָל זֶה לֹא מַיְרֵי אֶלָּא בִּפְעוּלוֹת נֶפֶשׁ הַבַּהֲמִית
גְּרֵידָא, שֶׁאֵינָן אֶלָּא כְּמִתְעַסֵּק בְּעָלְמָא, וְנִקְרָאִים "מַעֲשֵׂה
הַהֶרְגֵּל", אוֹ תַּאֲוָה מְלֻמֶּדֶת כְּסוּמָא בָּאֲרֻבָּה. אָמְנָם הַנְּשָׁמָה
הַשִּׂכְלִית יְכוֹלָה לְחַדֵּשׁ בַּנֶּפֶשׁ הַבַּהֲמִית הֶרְגֵּלִים שׁוֹנִים
לְכַוָּנוֹת מְיֻחָדוֹת, וּלְהַאֲרִיךְ אוֹתָן בְּאֹפֶן שֶׁיֵּצְאוּ מֵהֶן תּוֹעֲלִיּוֹת
שׁוֹנוֹת. דֶּרֶךְ מָשָׁל: כְּשֶׁמַּנִּיחִין כְּלֵי־זֶמֶר שֶׁמְּנַגְּנִין מֵאֲלֵיהֶם
בַּחֶדֶר הַצְּפָרִים לְלַמְּדָם נְגִינוֹת בְּנֵי־אָדָם, אוֹ כְּלֵי הַדִּבּוּר,
לְלַמְּדָם בִּטּוּי אֵיזוֹ תֵּבוֹת וְכַיּוֹצֵא בָּזֶה — הִנֵּה אוֹתָן
הַהֶרְגֵּלִים הַמְסֻדָּרִים בְּכַוָּנָה עֵצַת הַשֵּׂכֶל, נִקְרָאִים "חִנּוּכִים".
אָכֵן לִמּוּד מַעֲשֵׂי הַחִנּוּכִים בִּכְדֵי לְהוֹצִיא מֵהֶן תּוֹעֶלֶת עַל צַד
הַיּוֹתֵר טוֹב, הִיא הִיא הַחָכְמָה הַנִּקְרֵאת מְלֶאכֶת הַחִנּוּךְ,
הַנִּזְכֶּרֶת לְעֵיל.

נה) וְיֵשׁ לְדַקְדֵּק עוֹד בַּמֶּה שֶׁנִּתְבָּאֵר לְעֵיל מֵעִנְיַן
הַהַרְגָּשׁוֹת הַקַּלּוֹת, שֶׁמִּתְחַזְּקוֹת וְהוֹלְכוֹת עַל־יְדֵי צֵרוּף
רְשִׁימוֹתֵיהֶן, דְּלָאו דַּוְקָא הָרַגָּשָׁה מַמָּשׁ, אֶלָּא אֲפִלּוּ כָּל דְּמוּת
הָרַגָּשָׁה וְצִיּוּר בַּנֶּפֶשׁ מַשְׁיְרִין אַחֲרֵיהֶן רְשִׁימוֹת שֶׁמִּצְטָרְפִין
וְהוֹלְכִין עִמָּהֶן תָּמִיד וּמַעֲלִין אוֹתָן כָּל־כָּךְ, עַד שֶׁיְּכוֹלִין
לְהֵעָשׂוֹת גָּרְמָא לְרוּחוֹת קָשׁוֹת כַּנַּ"ל. וְהוּא הַדִּין נַמֵּי בְּכֹחוֹת
קְטַנּוֹת הַבְּטֵלוֹת לְגַבֵּי גְּדוֹלוֹת שֶׁכְּנֶגְדָּן, שֶׁאַף־עַל־פִּי שֶׁהֵן

faculty of memory. If this sensation repeats itself, that remaining trace combines itself with the new sensation and adds somewhat to the intensity. Each time the sensation is experienced, all of the traces left within the animal spirit's memory are recalled. You can thus understand the power that long term habit exerts in intensifying even weak sensations and how it creates an increasingly strong, learned desire within the animal spirit.

54. All that we have said refers only to the automatic activities of the animal spirit— what we refer to as "habitual activity" — or learned desires which are similar to the groping of a blind man in a chimney. The intellectual spirit, however, possesses the ability to generate habits within the animal spirit to serve its specific purposes and can adjust their duration to accomplish its goals. For example: Wind pipes can be left inside a bird cage to teach a bird to produce musical notes, or by speaking to them, they can imitate certain expressions. This type of conditioning of the animal spirit by the intellectual spirit is a form of disciplining. When this type of conditioning is utilized to derive a positive end, we refer to this as conditioned disciplining.

55. The following should be noted regarding the traces of sensation that are left in the memory and which are reinforced each time the sensation is repeated as we previously explained. The accumulation of traces within the memory applies to images as well as to physical sensations. They too leave traces which are reinforced each time they are experienced and can become so evocative, that they can themselves stir the animal spirit. The same is true of seemingly inconsequential experiences which seem to be completely overwhelmed

נִתְבַּטְלוּ, מִכָּל מָקוֹם רְשִׁימוֹתֵיהֶן אֵינָן בְּטֵלוֹת, וְהֵן חוֹזְרִין וְנֵעוֹרִין בְּכָל פַּעַם וּמוֹסִיפִין אַחַת אַחַת הַדִּיּוֹקָן הָרִאשׁוֹן שֶׁמִּמֶּנּוּ נִרְשָׁמוּ. לְפִיכָךְ יְכוֹלִין כֹּחוֹת קְטַנּוֹת שֶׁבְּקַטְנוּת לְגַדֵּל מְאֹד עַל־יְדֵי הַהֶרְגֵּל הָרָצוּף, וּלְהִתְחַזֵּק לְנַצֵּחַ הַגְּדוֹלוֹת שֶׁבַּגְּדוֹלוֹת, שֶׁהָיוּ הֵן בְּטֵלוֹת בְּמַשֶּׁהוּ כְּנֶגְדָן בַּתְּחִלָּה.

נו) וְכֵן דֶּרֶךְ מָשָׁל, כֹּחַ גְּבוּרַת הָרָצוֹן, הַקְּטַנָּה מְאֹד לְגַבֵּי רוּחַ הַתַּאֲווֹת הַקָּשׁוֹת, וְנִדְחֵית מִפְּנֵיהֶם לְפִי שָׁעָה, לְפִי שֶׁהִיא בְּטֵלָה כְּנֶגְדָן בְּמַשֶּׁהוּ. אָמְנָם זֶה מֵחֶסֶד הַבּוֹרֵא יִתְבָּרַךְ, שֶׁאוֹתוֹ מַשֶּׁהוּ אֵינוֹ מִתְבַּטֵּל מִן הַמְּצִיאוּת לְגַמְרֵי, אֶלָּא מְשַׁיֵּר אַחֲרָיו רְשִׁימוֹת תָּמִיד, וְהָרְשִׁימוֹת מִצְטָרְפוֹת וְהוֹלְכוֹת כַּנַּ"ל, בְּאֹפֶן שֶׁסּוֹף סוֹף עֲתִידָה הִיא (כֹּחַ גְּבוּרַת הָרָצוֹן הַנַּ"ל) לֵילֵךְ וּלְהִתְגַּבֵּר בְּרֹב הַיָּמִים אֲפִלּוּ עַל הַיּוֹתֵר קָשׁוֹת שֶׁבַּתַּאֲווֹת, עַל־פִּי סִיַּעְתָּא דִשְׁמַיָּא הַזֹּאת, וְאֵין הַדָּבָר תָּלוּי אֶלָּא בְּהַתְמָדָה רְצוּפָה בַּהֲלִיכַת הָאָדָם בַּדֶּרֶךְ הַיְשָׁרָה.

נז) וְאָמְנָם הַדָּבָר בָּרוּר גַּם־כֵּן, שֶׁשִּׁעוּר חֹזֶק הָרְשִׁימוֹת תָּלוּי בְּשִׁעוּר חֹזֶק הַדִּיּוֹקָנִין שֶׁמֵּהֶם נִתְרַשְּׁמוּ; וְהַדִּיּוֹקָן הֶחָזָק מֵחֻבָּרוּ כִּפְלַיִם, גַּם כֹּחַ רְשִׁימָתוֹ גְּדוֹלָה כִּפְלַיִם מִשֶּׁלּוֹ, הִלְכָּךְ מִתְגַּדְּלִין גַּם־כֵּן רְשִׁימוֹת כֹּחַ הַגְּבוּרָה (הַבְּטֵלָה לְכַתְּחִלָּה), לְפִי עֵרֶךְ כַּוָּנַת הָאָדָם הַמַּתִּרִיס כְּנֶגְדָּהּ, שֶׁכְּשֶׁהוּא מִתְכַּוֵּן לְהִתְאַבֵּק נֶגֶד הַתַּאֲווֹת בְּכֹחַ גָּדוֹל יוֹתֵר (אַף־עַל־פִּי שֶׁהוּא מְנֻצָּח לְפִי שָׁעָה) מִכָּל מָקוֹם מְשַׁיֵּר רְשִׁימָה חֲזָקָה בַּנֶּפֶשׁ, וְכָךְ הוּא מוֹסִיף כֹּחוֹ בַּהִתְנַצְּחוּת וּמְגַדֵּל אֶת רְשִׁימוֹתוֹ יוֹתֵר וְיוֹתֵר.

נח) כִּי הִנֵּה הַנֶּפֶשׁ הַמַּשְׂכֶּלֶת הִיא בַּת־חוֹרִין וּבִרְשׁוּת עַצְמָהּ לָקֵמֵץ וּלְוַתֵּר מִכֹּחָהּ מְעַט אוֹ הַרְבֵּה בְּפַעַם אַחַת, כְּגוֹן

by more prominent experiences. They too leave traces within the memory which, when the experience is repeated, reinforce and intensify the original experience. Hence, even the most inconsequential experiences can become major forces through their repetition and can thus become intense enough to ultimately overwhelm even more prominent ones.

56. Will power, for example, would seem to be of inconsequential strength when compared to intense desire and is temporarily overwhelmed by the latter since it is less strong. However, in His grace, will power is not completely eradicated, but leaves traces which combine with each other so that eventually one's will power can overwhelm even the most intense desire through this Divine assistance. All this depends only upon one's persistence in following the straight path.

57. It is also clear that the intensity of the traces which are left in the memory are directly proportionate to the intensity of the original image which produced them. Thus, if one image is twice as strong as another, the trace left by that image will be twice as great. Hence, the strength of the traces of will power which were originally overwhelmed by the desire, are proportionate to the intensity of the original will. If the person had a great deal of will to subdue a desire, then even though that will was unsuccessful in subduing the desire, the traces that remain in the memory will be great. He can thus build up a reserve of will power by attempting to subdue his desires.

58. The intellectual spirit is free to constrict or expand the energy which it exerts at any one time. For instance, one who is accustomed to carry a one pound weight all day, can decide to carry a twelve pound weight for one

מִי שֶׁהוּא רָגִיל לָשֵׂאת לִיטְרָא אַחַת כָּל הַיּוֹם כֻּלּוֹ, יָכוֹל
לָשֵׂאת שְׁתֵּים־עֶשְׂרֵה לִיטְרִין מֶשֶׁךְ שָׁעָה אַחַת בַּיּוֹם. לְפִיכָךְ
בְּמָקוֹם שֶׁהַנִּסְיוֹן וְהַגַּרְמָא לַחֵטְא הֵם קְצָרִים וְחוֹלְפִין בִּמְהֵרָה
(סִימָן נא), אֲזַי יְכָלְנוּ לְהַתְרִיס כְּנֶגְדָּהּ בְּכֹחַ יוֹתֵר גָּדוֹל בְּכָל
פַּעַם שֶׁהִיא בָּאָה, בִּכְדֵי לְהַשְׁאִיר רְשִׁימוֹת יוֹתֵר גְּדוֹלוֹת
שֶׁיִּתְקַבְּצוּ בִּזְמַן קָצָר לַשִּׁעוּר הַצָּרִיךְ לְנַצֵּחַ אוֹתָהּ הַגַּרְמָא.
דֶּרֶךְ מָשָׁל: מִי שֶׁהוּא רָגִיל לַחֵטְא עַל־יְדֵי תַּאֲוָה מְלֻמֶּדֶת
מֶשֶׁךְ עֶשֶׂר שָׁנִים, יוּכַל לְהַדִּיר אֶת עַצְמוֹ מִמֶּנָּה עַל־יְדֵי חִנּוּךְ
שֶׁל שָׁנָה אַחַת, כְּשֶׁהוּא מְתַכֵּן לְהַגְדִּיל כֹּחַ הִתְנַגְדוּתוֹ עַתָּה
בְּשָׁעָה אַחַת שֶׁל נִסָּיוֹן בְּשִׁעוּר שֶׁהָיָה הַכֹּחַ רָגִיל לְבַלּוֹת
בַּאֲשֶׁר שְׁעוֹת שֶׁל חֵטְא. וּבָזֶה תָּבִין מַה שֶּׁאָמְרוּ חֲכָמֵינוּ ז"ל:
"הַבָּא לְטַהֵר, מְסַיְּעִין לוֹ", דְּהַיְנוּ שֶׁאוֹתָהּ סִיַּעְתָּא דִשְׁמַיָּא
מוֹסִיפָה אוֹ פּוֹחֶתֶת לְפִי כַּוָּנַת הַשָּׁב וַעֲמָלוֹ וּמְסִירַת נַפְשׁוֹ.

נט) לְפִיכָךְ יֵשׁ בְּרֵרָה בְּיַד הַמִּתְחַנֵּךְ, לִבְחֹר לוֹ פִּסְקָאוֹת
שֶׁל מוּסָרִים נוֹחִים וְקַלִּים כָּל כַּמָּה שֶׁיִּרְצֶה וּלְהַתְמִיד בְּחִנּוּכָם
זְמַן אָרֹךְ, שֶׁעַל־יְדֵי־כָךְ הֵם מִשְׁתָּרְשִׁים יוֹתֵר בְּעֹמֶק הַנֶּפֶשׁ.
אֶלָּא שֶׁבְּאֹפֶן זֶה יֵשׁ בּוֹ חֲשָׁשׁוֹת שֶׁמָּא יָמוּת בַּחֲצִי מְלַאכְתּוֹ,
אוֹ שֶׁמָּא תִּפָּסֵק הַתְמָדָתוֹ עַל־יְדֵי אֵיזוֹ בִּטּוּלִים, וְיַפְסִיד בִּזְמַן
קָצָר אֶת כָּל עֲמָלוֹ מִיָּמִים וְשָׁנִים. עַל־כֵּן מוּטָב לְהַחְמִיר קְצָת
אֶת הַמּוּסָרִים וְלִתְמֹךְ אֶת חִנּוּכָם בְּכֹחַ, בִּכְדֵי לְמַהֵר אֶל
מְבֻקָּשׁוֹ וְלָצֵאת מִידֵי הַסְּפֵקוֹת. וְהִנֵּה בְּמֶשֶׁךְ מַהֲלַךְ הַחִנּוּךְ,
כֹּחַ הַהִתְנַגְדוּת הַהוּא מִתְחַזֵּק וְהוֹלֵךְ עַל־יְדֵי קִבּוּץ הַמַּשְׁהוּיִין,
עַד שֶׁגַּם הַשָּׁב עַצְמוֹ מַרְגִּישׁ אוֹתוֹ הַהִתְאַמְּצוּת עַל־יְדֵי

hour. Consequently, when faced with a trial or a sensation which is of short duration, one can summon up a more intense force of will power at each encounter. This will result in more traces of that will power remaining in the memory so that in a relatively short time the requisite amount of will power will be available to deal with the desire. For example: If one has become accustomed to falling prey to a certain habitual desire over a period of ten years, he can overwhelm that desire by a regimen of discipline over a period of year in which he summons the intent to oppose it during that year with the same amount of energy with which he fulfilled it during the ten years. This was the intent of our Sages when they said (SHABBOS 104a): *One who comes to purify himself is assisted* — i.e., the degree of Divine assistance is intensified or lessened in proportion to the will, effort and self-sacrifice shown by the person.

59. Therefore, the person undertaking this regimen has a choice. He can select summary statements which are as easy and as simple as he chooses and persist in their application for a long period of time, thus rooting them deeply within his psyche. Doing so, however, has its drawbacks for he may die in the middle of the regimen or his persistence may be interrupted by some outside factor. This would result in his many years of efforts being lost in a short time. It is therefore preferable to select more stringent summary statements, and to forcibly bolster the regimen of conditioning so as to expedite the process and free himself of doubt [of his efforts going to waste as above]. In the course of the conditioning process, one's will power grows stronger through the accumulation of the traces (see subsection 57) until the penitent [i.e., the person who has undertak-

חֶשְׁבּוֹן מְעוּט עֲוֹנוֹת, דְּהַיְינוּ מַהֲלַךְ הַתִּקּוּן, וְעַל־יְדֵי־כָךְ
מִתְרַבֶּה חֵשֶׁק נֶפֶשׁ בַּהֲמִיּוֹתוֹ לְוַתֵּר מִכֹּחוֹ עוֹד מְעַט מְעַט,
וְיֵצֵא מִזֶּה מַהֲלַךְ הַמְּהִירוּת, וּמְהִירוּת דִּמְהִירוּת, בְּסִיַּעְתָּא
דִשְׁמַיָּא.

ס) וְהַדָּבָר יָדוּעַ כְּמוֹ־כֵן, שֶׁהִתְפַּעֲלוּת נֶפֶשׁ הַבַּהֲמִית
מְעוֹרֶרֶת מְהִירוּת הַכֹּחוֹת וּמְאַמְּצָתָן. דֶּרֶךְ מָשָׁל: מִי שֶׁאֵין בּוֹ
כֹּחַ לְהָנִיף אֲפִלּוּ אַרְבָּעִים כִּכָּר בִּשְׁעַת מְנוּחַת הַנֶּפֶשׁ, יָכוֹל
הוּא לַחֲטֹף וּלְהַשְׁלִיךְ פִּתְאֹם מַשָּׂאוֹי שִׁשִּׁים כִּכָּר בִּשְׁעַת
הַכַּעַס וְהַבֶּהָלָה, וְכַיּוֹצֵא; אֶלָּא שֶׁאִם יוֹסִיף לְוַתֵּר מִכֹּחוֹתָיו
עוֹד, אֲדַי יֵשׁ לָחוּשׁ לְסַכָּנַת חַיָּיו כְּלָל אוֹ קְצָת מֵאֵיבָרָיו, וְעַל־
כָּל־פָּנִים לְהִפָּסֵל לִמְלַאכְתּוֹ. לְפִיכָךְ צָרִיךְ לְהִתְעוֹרֵר וּלְהַפְסִיק
תָּמִיד, בְּעוֹד שֶׁלֹּא כָלוּ הַכֹּחוֹת עֲדַיִן, וּלְהַנְפֵּשׁ זְמַן אָרֹךְ
וּלְהָזִין כֹּחַ הַגּוּף מִן הַלֵּב וְהַמֹּחַ וּלְמַלֵּאת מַחְסוֹרוֹ, עַד שֶׁיַּחֲזֹר
לְאֵיתָנוֹ הָרִאשׁוֹן. אֲבָל גַּם בְּמֶשֶׁךְ הַנְּפִישָׁה הַזֹּאת צָרִיךְ שֶׁלֹּא
לַעֲזֹב הֶרְגֵּלוֹ לַעֲבֹד וּלְמַשָּׂא וְלַמַּאֲמָרֵי, בִּכְדֵי שֶׁלֹּא יִצְטַגֵּן חִשְׁקוֹ
וְתֶחֱלַשׁ הַשְׁפָּעַת מֹחוֹ וְלִבּוֹ, אֶלָּא צָרִיךְ לְהַתְמִיד בַּחֲנוּכִים
קְטַנִּים בִּכְדֵי לְחַנֵּךְ מַשְׂכִּיּוֹת הַלֵּב וְהַמֹּחַ וּלְהוֹסִיף שֶׁפַע לָהֶם,
כְּדֶרֶךְ הָעֵגֶל הַיּוֹנֵק, שֶׁהוּא דָשׁ וְנוֹגֵף בְּכֹחַל בְּכָל פַּעַם
בְּנַחַת, בִּכְדֵי לְהַמְשִׁיךְ מִמֶּנָּה אֶת הֶחָלָב.

סא) וְהוּא הַדִּין לְתַחְבּוּלוֹת הַחִנּוּךְ דְּהָכָא, לְפִי שֶׁכָּל
מִדָּה וּמִדָּה בְּמֶשֶׁךְ שָׁבוּעַ שֶׁלָּה מְעוֹרֶרֶת תּוֹחֶלֶת מְמֻשָּׁכָה עַל־
יְדֵי גַּעְגּוּעֵי הַנֶּפֶשׁ, לוֹמַר מָתַי תָּבוֹא לְיָדִי וַאֲקַיְּמֶנָּה. אִם־כֵּן,
כְּשֶׁהַנִּסָּיוֹן בָּא, הוּא מוֹצֵא אֶת הַנֶּפֶשׁ מְזֻמֶּנֶת לְהִתְפַּעֵל בְּכֹחַ
גָּדוֹל; וְכָל־כַּמָּה שֶׁמִּתְרַבִּין הַנִּסְיוֹנוֹת שֶׁלָּה בְּשָׁבוּעַ זוֹ, כְּמוֹ־כֵן

en the regimen] himself recognizes its strength through the fact that the number of his violations is diminishing during the rectification process. This will lead to the animal spirit evidencing a greater willingness to cede some of its power little by little. The result will be a quick rate of progress in the rectification process, with God's help.

60. It is also well known that stimulation of the animal spirit leads to an intensification of its powers and efforts. For example: Although one may be unable to lift forty pounds when in a state of calm, one will find that he is able to grab and throw sixty pounds when angry or excited. However, if he continues to exert himself in this manner, he may find that he is endangering his life or his limbs, or at least bringing himself to the point where he will become incapable of working. He must therefore be cognizant of the need to regularly pause — before he has exhausted himself completely — and rest long enough for his physical and mental strength to restore themselves until he regains his original strength. However, even while resting, he should not completely abandon his disposition to work so that his ardor not cool and the influence of his heart and mind not weaken. One must continue his "minor" disciplining efforts so as to condition his heart and his mind and to give them added strength, just as a nursing calf gently prods its mother's udder so as to draw milk from it.

61. The same is true of the strategies of discipline to which we shall refer. In the week devoted to its rectification, each and every trait creates a strong desire within the person for an opportunity to test it. Thus, when the testing opportunity does present itself, one will find his spirit to be ready and armed with great powers. The

מִתְרַבִּין הָרְשִׁימוֹת שֶׁל הַהִתְנַגְּדוּת גְּבוּרַת הָרָצוֹן בְּכֹחַ גָּדוֹל. וּמַה גַּם שֶׁאִם יֵשׁ בֵּין נִסָּיוֹן לְנִסָּיוֹן כְּדֵי נְפִישָׁה שְׁלֵמָה, אֲזַי מִתְקַבֵּץ מֵהֶן כֹּחַ גָּדוֹל שֶׁל הַהִתְנַגְּדוּת, אֶלָּא שֶׁיֵּשׁ לָחוּשׁ שֶׁלֹּא יַחֲלִישׁוּ כֹּחוֹת הַנֶּפֶשׁ עַל-יְדֵי הַטֹּרַח הָרַב בְּמֶשֶׁךְ כָּל יְמֵי הַשָּׁבוּעַ הַזֹּאת וְיִיבַשׁ מִקֹּדֶם כַּנַּ"ל.

סב) עַל-כֵּן נִתְקַנּוּ בְּכָאן נְפִישָׁה שֶׁל תְּקוּפָה שְׁלֵמָה, כְּדֵי שֶׁיִּהְיוּ הַכֹּחוֹת הַצְּרִיכִין לַמִּדָּה אַחַת חוֹזְרִין וְנוֹבְעִין מְעַט מְעַט, וּבְמֶשֶׁךְ אוֹתָהּ תְּקוּפָה צָרִיךְ לְהִשָּׁמֵר מִן הָרוּחוֹת וּמַזִּיקִין הַקָּשִׁין לַמִּדָּה זוֹ. אֶלָּא שֶׁבְּתוֹךְ כָּךְ יַמְשִׁיךְ חִנּוּךְ אוֹתָהּ הַמִּדָּה בְּדֶרֶךְ אַגַּב וְטָפֵל בִּלְבַד, דְּהַיְנוּ שֶׁלֹּא יַקְשֶׁה עָרְפּוֹ אָז נֶגֶד שׂוֹנְאוֹ בְּכֹחַ, אֶלָּא יַנִּיחַ לוֹ הַנַּצּוּחַ בִּשְׁעַת הַדְּחָק, וְדַי לוֹ בִּרְשִׁימוֹת קְטַנּוֹת שֶׁהוּא מְשַׁיֵּר בְּכָל פַּעַם; וְעַל-יְדֵי חִנּוּךְ מַתְמִיד בְּחָכְמָה וּבְתַחְבּוּלָה שֶׁל חִלּוּף הַטֹּרַח וְהַנְּפִישׁוֹת לְסֵרוּגִין, וּבְהַדְרָגָה זוֹ יָכוֹל כָּל אָדָם לְהַגִּיעַ אֲפִלּוּ לַמַּדְרֵגָה הַיּוֹתֵר גְּדוֹלָה שֶׁל חֲסִידוּת, וּכְמוֹ שֶׁאָמְרוּ רַבּוֹתֵינוּ זַ"ל: יָכוֹל כָּל אָדָם לַעֲשׂוֹת עַצְמוֹ כְּמֹשֶׁה רַבֵּנוּ, עָלָיו הַשָּׁלוֹם.

דֶּרֶךְ

מָשָׁל: בְּאוֹתָהּ הָעֲלָאָה הַנִּזְכֶּרֶת לְעֵיל יָכוֹל אָדָם לְהַכְנִיעַ הַיֵּצֶר הָרָע וּלְשַׁבֵּר כָּל תָּקְפּוֹ, עַד שֶׁאֲפִלּוּ אִם יִתְבַּע אֵיזֶה דָּבָר הַכְּרָחִי לִבְרִיאַת גּוּפוֹ, יִמְנַע מִשְׁאֵלָתוֹ וְיִתְגַּבֵּר עָלָיו עַד שֶׁתִּפְסַק תַּאֲוָתוֹ לְגַמְרֵי, וְאָז יְמַלֵּא מַחְסוֹר הַגּוּף בְּמִדָּה וּבְמִשְׁקָל עַל-פִּי עֵצַת הַנְּשָׁמָה הַמַּשְׂכֶּלֶת.

more often that he is presented with opportunities during the week devoted to that trait, the greater the reservoir of his will to resist failing. This is even more true if there is a period of rest between each testing opportunity. The traces of his will power will combine into a significant force of resistance. However, one must be careful not to allow one's spiritual strength to be depleted by over-exertion during that week to the extent where it may become even weaker than it was before.

62. It is for this reason that a period of rest for an entire season has been programmed into the regimen, so that the energies required for each trait can restore themselves little by little. During this period of rest, one must be careful to avoid those adverse elements which threaten that specific trait while at the same time one must continue to peripherally reinforce the trait. One should not directly engage his "enemy" during this period of rest, but should, if necessary, allow it to be victorious, content with the traces that the confrontation leaves in his memory. Through this continuous conditioning, applied with wisdom and cunning through the alternating of exertion and rest, every person can reach the highest level of *chassidus*. As our Sages said (RAMBAM, *TESHUVAH* 5:2): *Every man can make himself like [i.e., reach the level of] Moshe Rabbenu.*

For example: Through this progressive system one can subdue the *yetzer hara* and break its ferocity. He can reach the point where he can deny its requests — even if it demands something which is essential for his physical well-being — and raise himself above it until his desire is completely eradicated. Afterwards, he can take the counsel of his intellectual spirit and satisfy his physical needs based on their real measure.

סג) נִמְצָא יֵשׁ בְּכָאן אַרְבָּעָה דְרָכִים בְּמַהֲלַךְ הַחִנּוּךְ, דְּהַיְנוּ קְדִימָה (סִי' נא נב), קִבּוּץ (סִי' נג) וְחִזּוּק הַמַּשְׁהוּרִין (סִי' נז), וְהַמְּהִירוּת אוֹ הַתְפַּעֲלוּת הַנֶּפֶשׁ הַנַּ"ל (סִי' ס), שֶׁמִּכָּל אַחַת מֵהֶן יְכוֹלִין לְהַגִּיעַ לְמַדְרֵגַת מֹשֶׁה; אֶלָּא שֶׁכָּל אַחַת בִּפְנֵי עַצְמָהּ יֵשׁ בָּהּ מַעֲלָה וְחִסָּרוֹן, וְעַל־כֵּן צָרִיךְ לְתַקֵּנָה זֶה עִם זֶה.

דֶּרֶךְ מָשָׁל: הַקְּדִימָה הִיא סְגֻלָּה יְקָרָה לִשְׁמֹר הַכֹּחוֹת, עַל־יְדֵי שֶׁמַּקְדִּימִין לַחְצֹץ בִּפְנֵי הַתַּאֲווֹת בְּקַטְנוּתָן, אֶלָּא שֶׁעַל־יְדֵי־כָךְ נַעֲשֶׂה הַמִּתְחַנֵּךְ חַלָּשׁ וְרַךְ־לֵבָב לָנוּס תָּמִיד מִפְּנֵי הָאוֹיֵב מֵרָחוֹק, וְהוּא עָלוּל לְהִכָּשֵׁל עַל־יְדֵי נִסָּיוֹן כָּל־דְּהוּא הַבָּא עָלָיו בְּהֶסַּח־הַדַּעַת. לְפִיכָךְ צָרִיךְ לְצָרֵף אֵלֶיהָ דֶּרֶךְ קִבּוּץ וְחִזּוּק הָרְשִׁימוֹת הַנַּ"ל (סִי' נג נז), דְּהַיְנוּ שֶׁיַּרְגִּיל אֶת עַצְמוֹ לְנַצֵּחַ הַיֵּצֶר הָרָע בְּרֵאשִׁית הַתְחָלַת קַטְנוּתוֹ, וְיַתְמִיד בָּזֶה כָּל יְמֵי מֶשֶׁךְ גִּדּוּלוֹ, עַד שֶׁיֶּאֱזָר כֹּחַ לְהִתְגַּבֵּר עָלָיו אֲפִלּוּ בְּתַכְלִית גָּדְלוֹ, וּכְמַעֲשֶׂה דְּאוֹתוֹ בַּעַל אֶגְרוֹף (סִימָן כב); אֶלָּא שֶׁעַל־יְדֵי־כָךְ מִתְעַכֵּב הַדֶּרֶךְ הַזֶּה בְּמַהֲלָךְ הַתִּקּוּן שֶׁלּוֹ גַּם הוּא, כְּאוֹתוֹ שֶׁל דֶּרֶךְ הַקִּבּוּץ בִּלְבַד, זְמַן אָרֹךְ וּמְסֻכָּן כַּנִּזְכָּר לְעֵיל (סִימָן נט), וְצָרִיךְ אָדָם בֵּינוֹנִי שֶׁלָּנוּ לִכְפָלִים שֶׁל שָׁנוֹת מְתֻשָּׁלַח (דֶּרֶךְ דֻּגְמָא) בְּטֶרֶם שֶׁיַּגִּיעַ לְמַדְרֵגַת מֹשֶׁה בֶּן עֶשֶׂר שָׁנִים.

סד) וְאָמְנָם גַּם דֶּרֶךְ הַהִתְפַּעֲלוּת, עִם כָּל תֹּקֶף מְהִירָתוֹ, אֵינֶנּוּ לֹא יוֹתֵר בָּטוּחַ וְלֹא יוֹתֵר מָהִיר מִשְּׁנֵי דְרָכִים הַנַּ"ל, כִּי

63. We find, then, that there are four methods in this regimen: Dealing with a desire before the animal spirit is aware of it (subsections 51 and 52), accumulating traces of strength so as to combine them (subsection 53), intensifying these traces (subsection 57) and stimulating the spirit so as to stregthen the response (subsection 60). Each of these methods alone could raise a person to the level of Moshe. However, each method — if utilized alone — has both a virtue and a drawback. Thus, they must all be employed together.

For example: Dealing with desires before they are apparent to the animal spirit is a wonderful way to preserve one's energies for he has nipped his desires in the bud. However, doing so can cause a person to become weak and faint-hearted for he must always flee from his enemy while the latter is still far away and he is unprepared to do battle should he be faced with any sudden unexpected trial. Consequently, this method must be combined with the method of accumulating traces of strength into the memory — i.e., becoming accustomed to overcoming the *yetzer ha-ra* in its initial stages, persisting as it grows stronger until he has the strength to vanquish it even when it is at the height of its strength. This was the example that we offered from the wrestler (subsection 20). However, the combination of these two methods into a conditioning regimen also has a drawback — similar to that of accumulating traces of resistance into the memory alone. The time necessary would stretch on and on, and an average person would have to live twice as long as Mesushelach just to reach the level of a ten-year-old Moshe!

64. The method of stimulating the spirit — albeit quick — is no more sure or faster than the previous two

אוֹתָן הַכֹּחוֹת שֶׁהַנֶּפֶשׁ מִתְרוֹקֶנֶת מֵהֶן עַל־יְדֵי הַדֶּרֶךְ הַזֶּה
בִּמְהֵרָה, אֵינָן חוֹזְרִין לְהִתְמַלֵּאת אֶלָּא אַחַר זְמַן אָרֹךְ, וְהוּא
מְסֻכָּן לִפְגֹּעַ מִתּוֹךְ כָּךְ אֶת הַפִּיל הַגָּדוֹל שֶׁהִמְרִיד עָלָיו לְרָמְסוֹ
בְּזַעַף. וּמֵחֲמַת זֶה הַזְּקוּקִין מִקְּצָתָן לְהַמְצִיא לָהֶם תְּרוּפָה לְכָךְ,
דָּהַיְנוּ לְהַתִּישׁ כֹּחַ גּוּפָם בְּעִנּוּיִים קָשִׁים וַאֲרֵכִים וְסִגּוּפִים
אַכְזָרִיִּים בִּכְדֵי לְשַׁבֵּר תֹּקֶף יִצְרָם, עַד שֶׁכְּבָר נִמְצְאוּ
מִתְחַכְּמִים לְחַבֵּל בְּנַפְשָׁם וּלְסָרֵס אֶת עַצְמָם בִּכְדֵי לְהִנָּצֵל
מֵהַרְהוּרֵי זִמָּה, וְאֵלּוּ הֵן מִן הַשּׁוֹטִים דְּהַאי גִּיסָא, רַחֲמָנָא
לְצַלָּן. אֲבָל אֲנַחְנוּ הַפְּעוּלּוֹת חַיָּבִים לִטְרֹחַ בְּכָל כֹּחֵנוּ
וּלְהִשְׁתַּמֵּשׁ בַּשְּׁנִיָּה וּבַשְּׁלִישִׁית, אוֹ גַם בְּקִשּׁוּר כָּל הָאַרְבַּע
דְּרָכִים הַנַּ"ל כְּפִי הָעִנְיָן, בִּכְדֵי לְהַגִּיעַ לְאוֹתָהּ מַדְרֵגָה הָרְצוּיָה
לִפְנֵי הַשֵּׁם יִתְבָּרַךְ לְפִי עֶרְכֵּנוּ.

סה) מַה שֶּׁאֵין כֵּן בְּמֹשֶׁה וּבְכָל הָעֲנָקִים הַקַּדְמוֹנִים,
עֲלֵיהֶם הַשָּׁלוֹם, שֶׁיָּכְלוּ לְהִשְׁתַּמֵּשׁ בַּדֶּרֶךְ חִזּוּק הַמַּשְׁהוּיִין
בִּלְבַד, לְפִי שֶׁלְּגַבֵּי דִּידְהוּ הָיְתָה הַיִּרְאָה עַצְמָהּ מִלְּתָא
זוּטַרְתָּא כַּנַּ"ל. וּלְתוֹסֶפֶת בֵּאוּר צָרִיךְ לְהַקְדִּים עוֹד גַּם כָּאן
מַה שֶּׁנִּתְבָּאֵר לְעֵיל, שֶׁהֵם, מֵחֲמַת עֹצֶם רֹחַב לִבָּם הָיְתָה
גְּדֻלַּת הַבּוֹרֵא יִתְבָּרַךְ נִרְאֵית אֲלֵיהֶם בְּסָמוּךְ וּבְגָלוּי תָּמִיד,
וְנִתְחַנְּכוּ עַל־יְדֵי־כָךְ בַּעֲנָוָה וּבְיִרְאָה כָּל יְמֵיהֶם, עַד שֶׁנַּעֲשׂוּ
מִלְּתָא זוּטַרְתָּא לְגַבֵּיהוּ (שָׁם בְּמָשָׁל הַגַּאֲוָתָן שֶׁנִּטְבַּע שֶׁלֹּא מִדַּעְתּוֹ
שָׁם).

סו) וְהִנֵּה כָּל מִינֵי מִתְחַנְּכִים יֵלֵךְ בַּדֶּרֶךְ הַיְשָׁרָה נִקְרָאִים
"בָּא לְטַהֵר" וְזוֹכִים לְסִיַּעְתָּא דִשְׁמַיָּא, וּמַה גַּם אוֹתוֹ מִין
חִנּוּךְ שֶׁל י"ג מִדּוֹת בִּכְלָל, וְאַחַת בִּפְרָט דְּהָכָא, שֶׁיֵּשׁ בּוֹ מִכָּל
הָאַרְבָּעָה מִינִים הַנַּ"ל,

methods mentioned. When the spirit's strength is quickly sapped through stimulation, it only becomes rejuvenated after a prolonged period. It is thus endangered by the "elephant" — i.e., the immensely strong animal spirit — which is aroused and attempts to trample him for having coerced it to do his will. Because of this, some people adopt the remedy of weakening their bodies with severe and long afflictions and cruel flagellations in an attempt to break the power of their *yetzer*. Some "wise" ones go so far as to injure or castrate themselves so as to save themselves from lewd thoughts! People like this are "the fools in the other direction," God forbid. We, who are insignificant, must use all our efforts to combine the second and third methods, or a combination of all four if necessary, so that each of us — according to his ability — can reach the level acceptable to God.

65. This was not true of Moshe and the giants of previous generations who could employ the method of intensifying the traces left in the memory alone, for the fear of God was a small thing to them. To understand this, we must review that which we had previously noted. Because of the superiority of their hearts, the greatness of God was always before their eyes and apparent to them. They were thus conditioned to be humble and fearful to the point where the fear of God was a small thing for them (see the example in subsection 42 of the vain person whose behavior changes without his being aware).

66. All those who follow a regimen of conditioning so as to follow the path of righteousness are seen as being *those who come to purify themselves,* and merit Divine assistance. This is especially true of those who follow the regimen of conditioning the 13 traits generally, and one who employs the four methods which we have now explained specifically.

וּבְצֵרוּף כָּל אוֹתָן תְּרוּפוֹת (סימן כא
וסימן סב) וּמַעֲשֶׂה חֶשְׁבּוֹנוֹתָיו, נַעֲשִׂין לוֹ לָאָדָם לַעֲסֶק הֶרְגֵּל
תָּמִידִי בְּשָׁכְבוֹ, בְּקוּמוֹ וּבְלֶכְתּוֹ בַּדֶּרֶךְ, וְנוֹתְנִין לוֹ לָאָדָם
שִׂמְחָה בְּלִבּוֹ לִרְאוֹת שֶׁאֵינוֹ חַי חַיֵּי בַּטָּלָה בַּהֲמִית אֲפִלּוּ יוֹם
אֶחָד שֶׁלֹּא לְצֹרֶךְ תִּקּוּן נִשְׁמָתוֹ. מְתוּקָה שְׁנַת הָעוֹבֵד הַזֶּה
בַּלַּיְלָה, עֲרֵבָה עֲבוֹדָתוֹ בַּיּוֹם, וְהוּא מְבַלֶּה כָּל שְׁנוֹתָיו
בַּנְּעִימִים, כְּמוֹ שֶׁאָמַר הַכָּתוּב: "בְּהִתְהַלֶּכְךָ תַּנְחֶה אֹתָךְ,
בְּשָׁכְבְּךָ תִּשְׁמֹר עָלֶיךָ וַהֲקִיצוֹתָ הִיא תְשִׂיחֶךָ" (משלי ו, כב).

By utilizing all of the remedies (see subsections 21 and 62) and accounting procedures, they become a constant accompaniment "when he retires, when he arises and when he walks along the way." They bring joy to a person's heart, for he sees that he is not wasting a single day leading an empty animal life without rectifying his soul. Sweet is the sleep of this laborer [see *KOHELES* 5:11] at night and pleasant is his work during the day. He passes all of his years in contentment, as the verse (*MISHLEI* 6:22) states: *When you walk it will guide you, when you retire it shall guard you, and when you awake, it will be the subject of your conversation.*

פֶּרֶק א: מְנוּחַת הַנֶּפֶשׁ

הִתְגַּבֵּר עַל מְאֹרָעוֹת פְּחוּתֵי הָעֵרֶךְ, רָעוֹת אוֹ טוֹבוֹת, שֶׁאֵינָם כְּדַאי לְבַלְבֵּל מְנוּחַת נַפְשֶׁךְ:

סז) כָּל זְמַן שֶׁדַּעְתּוֹ שֶׁל אָדָם מְיֻשֶּׁבֶת עָלָיו, הֲרֵי נַפְשׁוֹ הַמַּשְׂכֶּלֶת שׁוֹקֶטֶת עַל מִשְׁמַרְתָּהּ וְשׁוֹפַעַת בְּמֹחוֹ כְּאָבוּקָה בְּרוּמוֹ שֶׁל בִּנְיַן הַגּוּף; וְהַנֶּפֶשׁ הַבַּהֲמִית מִשְׁתַּלַּחַת לְהָפִיץ אוֹר הַדַּעַת הַהִיא עַל-יְדֵי צִנּוֹרוֹת הַמֹּחִין *) עַל פְּנֵי כָּל הַגּוּף כֻּלּוֹ, בִּכְדֵי לְהוֹדִיעַ לָאֵיבָרִים מִצְוַת הַנְּשָׁמָה הָעֶלְיוֹנָה וּרְצוֹנָהּ, וּלְהָשִׁיב לְשׁוֹלְחָהּ דָּבָר עַל-יְדֵי הַחוּשִׁים וְהָרְגָשׁוֹת שֶׁנִּתְחַדְּשׁוּ בָּהֶן, כְּמוֹ שֶׁאָמַר הַכָּתוּב: "נֵר אֱלֹהִים נִשְׁמַת אָדָם חֹפֵשׂ כָּל חַדְרֵי בָטֶן" (משלי כ, כז). וְאָז הוּא הָאָדָם בַּעַל בְּחִירָה וּמוֹשֵׁל בְּרוּחוֹ לָקַח לוֹ פְּנַאי לַחְשֹׁב מַחְשְׁבוֹת שֶׁל הַמְּלָכָה וְעִיּוּן, וּלְהַמְצִיא תַּחְבּוּלוֹת לְהָנִיעַ אֶת הָרוּחַ הַבַּהֲמִי אוֹ לְאָסְרוֹ, לְטוֹב לוֹ בָּעוֹלָם הַזֶּה וּבָעוֹלָם הַבָּא.

אֲבָל מִשָּׁעָה שֶׁדַּעְתּוֹ מְטֹרֶפֶת עָלָיו, אֲזַי נוֹפֶלֶת אֵימָה חֲשֵׁכָה עָלָיו, וְנִטֶּלֶת מִמֶּנּוּ

---

*) פְּצוּלֵי הַחוּטִין הַלְּבָנִים הַיּוֹצְאִים מִן הַמֹּחַ וְחוּט הַשִּׁדְרָה וּמְפַזְּרִין חִיּוּת וְהַרְגָּשָׁה עַל פְּנֵי הַגּוּף (כִּפְצוּלֵי הַגִּידִין הַיּוֹצְאִים מִן הַלֵּב לְחַלֵּק מְזוֹן הַדָּם לְכָל הָאֵיבָרִים) נִקְרָאִים צִנּוֹרוֹת הַמֹּחִין. עִקַּר הַרְגָּשָׁה שֶׁלָּהֶם הוּא בְּקָרוּמֵיהֶן, וּכְשֶׁנִּפְסָק צִנּוֹר אֶחָד, אוֹ שֶׁהַקְּרוּם שֶׁלּוֹ מִתְקַשֶּׁה אוֹ מִתְחָרֵף בְּיוֹתֵר, אֲזַי מִתְבַּטֶּלֶת חִיּוּת אוֹתוֹ הָאֵיבָר וְהַרְגָּשָׁתוֹ. וּמָצִינוּ כַּמָּה מִינֵי תַּחְבּוּלוֹת וְסַמְמָנֵי רְפוּאָה, הַמְסֻגָּלִים לְהַקְשׁוֹת הַקְּרוּמִים הַלָּלוּ אוֹ לְרוֹפְפָם, וְהָרוֹפְאִים מִשְׁתַּמְּשִׁים בָּהֶם (בִּמְקוֹם שֶׁאֵין תַּחְבּוּלָה אַחֶרֶת) לְשַׁכֵּךְ אֶת הַכְּאֵב.

SECTION I — EQUANIMITY
Rise above events that are inconsequential — both bad and good — for they are not worth disturbing your equanimity.

67. As long as a man's mind is settled, his intellectual spirit quietly stands guard, spreading its light upon his mind as if it were a torch atop the edifice of his body. The animal spirit is sent to spread this light of knowledge throughout the entire body via the conduits of the brain.* It apprises the limbs of the commands and will of the sublime soul, and returns their message to its sender through the feelings and sensations which are aroused in them. As the verse (*MISHLEI* 20:27) states: *A man's soul is the lamp of God; it seeks out all the hidden recesses.* At such times [i.e., when his mind is settled], man has free choice and the control over his spirit to take the time to focus his thoughts upon exercising his sovereignty [over his animal spirit] and to devise strategies that activate or restrain his animal spirit for his personal benefit in this world and in the World to Come.

However, when his mind is agitated, a fearful darkness

---

* The white conduits [nerves] which branch out from the brain and the spinal cord to spread life and sensation throughout the body (like the arteries which branch out from the heart to distribute the blood/nourishment to the various organs) are called the conduits of the mind. Their feeling is concentrated in their membranes. When one conduit is blocked, or if the membrane hardens or weakens excessively, then the affected limb loses its lifeforce and feeling. There are a number of procedures and drugs which can either harden or weaken these membranes. Physicians use them — when there is no other alternative — to deaden pain.

עֵצָה וּגְבוּרָה, וְהַנֶּפֶשׁ הַבַּהֲמִית הָעֲזוּבָה מִשְׁתָּאָה וּמִשְׁתּוֹמֶמֶת
בְּעֵת צָרָה, מִשְׁתַּקַּעַת בְּתַרְדֵּמַת הָעַצְלוּת וְנוֹפֶלֶת בְּרָעָה לְאֵין
מַרְפֵּא, אוֹ רוּחַ רָעָה בַּהֲמִית אוֹחַזְתָּהּ, גּוֹרַרְתָּהּ עַל גַּבֵּי קוֹצִים
וּבַרְקָנִים, וּמַדִּיחָהּ לִפְעָמִים גַּם הִיא לְשׁוּחָה עֲמֻקָּה וַחֲשׁוּכָה.

סח) יֵשׁ מִין נָחָשׁ יָדוּעַ בְּאַרְצוֹת אֲמֶרִיקָא, שׁוֹנֵא לְמִין
יָדוּעַ שֶׁל צִפֳּרִים קְטַנִּים. וְהִנֵּה הַצִּפּוֹר פּוֹרֵחַ בָּאֲוִיר וְיוֹשֵׁב לוֹ
לָפוּשׁ בְּרֹאשׁ הָאִילָן, וְהַנָּחָשׁ מַכִּירוֹ מֵרָחוֹק, וְרוֹחֵשׁ וּבָא לוֹ
עַל גְּחוֹנוֹ תַּחַת הָאִילָן, וּפוֹעֵר פִּיו בְּחֵמָה שְׁפוּכָה עָלָיו
לְבַלְּעוֹ. כְּשֶׁהַצִּפּוֹר רוֹאֵהוּ, מַכִּיר בּוֹ גַּם־כֵּן, וְנִבְעַת וּמִשְׁתַּקֵּעַ
בְּעַצְבוּת וְשִׁעֲמוּם הַחוּשִׁים, עַד שֶׁנּוֹפֵל לְטֶרֶף לְפִיו.

וְהִפּוּךְ
הַדְּבָרִים בְּאוֹתוֹ נַעַר חֲסַר־לֵב (משלי ז), שֶׁכְּשֶׁמַּגִּיעַ לְפֶתַח
בֵּיתָהּ, דַּעְתּוֹ מְטֹרֶפֶת עָלָיו וּמַתְחִיל לְכַוֵּן לָשׂוּם פְּסִיעוֹתָיו
בִּמְתִינוּת תְּחִלָּה, כְּמוֹ שֶׁאָמַר הַכָּתוּב: "וְדֶרֶךְ בֵּיתָהּ יִצְעָד",
עַד שֶׁהָרוּחַ הַתַּאֲוָה חוֹטַפְתּוֹ כְּמַהֵר צִפּוֹר אֶל פָּח (שם).

סט) לְפִיכָךְ צָרִיךְ אָדָם לְהִתְגַּבֵּר מְאֹד לִשְׁמֹר אֶת
הָאֲבוּקָה הַיְקָרָה הַזֹּאת, לְהַחֲזִיקָהּ בְּכֹחַ וּלְהָגֵן עָלֶיהָ תָּמִיד,
וְזֶהוּ מִדַּת מְנוּחַת הַנֶּפֶשׁ, הַמְשַׁמֶּרֶת אֶת הָאָדָם מֵרָעוֹת רַבּוֹת
וְעוֹמֶדֶת לוֹ בִּשְׁעַת דָּחְקוֹ. אֶלָּא שֶׁהַמִּדָּה הַהִיא עֲלוּלָה
לְחֳלָאִים רַבִּים וְרָעִים: יֵשׁ לְךָ אָדָם שֶׁדַּעְתּוֹ מְטֹרֶפֶת עָלָיו עַל־
יְדֵי שׁוּם בְּשׂוֹרָה טוֹבָה אוֹ רָעָה, צַעַר אוֹ הֲנָאָה כָּל־דְּהוּא,
הַבָּאִין עָלָיו בְּהֶסַּח־הַדַּעַת. וּגְדוֹלָה מִזּוֹ, יֵשׁ לְךָ אֲנָשִׁים
חֲלוּשֵׁי הַדַּעַת, שֶׁמִּתְבַּלְבְּלִין עַל־יְדֵי שׁוּם שִׁנּוּי קָטָן בְּעִנְיְנֵי
הֶהֶרְגֵּל שֶׁלָּהֶם, דֶּרֶךְ מָשָׁל: שֶׁנִּטַּל מִטָּה כִּסֵּא וְשֻׁלְחָן שֶׁלּוֹ

falls upon him and his counsel and strength are taken from him. The forsaken animal spirit wanders aimlessly, stupefied in its distress, sinking into a lethargic sleep and falling prey to an illness which has no remedy. Or, a perverse animal spirit grabs hold of him, dragging him over thorns and briers, sometimes casting them both into a deep dark pit.

68. There is a certain type of snake in America, a known enemy of a certain species of small birds. The bird flies in the air, stopping to rest atop a tree. The snake, seeing the bird from afar, slithers on its belly towards the tree and opens its mouth wide, angrily threatening to swallow the bird. When the bird sees the snake, it recognizes it as an enemy. It is seized with fright, its senses become paralyzed and it falls into the snake's mouth.

The second reaction [where the animal spirit grabs hold of man] can be seen in the person whom the verse (MISHLEI 7:7) characterizes as *the youth void of understanding*. When he arrives at the door of her house [i.e., of his temptress], he approaches hesitatingly, as the verse (ibid. :8) states: *and towards her house he walks*, until the spirit of desire seizes him *as swiftly as the bird falls prey to the trap* (ibid :23).

69. Therefore, man must strengthen himself greatly to preserve this precious torch, to hold fast to it and protect it always. The torch is the trait of equanimity which protects man from many evils and stands by him at his time of need. However, the trait itself is prone to many grave maladies. There are people who become mentally unbalanced when they hear news — either good or bad — or when they experience unexpected pain or pleasure. Moreover, there are weak-minded people who lose their equilibrium with the slightest change in their regular

מֵחֶדֶר זֶה לְזוּלָתוֹ, אוֹ שֶׁנִּתְגַּלְגֵּל בֵּין אֲנָשִׁים שֶׁאֵין מַכִּירִין
אוֹתוֹ, וְכֵן בְּמִי שֶׁלֹּא הֻרְגַּל לַעֲבֹר לִפְנֵי הַתֵּבָה אוֹ לִדְרשׁ
בְּרַבִּים מִיָּמָיו וְכַיּוֹצֵא בָזֶה. חוֹלִים כְּאִלּוּ צְרִיכִין לְהִתְרַפֵּא
עַל־יְדֵי תְּרוּפַת הַחִנּוּךְ, וְלַקְבֵּעַ לָהֶם רֶמֶז מְנוּחַת הַנֶּפֶשׁ בֵּין
הַי"ג מִקְרָאוֹת שֶׁל תִּקּוּן הַמִּדּוֹת שֶׁלָּהֶם.

ע) וְהִנֵּה הֶאֱרַכְנוּ קְצָת בְּעִנְיָן פְּרָטֵי גַּרְמוֹת טֵרוּף הַדַּעַת,
אַף־עַל־פִּי שֶׁעִקָּר מְקוֹמָהּ הִיא בְּחָכְמַת הַמּוּסָר וְהַמִּדּוֹת, וְאֵין
לָהּ שַׁיָּכוּת בִּמְלֶאכֶת הַחִנּוּךְ שֶׁאָנוּ עֲסוּקִים בָּהּ כָּאן, מִכָּל
מָקוֹם נָפְקָא מִנַּהּ טוֹבָא נָמֵי בְּעֵסֶק הַחִנּוּךְ גּוּפָהּ, לְפִי
שֶׁצְּרִיכִין לְדַקְדֵּק תָּמִיד לַעֲמֹד עַל תֹּכֶן הַמַּחֲלָה וּמְקוֹרָהּ
בַּנֶּפֶשׁ, בִּכְדֵי לִמְצֹא הַתְּרוּפָה הַפְּרָטִית לְאוֹתוֹ מָקוֹם; שֶׁאִם
לָאו, לָא מִבַּעְיָא שֶׁעַל־פִּי־רֹב אֵינָן יְכוֹלִין לְרַפְּאתָם אֶלָּא
בִּמְתִינוּת וּבְקִשְׁיִי גָדוֹל, אֶלָּא שֶׁלִּפְעָמִים יְכוֹלִין אֲפִלּוּ לְהַזִּיק
לָהֶם.

דֶּרֶךְ מָשָׁל: שַׂר־צָבָא אֶחָד נִתְחַנֵּךְ לִמְלַאכְתּוֹ עַל־יְדֵי
רוּחַ גַּאֲוָה וְקִנְאָה בִּבְנֵי־גִילוֹ, אוֹ לְאַהֲבַת עַמּוֹ, וַהֲרֵי הוּא נִצָּב
בְּרֹאשׁ חֲיָלוֹתָיו וְרוֹאֶה אֶת הָאֵשׁ אֲבַדּוֹן וָמָוֶת סוֹגְרִין עָלָיו
מִסָּבִיב, וְהוּא עוֹדֶנּוּ עוֹמֵד וּמְפַקֵּחַ עַל עִסְקֵי תַּחְבּוּלוֹת
הַמִּלְחָמָה בְּדַעַת צְלוּלָה, כְּאִלּוּ הוּא יוֹשֵׁב רַעֲנָן וְשָׁלֵו בְּחַדְרוֹ.
וְהִנֵּה גִּבּוֹר כָּזֶה, אַף־עַל־פִּי שֶׁאֵין שׁוּם פַּחַד וְסַכָּנָה גוּפָנִית
מַסְפִּיקִין לְזַעֲזֵעַ אֶת אֹמֶץ לִבּוֹ, מִכָּל מָקוֹם יָכוֹל הוּא לְטָרֵף
וּלְהִבָּהֵל עַל־יְדֵי פַּחַד אוֹ דְאָגָה כָּל־שֶׁהוּא בִּדְבָרִים הַנּוֹגְעִים
לְיִרְאַת הָאַהֲבָה וְהַגַּאֲוָה, קִנְאָה וּפְחִיתוּת הַכָּבוֹד וְכַיּוֹצֵא. לֹא
כֵן גִּבּוֹרֵי קַדְמוֹנֵינוּ, עֲלֵיהֶם הַשָּׁלוֹם, שֶׁנִּתְחַנְּכוּ מִנְּעוּרֵיהֶם
וּבְטוּחִים בִּתְשׁוּעַת הַשֵּׁם לְעוֹשֵׂי רְצוֹנוֹ.

routine; e.g., if their chair or table is moved from one room to another, or if they find themselves in the company of people who do not know them, or if they are asked to serve as the prayer leader or to speak in public when they have never done so. Those who are afflicted in this manner must cure themselves by undertaking a regimen of conditioning and should include the trait of equanimity as one of the 13 traits that they seek to rectify.

70. We have elaborated somewhat regarding the factors that lead one to lose his equilibrium, even though the subject falls into the area of the analysis of character faults and has no application to the regimen of conditioning with which we are dealing. Nevertheless, the subject does have relevance to the overall subject of conditioning, for dealing with a specific character fault entails an analysis of the fault and its root in the soul so as to be able to develop a remedy that can deal with it specifically. Without this in-depth analysis, not only will the cure in most cases necessitate great patience and effort; at times, the cure can be more damaging than the illness.

For example: A general had been conditioned to fulfill his role through his spirit of pride and his envy of his colleagues, or through his love of his people. He stands at the head of his troops and sees devastating fire and death all around him, yet he is able to remain and plan the battle strategies with a clear mind — as if he were sitting serenely in his room. Yet, even someone as brave as him, whose courage is steadfast in the face of physical fear and danger, can become totally unnerved and unsettled by any fear having to do with love, pride, envy or loss of prestige. Our "brave" men of previous generations were not like this, for they were conditioned from their youth and trusted in the salvation that God brings to those who fulfill His will.

עא) וְכֵן יֵשׁ לְךָ אָדָם עָלוּל לְהִטָּרֵף וּלְהִתְבַּלְבֵּל מִפַּחַד בַּלֵּילוֹת; חִכּוּךְ בְּהֵמָה בְּכָתְלוֹ, חוֹשֵׁב לְרַעַשׁ הָאָרֶץ; דִּלּוּג הַחֲתוּלִים — שׁוֹדְדֵי לַיְלָה; קוֹרָה זְקוּפָה בָּאֲוִיר — כְּסָבוּר שֶׁהוּא הַשָּׂטָן בַּעַל כְּנָפַיִם, וְהוּא נִבְעַת בְּרוּחַ יִפְעַם וְלֵב דּוֹפֵק, וְלִפְעָמִים שָׁנוּפֵל בְּהִתְעַלְּפוּת. וְתַקָּנָתוֹ לְהִתְחַזֵּק — לְהִתְקָרֵב תֵּכֶף לְמָקוֹם אוֹתָהּ הַתַּקָּלָה, לְמַשֵּׁשׁ וּלְפַשְׁפֵּשׁ לְהַכִּיר בָּהּ בְּעוֹד שֶׁלֹּא הָיָה לוֹ פְּנַאי עֲדַיִן לְכַח הַדִּמְיוֹן שֶׁלּוֹ לִטְפֹּל עָלֶיהָ דִמְיוֹנוֹת כּוֹזְבוֹת כְּלָל. וְיֵשׁ מִי שֶׁדַּעְתּוֹ מְטֹרֶפֶת עָלָיו מֵחֲמַת טָרְדָּה, כְּשֶׁמּוּטָל עָלָיו אֵיזֶה עֵסֶק נָחוּץ קְצָת, הוּא נֶחְפָּז וּמִשְׁתַּקֵּעַ בְּכַעַס וּמְרִיבָה עִם בְּנֵי-בֵיתוֹ, וְלֹא עוֹד, אֶלָּא שֶׁאֲפִלּוּ בְּאוֹתוֹ עֵסֶק בְּעַצְמוֹ מִשְׁתּוֹמֵם הוּא וּמְקַלְקְלוֹ, וְכָךְ הוּא מְבַלֶּה זְמַנּוֹ בְּקִלְקוּלִים וְתַקָּנוֹת וּמְלַאכְתּוֹ אֵינָהּ נַעֲשֵׂית. וּרְפוּאָתוֹ — לְהַרְגִּיל אֶת עַצְמוֹ לִמְתִינוּת וְיִשּׁוּב הַדַּעַת, וּמַה גַּם לְמִדַּת סֵדֶר (לקמן פ"ג) וְכֵן כֹּל כַּיּוֹצֵא בָזֶה.

71. Similarly, there are people who become unsettled by their fears at night. An animal bumping into a wall becomes an earthquake, jumping cats become thieves and a pole standing straight up is transformed into a winged devil. A person like this is terrified and short of breath, his heart pounds, sometimes he faints out of fear. The remedy is to condition himself — to approach whatever has disturbed him, to touch and feel it before his imagination has the time to enshroud it in illusion. Other people lose their mental balance when they are overburdened; e.g., when they have to perform some kind of necessary duty, they become curt and short-tempered with their families. What is more, they become flustered and ruin whatever it was that they had to do. They thus spend their time repairing the damages that they have caused and have no time to accomplish what they are supposed to do. Their cure? They have to condition themselves to act patiently and calmly as well as to reinforce the trait of order (see Section III) and other similar traits.

פֶּרֶק ב: סַבְלָנוּת

כְּשֶׁאֵרַע לְךָ פֶּגַע רַע, שֶׁלֹּא הָיָה בְּיָדְךָ לְזָהֵר
מִמֶּנּוּ, אַל תַּחְמִירֵנּוּ עוֹד עַל־יְדֵי צַעַר לָרִיק:

(עב) בִּשְׁלֹשָׁה מִינֵי שְׁלֵמִיּוֹת הַקָּדוֹשׁ־בָּרוּךְ־הוּא מִתְכַּבֵּד
בְּעוֹלָמוֹ: בִּיכָלְתּוֹ, בְּחָכְמָתוֹ וּבְחַסְדּוֹ הַבִּלְתִּי בַּעַל תַּכְלִית.
וְשִׁעוּר הַכָּבוֹד הַזֶּה דּוֹמֶה מַמָּשׁ לְמִלֹא כָּל הָעוֹלָם כֻּלּוֹ, לְפִי
שֶׁאֵין לְךָ אֲפִלּוּ כִּמְלֹא גַרְעִין חוֹל אֶחָד בְּכָל הָעוֹלָם כֻּלּוֹ פָּנוּי,
שֶׁלֹּא נִבְרָא בּוֹ גוּף מֵאֵיזֶה מִין יָדוּעַ הַמֻּחְבָּר מֵחֲלָקִים שׁוֹנִים
בְּחָכְמָה נִפְלָאָה עֶלְיוֹנָה. וְלֹא עוֹד, אֶלָּא שֶׁאֲפִלּוּ כָּל גַּרְעִין
וְגַרְעִין בִּפְנֵי עַצְמוֹ אֵינוֹ נִשְׁאָר כָּךְ עַל מַתְכֻּנְתּוֹ, מֵחֲמַת
שֶׁחִבּוּר הַחֲלָקִים שֶׁלּוֹ מִשְׁתַּנֶּה תָּמִיד, דְּהַיְנוּ, שֶׁמַּעֲמָדָן שֶׁל
עַכְשָׁו מִתְפָּרֵק, וְהֵן מַתְחִילִין לְהִתְקַשֵּׁר בְּאֹפֶן אַחֵר, וְעַל־יְדֵי־
כָךְ הַגַּרְעִין הַמֻּחְבָּר מֵהֶן עוֹזֵב עִנְיָן טִיבוֹ וּמַהוּתוֹ שֶׁבָּרֶגַע זֶה,
וְקוֹנֶה לוֹ טֶבַע אַחֶרֶת בָּרֶגַע שֶׁלְּאַחֲרֶיהָ. אֲבָל בְּתוֹךְ כָּךְ יֵשׁ לְךָ
גַּרְעִין אַחֵר כְּנֶגְדּוֹ הַמְמַלֵּא מְקוֹמוֹ, רוֹצֶה לוֹמַר, שֶׁנִּכְנָס
בִּמְהוּתוֹ תַּחְתָּיו בְּאוֹתָהּ רֶגַע מַמָּשׁ;

לְפִיכָךְ הַכֹּל חוֹזֵר חֲלִילָה,

כְּגַלְגַּל זֶה, שֶׁחֵלֶק אֶחָד רוֹדֵף אַחַר חֲבֵרוֹ תָּמִיד. שֶׁאַף־עַל־פִּי
שֶׁכָּל חֶלְקֵי הַבְּרִיאָה מִשְׁתַּנִּים תָּמִיד מֵרֶגַע אַחַת לַחֲבֶרְתָּהּ
כַּנַּ"ל וּכְמוֹ שֶׁאָמַר הַכָּתוּב: "כָּל הַדְּבָרִים יְגֵעִים וְגוֹ'" (קֹהֶלֶת
א, ח), מִכָּל מָקוֹם כְּלַל הַכֹּל נִשְׁאָר קַיָּם עַל מְכוֹנוֹ תָּמִיד
כְּשֶׁהָיָה כָּל יְמֵי רְצוֹנוֹ יִתְבָּרַךְ, כְּמוֹ שֶׁכָּתוּב (שָׁם א, ד):
"וְהָאָרֶץ לְעוֹלָם עֹמָדֶת"; וְדָבָר זֶה מְבֹאָר מְאֹד בְּחָכְמַת סִפּוּר
הַטֶּבַע. אֶלָּא שֶׁבָּעוֹלָם הַדּוֹמְמִין וְהַצְּמָחִים, עֲדַיִן אֵין בָּנוּ
יְכֹלֶת לִרְאוֹת בְּבֵרוּר כָּל־כָּךְ, זוּלָתִי לְהַכִּיר שְׁלֵמוּת יְכָלְתּוֹ

SECTION II — PATIENCE
When something bad happens to you and you did not have the power to avoid it, do not aggravate the situation even more through wasted grief.

72. God's perfection is glorified in this world in three ways: Through His ability, through His wisdom and through His grace which is granted without ulterior motive. The measure of His glory is as great as the entire world, for there is not even a single grain of sand in this world which does not have within it a structure composed of the various elements of the wondrous Divine wisdom. Moreover, every single grain itself does not retain its original structure, for its components are always in flux — i.e., their present structure changes and they begin to reform into a different structure. Thus, the grain composed of these components loses its natural essence and assumes a different nature. Its place is taken by another grain which assumes the original nature; i.e., it assumes the essence that the first grain had before it changed.

The entire process is cyclical, like the turning of a wheel, with one part constantly pursuing the other. Even though all parts of the creation are in a state of change from one moment to the next, as the verse (*KOHELES* 1:8) states: *all things grow weary*, nevertheless, the world as a whole stays the same [since other elements assume the essence that the first element discarded] for as long as God so desires, as the verse (ibid. 1:4) states: *and the earth stands forever*. This is all evident in the story of nature, but in the worlds of the inanimate and of plants, we lack the ability to be able to observe this clearly. We

וְחָכְמָתוֹ יִתְבָּרַךְ בִּלְבַד. אָכֵן בְּבַעֲלֵי הַחַיִּים נִכָּרִין גַּם חֲסָדָיו יִתְבָּרַךְ בְּאֵר הֵיטֵב, וּמַה גַּם בְּחָכְמַת נֶפֶשׁ הַבַּהֲמִית וְהַשִּׂכְלִית, שֶׁנִּגְלִין בָּהּ פְּלִיאוֹת חָכְמָה וְהַחֶסֶד הַבִּלְתִּי בַּעַל תַּכְלִית בְּבֵרוּר כְּעֶצֶם הַשָּׁמַיִם לָטֹהַר.

עג) כִּי הִנֵּה, לֹא מִבַּעְיָא בְּאוֹתוֹ הֲמוֹן רַב שֶׁל מִינֵי הַנָּאוֹת שׁוֹנוֹת, גְּוָנִין, קוֹלוֹת וְרֵיחוֹת וּמִינֵי מְתִיקָה לַחֵךְ לַאֲלָפִים וְלִרְבָבוֹת, שֶׁבָּרָא הַקָּדוֹשׁ־בָּרוּךְ־הוּא לְעַנֵּג בָּהֶם אֶת בְּרִיּוֹתָיו מִידוֹ הַפְּתוּחָה וְהָרְחָבָה, כְּמוֹ שֶׁאָמַר הַכָּתוּב: "תִּתֵּן לָהֶם יִלְקֹטוּן תִּפְתַּח יָדְךָ יִשְׂבְּעוּן טוֹב" (תהלים קד, כח). וְהָאָדָם, שֶׁחָנַן אוֹתוֹ הַשֵּׁם יִתְבָּרַךְ דֵּעָה וּבִינָה, מוֹצֵא בָּהֶן יוֹם־יוֹם עוֹד תְּהוֹם עֵצוֹת שֶׁל הַמְצָאוֹת וְצֵרוּפֵי הַרְכָּבַת נִפְלָאוֹת שֶׁל נִגּוּנִים וְצִיּוּרִים, מִינֵי מִגְמָר וּמַטְעַמִּים רַבִּים וְשׁוֹנִים לְאֵין קֵץ וְתִכְלָה; וַאֲפִלּוּ מִן הַצַּעַר עַצְמוֹ יָכוֹל לְהוֹצִיא עוֹד תַּבְלִין נִפְלָאִים וְכָל מִינֵי עֹנֶג, כְּחֹמֶץ וּפִלְפְּלִין לַמַּשְׁמַנִּים וּמִינֵי מְתִיקָה, בִּכְדֵי לְרוֹמֵם וּלְהַעֲלוֹת עוֹד תַּעֲנוּגֵי נֶפֶשׁ הַבַּהֲמִית שֶׁלּוֹ.

לְמַעֲלָה מֵהֶם — עוֹד מִינֵי מַעֲדַנִּים הָרוּחָנִים שֶׁהַנְּשָׁמָה הָעֶלְיוֹנָה נֶאֱוָתָה בָּהֶן, כְּגוֹן אוֹתוֹ תַּעֲנוּג הַנִּפְלָא מֵעֵץ שֶׁלְּמַעְלָה, לַעֲשׂוֹת צְדָקָה עִם כָּל בָּשָׂר וָרוּחַ; וְאוֹתוֹ נֹעַם הַנִּרְאֶה בִּשְׁלֵמוּתָיו יִתְבָּרַךְ, דְּהַיְנוּ בְּיָכְלְתּוֹ, חָכְמָתוֹ וַחֲסָדוֹ הַנִּשְׂגָּבִים, עַל־יְדֵי הַבְּחִינָה בְּהֶרְכָּבַת הַיְצוּרִים, כְּגוֹן הַקֶּשֶׁר, הַפֵּרוּד, הַשִּׁלּוּב, וְהַגִּלְגּוּל הַתְּמִידִי בְּעוֹלָם הַדּוֹמְמִים, הַנִּקְרָא "כִימְיָה"; זְרִיעָה, קְלִיטָה, מָזוֹן, גִּדּוּל וְזִוּוּג הַצְּמָחִים; תַּהֲלוּכוֹת אֵיבְרֵי בַּעֲלֵי הַחַיִּים וְקִשּׁוּרֵי אַלְפֵי רִבְבוֹת חֲלִיּוֹתֵיהֶן וְכוּ'.

see only the perfection of His ability and His wisdom with clarity. In the animal world, however, we can see His grace clearly, especially through the intelligence of the animal and intellectual spirits which reveal the wonders of His wisdom and His grace which is granted without ulterior motive and which are as clear as the heavens themselves.

73. All of this is apparent not only from the various pleasures, colors, sounds, smells and things sweet to the palate which God created to bring pleasure to His creations, granting them open-handedly, as the verse (*TEHILLIM* 104:28) states: *You give to them and they gather, You open Your hand so that they are sated with good*. Man, whom God blessed with wisdom and understanding, constantly derives from them [i.e., all that God created] ever greater stores of discoveries and wondrous combinations of colors and forms, an infinite variety of aromas and tastes. Even from pain itself [i.e., an unsavory element] man can extract any number of wondrous spices and sources of delight — like vinegar and pepper and certain types of sweets — so as to increase even more the enjoyment available to his animal spirit.

Towering above all these are the spiritual delights in which the subliminal soul exalts — for example, the wondrous, sublime pleasure of acting righteously with everyone. This [i.e., the evidence of God acting according to the needs of all parts of His creation] is the pleasure which man sees in His perfection — i.e., in His exalted ability, wisdom and grace — and which is manifested in the makeup of His creations: in their bonding and separation, in the combining and constant motion in the inanimate world (chemistry); in the planting, rooting,

עד) אֶלָּא שֶׁאֵפְלוּ רֹב מִינֵי יִסּוּרִין וּמַכְאוֹבוֹת לֹא נִבְרְאוּ אֶלָּא
לְעוֹרֵר אֶת הָאָדָם לְהִזְדָּרֵז וּלְבַקֵּשׁ לוֹ תְּרוּפָה, לִגְדֹר בִּפְנֵי
סַכָּנַת כְּלָל הַגּוּף אוֹ סַכָּנַת אֵיזֶה אֵבֶר פְּרָטִי. וּבְהִתְגַּבְּרֵת
הַמַּכְאוֹבוֹת זְמַן אֹרֶךְ, כְּשֶׁנַּעֲשִׂין הֵן יוֹתֵר קָשִׁין מִן הַמִּיתָה
עַצְמָה — הֵכִין הַשֵּׁם יִתְבָּרַךְ תַּחְבּוּלָה לְשַׁכֵּךְ זַעְפָּם עַל־יְדֵי
הֶרְגֵּל, אוֹ עַל־יְדֵי תְּרוּפוֹת מַחֲלִישׁוֹת הָרַגָּשַׁת צִנּוֹרֵי הַמֹּחִין
הַנַּ"ל (סי' סז בהג"ה); כְּגוֹן מִי שֶׁהוּא רָגִיל לִמְחֹק אֶת הַגֵּר
הַדּוֹלֵק בְּאֶצְבְּעוֹתָיו, מִתְקַשֶּׁה עַל־יְדֵי־כָךְ עוֹר שְׁתֵּי הָאֶצְבָּעוֹת
הַלָּלוּ וּמִסְתַּלֶּקֶת מֵהֶן אוֹתָהּ הַהַרְגָּשָׁה הַחַדָּה הַקְּבוּעָה בְּרָאשֵׁי
אֶצְבְּעוֹתָיו שֶׁל אָדָם.

עַד לְמַעְלָה מֵהֶם — הַדְּאָגָה וְהַפַּחַד,
הַקּוֹדְמִין הַרְבֵּה לְהִתְחָלַת הַצַּעַר עַצְמוֹ, מְזָרְזִין אֶת הָאָדָם
לְהַמְלֵךְ בְּנַפְשׁוֹ הַשִּׂכְלִית וְלָקַח לוֹ עֵצָה לְהִפָּטֵר אֲפִלּוּ
מֵהַתְחָלַת הַצַּעַר, דְּהַיְנוּ לְהַפְנוֹת מִדַּרְכּוֹ, שֶׁלֹּא לִפְגַע בּוֹ כָּל
עִקָּר, אוֹ עַל־כָּל־פָּנִים לְחַנְּקוֹ בַּחֶדֶר הוֹרָתוֹ בְּטֶרֶם שֶׁיִּתְגַּלֶּה
לַאֲוִיר הָעוֹלָם. אֶלָּא שֶׁבְּכָל זֹאת, מֵחֲמַת שֶׁהָאָדָם עָשׂוּי
לְהִתְרַשֵּׁל אוֹ לְאַטֵּם אָזְנוֹ בִּפְנֵי הַהַתְרָאָה הַזֹּאת, מֵחֲמַת
הָעַצְלוּת אוֹ רוּחַ הַתַּאֲוֹות הַמְשֻׁרְשִׁים בְּנַפְשׁוֹ הַבַּהֲמִית, וְעַל־
יְדֵי־כָךְ הוּא נִלְכָּד לִפְעָמִים בְּחֶבְלֵי יִסּוּרִין הַבָּאִין עָלָיו
בְּהֶסַּח־הַדַּעַת, וְאַף־עַל־פִּי־כֵן עֲדַיִן חוּט שֶׁל חַסְדּוֹ יִתְבָּרַךְ
מָתוּחַ עָלָיו, לְהוֹסִיף עוֹד יָגוֹן עַל יְגוֹנוֹ עַל־יְדֵי הַחֲרָטָה,
דְּהַיְנוּ כְּשֶׁהוּא מִסְתַּכֵּל לַאֲחוֹרָיו וּמִצְטַעֵר הַרְבֵּה עַל שֶׁלֹּא
נִזְהַר בְּשָׁעַת הַכֹּשֶׁר וְלֹא שָׁמַע לְקוֹל מוֹכִיחָיו וּמוֹרָיו, וּבְכֵן
מִתְחַדֵּד כְּאִבּוֹ יוֹתֵר וְיוֹתֵר לְחַדְרֵי־בֶטֶן, וְעַל־יְדֵי־כָךְ הוּא
מִתְחַזֵּק בְּעֹמֶק הַנֶּפֶשׁ לְזִכָּרוֹן לַיָּמִים הַבָּאִים, שֶׁלֹּא יַחֲזֹר
וְיִכָּשֵׁל בָּהֶם. וְהִנֵּה צַעַר הַחֲרָטָה הַזֹּאת מַתְמֶדֶת יוֹתֵר מִן

fertilizing, and grafting in the plant world; in the complexity of the animal organs and in the interconnection of their thousands of links.

74. Even most types of pain and suffering were only created so as to give man the impetus to hasten and seek a remedy for himself, to serve as a protection for the body in general or for a specific limb. And when pain intensifies and is prolonged, when it becomes more unbearable than death itself, God has prepared a strategy to attenuate it — either through inurement or through medications which desensitize the nerves (see subsection 67). For example, one who is used to snuffing out a candle with his fingers finds that the tips of his fingers become calloused and their normal, acute sensitivity disappears.

Greater than this [i.e., pain and suffering] are the worry and fear which precede the pain. They spur man to apply his intellect to avoid even the beginning of pain — by moving away from its path so that it cannot strike him at all, or at least to choke it at its source before it becomes real. Nevertheless, since man is often careless or pays no heed to these advance warnings — either because he is lazy or because of the desires of his animal spirit — he sometimes finds himself suffering from pain which comes upon him suddenly. Yet, despite this, a thread of His grace is drawn over him and introduces regret which is added to the anguish which he already feels. Man reflects and is greatly sorry for not having been careful while there was still time and for not having heeded either those who offered reproof or his teachers. His anguish penetrates deeper and deeper into his inner recesses and he therefore engraves in his memory a resolution not to repeat [his mistake] and stumble once

הַיִּסוּרִין עַצְמָן, לְפִי שֶׁהִיא עֲשׂוּיָה לְהִתְעוֹרֵר גַּם זְמַן רַב אַחַר שֶׁכְּבָר נִסְתַּלֵּק הַכְּאֵב, בְּכָל פַּעַם שֶׁנִּזְכֹּר בּוֹ; וּפְעָמִים שֶׁהִיא בָאָה אֲפִלּוּ אַחַר אֵיזֶה חֵטְא גְּרִידָא, אֶלָּא שֶׁהִיא נִטְפֶּלֶת אָז לְצַעַר הַדְּאָגָה מִן הַפֻּרְעָנִיּוֹת וְעוֹקֶצֶת מְאֹד בְּעֹמֶק הַנֶּפֶשׁ. וְזֶה מְקוֹר הַתְּשׁוּבָה, שֶׁנִּבְרְאָה לְמָרֵק כִּתְמֵי הָעֲוֹנוֹת הַיְשָׁנוֹת וְלִמְחוֹת זֵכֶר יִצְרָם מִלְּבָבֵנוּ.

עה) וּגְדוֹלָה מִזּוֹ מָצִינוּ בְּאוֹתָן שֶׁנִּכְשְׁלוּ בִּפְשָׁעִים גְּדוֹלִים וַעֲצוּמִים, שֶׁאֵין לָהֶם מְנוּחָה כָּל יְמֵיהֶם, וְהֵם רָצִין וּמִתְנַדִּין אֶת חֶטְאָם בְּמַקְהֵלוֹת. הַרְבֵּה רוֹצְחִים הַבָּאִים בַּמַּחְתֶּרֶת, מִתְעוֹרֶרֶת רוּחַ-סְעָרָה בְּלִבָּם תֵּכֶף וְאֵין לָהֶם מְנוּחָה, עַד שֶׁבָּאִים לִמְקוֹם הַמִּשְׁפָּט וּמוֹסְרִין עַצְמָן לְמִיתָה, וְעַל-יְדֵי-כָךְ מִסְתַּלֵּק הַנֶּזֶק, עַל-יְדֵי שֶׁמְּבַעֲרִין אֶת הָרַע מִקֶּרֶב הָאָדָם, וְגַם הֵם עַצְמָם מִתְכַּפְּרִין בְּמִיתָתָן, כְּמוֹ שֶׁאָמַר הַכָּתוּב (משלי כח): "אָדָם עָשֻׁק בְּדַם נָפֶשׁ, עַד בּוֹר יָנוּס אַל יִתְמְכוּ בוֹ".

עו) וְכָל זֶה לֹא מַיְרֵי אֶלָּא מֵהַרְפַּתְקָאוֹת רָעוֹת שֶׁהָיִינוּ יְכוֹלִין לְהִמָּלֵט מֵהֶם קֹדֶם לָכֵן, אוֹ שֶׁיֵּשׁ בְּיָדֵינוּ לִמְצֹא תְּרוּפָה לְהַתִּיר הַקֶּשֶׁר כְּנֶגְדָּם עַכְשָׁו. אָמְנָם לְאוֹתָן מְאֹרָעוֹת קָשׁוֹת הַמִּתְרַגְּשִׁין לָבוֹא עָלֵינוּ בְּכֹחַ, שֶׁלֹּא הָיָה בָּנוּ יְכֹלֶת לְקַדֵּם אוֹתָם וְלֹא לְהִתְקוֹמֵם כְּנֶגְדָּן בְּבוֹאָן — הֵכִין לָנוּ הַשֵּׁם יִתְבָּרֵךְ עֲדַיִן תְּרוּפַת חִנּוּךְ הַסַּבְלָנוּת, שֶׁעַל-יְדֵי-כָךְ יְכוֹלִין לְהָקֵהוֹת גַּם צַעַר הַנֶּפֶשׁ; כְּמוֹ שֶׁמַּחֲלִישִׁין הָרְגָּשַׁת הַכְּאֵב עַל-יְדֵי תַחְבּוּלוֹת — מְסַגְּלִים לְהַקְשׁוֹת צִנּוֹרוֹת הַמֹּחִין וְקָרוּמֵיהֶן, וּכְמוֹ שֶׁאָמַר הַכָּתוּב (שם יח): "רוּחַ אִישׁ יְכַלְכֵּל

again. The pain associated with this regret persists longer than does the physical suffering itself, for it can be reawakened long after the pain has itself left him — i.e., every time he recalls what happened. At times it appears after some other sin, associating itself with the worry of impending punishment, stinging the depths of the soul. This is the motivating force that brings man to repent, a force created to cleanse the stains of past sins and to erase the memory of their being from our hearts.

75. More striking than this is what we find regarding those who have stumbled and transgressed major sins. They have no respite all their days, and they run to confess their sins publicly. Many murderers who struck secretly, find their hearts aflame immediately after they have killed, and they have no respite until they come to the halls of justice and turn themselves in to be put to death. In this way the harm is removed; evil is removed from the midsts of society and they [the murderers] achieve atonement through their death, as the verse (MISHLEI 28:17) states: *Man who is guilty of spilling another's blood; he will run into the grave, let him not be supported [prevented from doing so].*

76. All that we have said relates only to those vicissitudes which we could have escaped in advance, or which we could find a remedy to deal with once they have occurred. As concerns those serious incidents which come upon us unavoidably and which we were powerless to prepare for or which we could not deal with once they transpired, God has provided us with a remedial regimen — patience. Through this trait, one can dull the soul's pain much as physical pain can be dulled by drugs which harden the nerves that stem from the brain and its membranes. As the verse (ibid. 18:16) states:

מַחֲלֵהוּ״ וְכוּ׳. לְפִיכָךְ אֲנַחְנוּ חַיָּבִים לַעֲשׂוֹת רְצוֹן הַבּוֹרֵא
יִתְבָּרַךְ שְׁמוֹ, דְּהַיְנוּ לִטְרֹחַ לְכַתְּחִלָּה בְּאוֹתָהּ דֵּעָה וּבִינָה
שֶׁחַנֲּנֵנוּ לִשְׁמֹר אֶת צְעָדֵינוּ וּלְהִשְׁתַּמֵּשׁ בָּהֶם בְּכָל כֹּחֵנוּ. וְאִם
בְּכָל זֹאת בָּאַתָּה עָלֵינוּ הָרָעָה בְּהַשְׁגָּחָתוֹ יִתְבָּרַךְ, עֲדַיִן
מְחֻיָּבִים אֲנַחְנוּ לְהַכִּיר בְּטוֹבָתוֹ הָאַחֲרוֹנָה הַזֹּאת, דְּהַיְנוּ בְּמִדַּת
הַסַּבְלָנוּת שֶׁהִשְׁאִיר לָנוּ, לְהִשְׁתַּמֵּשׁ גַּם עִמָּהּ עַתָּה לְהָקֵל
צַעֲרֵנוּ וּלְקַבֵּל פִּצְעֵי הָאוֹהֵב הַנֶּאֱמָן, הַמֵּטִיב הָעֶלְיוֹן יִתְבָּרַךְ,
בְּאַהֲבָה, שֶׁוַּדַּאי גַּם הֵם לֹא נִבְרְאוּ אֶלָּא לְטוֹבָתֵנוּ.

עז) אֲבָל אוֹי לוֹ לָאִישׁ הַמְפֻנָּק שֶׁלֹּא נִתְחַנֵּךְ לְסַבְלָנוּת
מִיָּמָיו, שֶׁהֲרֵי בֵּין הַיּוֹם וּמָחָר סוֹפוֹ לִשְׁתּוֹת מִכּוֹס הַיִּסּוּרִין
שֶׁל נִסָּיוֹן אוֹ כַפָּרָה הַמְיֻעָדִים לָבוֹא עַל הָאָדָם בָּעוֹלָם הַזֶּה,
כְּמוֹ שֶׁאָמַר הַכָּתוּב (איוב יד): ״אָדָם לְעָמָל יֻלָּד״, כִּי הִנֵּה
הָרְגָּשַׁת צַעֲרוֹ וּכְאֵבוֹ חַדָּה יוֹתֵר מִכָּל אָדָם; וְלֹא עוֹד אֶלָּא
שֶׁנִּטְפֶּלֶת אֵלֶיהָ גַּם צַעַר הַחֲרָטָה לָרִיק, כְּדֶרֶךְ הַבּוֹעֲרִים
הָאֻמְלָלִים הַמְּלֵאִים חֲרָטוֹת שֶׁל מַה־בְּכָךְ לֵאמֹר: אִלּוּ לֹא
נִכְנַסְתִּי לַעֵסֶק זֶה, לֹא פָּגַע בִּי מִקְרֶה הָרַע הַזֶּה! וְאִלּוּ הָיִיתִי
מִתְעַכֵּב עוֹד שָׁעָה אַחַת בְּמָקוֹם פְּלוֹנִי, לֹא הָיִיתִי נִכְשָׁל
בְּכָאן!

וְכַיּוֹצֵא בָזֶה. שֶׁהֲרֵי לֹא בְּרָאָנוּ הַקָּדוֹשׁ־בָּרוּךְ־הוּא
כֻּלָּנוּ נְבִיאִים, וְלֹא הִרְשָׁנוּ אֶלָּא לְהִשְׁתַּמֵּשׁ בְּאוֹתָהּ זְהִירוּת שֶׁל
בִּינָה שֶׁחַנֲּנֵנוּ בְּרַחֲמָיו, אֲבָל לֹא לְהִתְחַכֵּם יוֹתֵר מִדַּי, כְּמוֹ
שֶׁאָמַר הַכָּתוּב (דברים יח, יג): ״תָּמִים תִּהְיֶה עִם ה׳ אֱלֹהֶיךָ״.
וְהַמִּתְבַּעֵט בְּיִסּוּרִין שֶׁל הַקָּדוֹשׁ־בָּרוּךְ־הוּא וּמִתְרַעֵם עַל
מִדּוֹתָיו, חַס וְשָׁלוֹם, לוֹקֶה וּמִשְׁתַּלֵּם בְּעָוֺן כִּפְלַיִם, וְטוֹעֵם

Man's spirit sustains him in sickness. Hence, we must fulfill God's will; i.e., at first we must exert ourselves, employing the wisdom and understanding which He has granted us, to guard our steps and use them [i.e., wisdom and understanding] as best we can. If, despite our efforts, we are faced with evil through His providence, we are still obligated to recognize this last favor of His — i.e., the trait of patience which He has given us. We are to utilize it as a means of lessening our pain and accept our wounds as those inflicted by our faithful lover, the exalted Benefactor, for beyond doubt, they [our pain] too were only created for our benefit.

77. Woe to the pampered man who has never been trained to be patient. Either today or in the future he is destined to sip from the cup of affliction — either as a personal trial or as a means of atonement which is meant to befall people in this world. As the verse *(IYOV 5:7)* states: *Man is born to toil.* The pampered man feels his affliction and pain more intensely than others. Moreover, he is also beset with vain regret, like those unfortunate boors who are full of meaningless remorse, making statements like: "Had I only not entered that business, this would have never occurred. Had I only stayed in that place for another hour, I would not have ended up here."

God did not create us all as prophets, and we were only permitted to use our understanding — which He granted us in His mercy — as our protection. He did not, however, permit us to be overly smart, as the verse *(DEVARIM 18:13)* states: *You shall be straightforward with God, your Lord.* One who rejects the afflictions which God brings upon man, or one who complains about His attributes, Heaven forbid, is subject to physical punish-

טַעַם חִבּוּט הַקֶּבֶר בְּחַיָּיו, עַד שֶׁמְּרִירָתוֹ פּוֹקַעַת בְּקִרְבּוֹ,
וּפְעָמִים שֶׁיוֹצֵא מִדַּעְתּוֹ, אוֹ מֵת מִתּוֹךְ חֵרוּפִין וְגִדּוּפִין,
רַחֲמָנָא לִצְלַן.

ment, pays double for his crimes and suffers the traumas of the grave while still alive, until his bitterness bursts inside of him. At times he loses his mind or dies while cursing and blaspheming, God forbid.

פֶּרֶק ג: סֵדֶר

כָּל מַעֲשֶׂיךָ וַחֲפָצֶיךָ יִהְיוּ מְסֻדָּרִים לָךְ, כָּל
אַחַת וְאַחַת בִּמְקוֹם קָבוּעַ וּבִזְמָן קָבוּעַ, וְכָל
מַחֲשַׁבְתְּךָ תְּהֵא פְנוּיָה תָּמִיד לְמָה שֶׁלְּפָנֶיךָ:

עח) כָּל זְמַן שֶׁהָאָדָם מוּטָל בְּשֵׁנָה עֲמֻקָּה, הֲרֵי נַפְשׁוֹ
הַבַּהֲמִית פְּנוּיָה וְרֵיקָנִית מִכָּל נִדְנוּד צִיּוּר וּמַחֲשָׁבָה וּקְרוֹבָה
לְמַדְרֵגַת הַצְּמָחִים וְהַדּוֹמְמִים, הַשְּׁקוּעִים בְּמִיתָה מֻחְלֶטֶת.
אָכֵן כְּשֶׁהֵקִיצָה קְצָת, אֲזַי הִיא מַתְחֶלֶת לְהִתְגַּלְגֵּל בְּמַהֲלַךְ
חִלּוּף הָרַעְיוֹנוֹת הַנִּזְכָּר לְעֵיל בָּעוֹלָם הַדִּמְיוֹן שֶׁבָּהּ, אֲבָל עֲדַיִן
אֵינֶנָּה רוֹאָה וְלֹא שׁוֹמַעַת וְלֹא מַרְגֶּשֶׁת שׁוּם דָּבָר נִרְגָּשׁ מִמַּה
שֶּׁנִּתְחַדֵּשׁ עַתָּה בַּחֲלָלָהּ שֶׁל עוֹלָם הַגָּדוֹל, לְפִי שֶׁכָּל הָרַעְיוֹנוֹת
הָהֵם אֵינָן אֶלָּא רִשּׁוּמֵי הַרְגָּשׁוֹת (שֶׁהַרְגָּשָׁה הַנֶּפֶשׁ קֹדֶם לָכֵן
בִּזְמַן יְקִיצָתָהּ), שֶׁנִּשְׁתַּיְּרוּ בְּכֹחַ הַזִּכָּרוֹן שֶׁלָּהּ גִּלְגּוּל הָרְשִׁימוֹת
הַלָּלוּ, אָז נִקְרָא מַהֲלַךְ הַחֲלוֹמוֹת, שֶׁאֵין כֹּחַ לֹא בַּנֶּפֶשׁ
הַבַּהֲמִית וְלֹא בַּשִּׂכְלִית לְשַׁנּוֹת אֶת מַהַלְכוֹ כְּלוּם. אֲבָל
כְּשֶׁנֵּעוֹר מִשְּׁנָתוֹ לְגַמְרֵי, אֲזַי נִפְקָחִים צִנּוֹרוֹת הַמֹּחִין לְהַרְגִּישׁ
הַשִּׁנּוּיִים הַמִּתְחַדְּשִׁים בָּעוֹלָם הַגָּדוֹל, עַל־יְדֵי זַעֲזוּעֵי קְרוּמֵי
הַמֹּחִין. וּמִכָּל מָקוֹם בְּשָׁעָה שֶׁהַנֶּפֶשׁ הַבַּהֲמִית שְׁלֵוָה וּשְׁקֵטָה
בְּעֵינַיִם סְגוּרוֹת, דְּהַיְנוּ בְּשָׁעָה שֶׁקְּרוּמֵי הַמֹּחִין שְׁקֵטִין וְנָחִין
לְגַמְרֵי, אֲזַי חוֹזֵר מַהֲלַךְ חִלּוּף הָרַעְיוֹנוֹת לִמְקוֹמוֹ, כְּעֵין אוֹתָן
שֶׁל מַהֲלַךְ הַחֲלוֹמוֹת; זוּלָתִי, שֶׁעַכְשָׁו עֵין הַשֵּׂכֶל עֵר וְשׁוֹלֵט
לְשַׁנּוֹתוֹ כְּחֶפְצוֹ וּלְהַדְרִיכָהּ בְּכָדִי לְסַדְּרָהּ בְּאֹפֶן נָאוֹת לְטֶבַע
עוֹלָם הַגָּדוֹל, לְפִיכָךְ הוּא מְכֻנֶּה אָז מַהֲלַךְ הַמַּחֲשָׁבוֹת בָּעוֹלָם
הַקָּטָן שֶׁלָּהֶם.

עט) וְהִנֵּה, לֹא מִבַּעְיָא בְּמַהֲלַךְ הַחֲלוֹמוֹת שֶׁאֵין בָּהֶם
שׁוּם לַחֲלוּחִית שֶׁל דַּעַת וּבִינָה כְּלָל, וְהַכֹּל אֵינוֹ אֶלָּא קָבוּץ

SECTION III — ORDER
All your actions and possessions should be orderly — each and every one in a set place and at a set time. Let your thoughts always be free to deal with that which lies ahead of you.

78. When a person is in deep sleep, his animal spirit is free and devoid of the slightest stirrings of images or thoughts — close to the level of the plants and inanimate objects which are steeped in absolute death. However, when the animal spirit begins to awaken slightly, the process of the passing of thoughts begins to revolve within its imagination, as we mentioned before. Still, it neither sees, hears or feels anything that transpires in the world of reality, for all the passing thoughts which it has are nothing more than the impressions of things which it experienced while still awake and which were stamped into its memory.

This state is called the dream process and both the animal and intellectual spirits are powerless to alter it in the least. However, when the person becomes fully awake, the nerves become capable of feeling the changes in the real world through the vibrations of their membranes. In any event, when the animal spirit is serene and silent with its eyes closed — i.e., when the nerves are at rest — the process of passing thoughts is resumed, much like the dream process, with the exception that the intellect's eye has the power to change it at will and direct it so that it is set in a manner which is attuned to the nature of the real world. This state is referred to as "the thought process of the small world."

79. The dream process is completely devoid of any trace of the functions of knowledge and understanding.

שֶׁל דְּמְיוֹנוֹת כּוֹזְבִין וּמְטַרְפִין בְּעַרְבּוּבְיָא — אֶלָּא אֲפִלּוּ
מַחֲשָׁבוֹת עַצְמָן, אַף־עַל־פִּי שֶׁכְּבָר נִתְקְנוּ עַל־פִּי עֵצַת הַנֶּפֶשׁ
הַשְּׂכְלִית כַּנַּ״ל, מִכָּל מָקוֹם הַמֶּשֶׁךְ מַהַלְכָן בָּזֶה אַחַר זֶה נוֹבֵעַ
עֲדַיִן מִמְּקוֹר כֹּחַ הַדִּמְיוֹן, וַהֲרֵי אֵין לַנֶּפֶשׁ הַבַּהֲמִית מִצַּד
עַצְמָהּ שׁוּם תְּפִיסָה וְהַבְחָנָה מֵעִנְיַן הַסֵּדֶר הַנָּכוֹן. לֹא כֵן
הַנֶּפֶשׁ הַמַּשְׂכֶּלֶת, הָעֲשׂוּיָה לְהַעֲרִיךְ כָּל פְּעֻלּוֹתֶיהָ עַל־פִּי חֹק
קָבוּעַ, וּלְהַרְגִּיל גַּם אֶת הַנֶּפֶשׁ הַבַּהֲמִית לִמְצֹא קֹרַת־רוּחַ
בְּמַעֲרָכוֹת הַמְּסֻדָּרוֹת עַל־פִּי חֹק אֶחָד תָּמִיד, וּבְדֶרֶךְ זֶה הוּא
מֵקֵל מְאֹד כָּל כְּלָל מַהֲלַךְ הָעֲסָקִים מֶשֶׁךְ כָּל יְמֵי חַיָּיו שֶׁל
הָאָדָם בִּשְׁנֵי הָעוֹלָמוֹת, דְּהַיְנוּ בָּעוֹלָם הַקָּטָן וּבָעוֹלָם הַגָּדוֹל
(דְּהַיְנוּ עוֹלָם הַמַּחֲשָׁבוֹת וְעוֹלָם הַמַּעֲשִׂים).

וְזֹהִי מִדַּת הַסֵּדֶר,

דְּהַיְנוּ, שֶׁצָּרִיךְ לְיַחֵד לְכָל עֵסֶק וָעֵסֶק מֵעִסְקֵי הַמַּחֲשָׁבוֹת
וְהָעִיּוּנִים זְמַן קָבוּעַ לְעַצְמוֹ, וּלְפַנּוֹת לְכָל עֵסֶק וּלְכָל חֵפֶץ
מֵעִנְיְנֵי הָעוֹלָם הַגָּדוֹל זְמַן וּמָקוֹם יָדוּעַ לְכָל אֶחָד בִּפְנֵי עַצְמוֹ,
וּלְדַקְדֵּק לְצַיֵּן אֶת תְּחוּמֵיהֶם בְּסִיּוּגִים, שֶׁלֹּא יִכָּנֵס הָאֶחָד לְתוֹךְ
גְּבוּלוֹ שֶׁל חֲבֵרוֹ. וּלְפִי שֶׁגַּם מִדָּה זוֹ עֲלוּלָה לַחֲלָאִים רַבִּים,
שֶׁצָּרִיךְ לְהִתְרַפֵּא מֵהֶם עַל־יְדֵי תְּרוּפוֹת הַחִנּוּךְ, עַל־כֵּן נִקְבַּע
לָהּ כָּאן גַּם־כֵּן מָקוֹם בֵּין אוֹתָן הַי״ג רְמָזִים.

פ) הִנֵּה מָצִינוּ אֲנָשִׁים בַּעֲלֵי תוֹרָה וְחָכְמָה וּמִדּוֹת
טוֹבוֹת, אֶלָּא שֶׁמְּחֻסְּרָין סֵדֶר בְּעִסְקֵי בֵּיתָם וּבְאֻמָּנוּתָם עִם
הַבְּרִיּוֹת, אוֹ בְּעִסְקֵי לְמוּדָם וּתְפִלָּתָם. יֵשׁ מֵהֶם שֶׁכְּלֵי בֵּיתָם
וְתַשְׁמִישֵׁיהֶן צְבוּרִין אוֹ מְפֻזָּרִין כֹּה וָכֹה — הַבְּגָדִים
וְהַקְּדֵרוֹת וְהַמַּצָּעוֹת, הָעֲרֵבוֹת וְהַסְּפָרִים, הַכֹּל בְּכִנּוּפְיָא אַחַת,
בְּאֹפֶן שֶׁמְּקַצְּצָן אֲבוּדִים לִשְׁעַת תַּשְׁמִישָׁן לְגַמְרֵי, אוֹ עַל־כָּל־
פָּנִים מְכַלִּין זְמַן וְכֹחַ הַרְבֵּה לְחַפֵּשׂ אַחֲרֵיהֶן תָּמִיד, וּמְקַצְּצָן
מַזִּיקִין בִּשְׁכוּנָתָן זֶה אֵצֶל זֶה וְזֶה עַל־גַּבֵּי זֶה. וְיֵשׁ לְךָ אֲחֵרִים,

All that is dreamt is nothing more than a confused agglomeration of false, mixed-up images. Although thoughts are placed into the memory by the intellectual spirit, the sequence in which they arise stems from the imagination, for the animal spirit lacks the ability and appreciation to be able to set them into an orderly fashion. The intellectual spirit, which has the ability to operate according to fixed rules, can condition the animal spirit to find satisfaction in processes that operate according to a fixed and unchanging schedule. By doing this, it greatly facilitates the management of man's affairs in both worlds — in the small one [the world of thought] and in the larger one [the world of action].

This is the trait of order; allocating a set time for each and every thought and analysis, freeing time and space for each and every affair in the world of action, and demarcating the bounds of each with set boundaries so that one not intrude upon the other. Because this trait is often beset by many "maladies" which must be treated through conditioning, we have seen fit to include it within the 13 traits which need reinforcement.

80. We find men who are knowledgeable in Torah, who are wise and possess fine character traits, yet lack order in their household affairs, in their dealings with others, in their studies or in their prayers. There are some whose household utensils and appurtenances are piled atop each other or scattered about — clothing, pots, bedding, tubs and books all in one heap — so that some can not be found when they are needed, or precious time is wasted searching for them, or their very proximity to each other is damaging. There are people who are engrossed in halachic analysis or in making their business accountings while reciting the *amidah*. There

שֶׁמִּשְׁתַּקְּעִין בְּעֹמֶק עִיּוּן הַהֲלָכוֹת אוֹ חֶשְׁבּוֹנוֹת מַשָּׂא־וּמַתָּן שֶׁלָּהֶם בִּתְפִלַּת שְׁמוֹנֶה־עֶשְׂרֵה. וְיֵשׁ מֵהֶם הַהוֹלְכִים בְּעֵינַיִם פְּקוּחוֹת בַּשּׁוּק וְאֵינָם רוֹאִים וְלֹא שׁוֹמְעִין כְּלוּם, וּפְעָמִים שֶׁהֵן נִזּוֹקִין עַל־יְדֵי־כָךְ בְּגוּפָן אוֹ בְּמָמוֹנָם, וְעַל־כָּל־פָּנִים מִתְגַּנִּים בְּעֵינֵי הַבְּרִיּוֹת. וּבְיוֹתֵר צָרִיךְ אָדָם לְדַקְדֵּק בְּעִנְיְנֵי בִּלְבּוּל הַדַּעַת, וּלְחַנֵּךְ עַצְמוֹ לְפַנּוֹת כָּל מַחֲשַׁבְתּוֹ לְאוֹתוֹ עִנְיָן שֶׁהוּא עָסוּק בּוֹ עַכְשָׁו בִּלְבַד, שֶׁלֹּא יְהֵא עוֹמֵד כָּאן וּמְחַשֵּׁב בְּאַסְפַּמְיָא, מִתְעַטֵּף בַּצִּיצִית וּמְבָרֵךְ עַל הַתְּפִלִּין וְכַיּוֹצֵא בָזֶה.

are those who walk with their eyes open in the marketplace but see and hear nothing — sometimes causing damage to themselves or their property, and at least seeming foolish to others. One should be extraordinarily careful not to allow himself to become confused and must condition himself to focus all of his attention on what he is doing at that moment. He should not stand in one place and daydream about something totally unrelated; e.g., put on his *tzitzis* and recite the blessing said on *tefillin*.

פֶּרֶק ד: חֲרִיצוּת

כָּל מַעֲשֶׂךָ יִהְיֶה עַל-פִּי שִׁקּוּל הַדַּעַת תְּחִלָּה;
וּמִשֶּׁגָּמַרְתָּ בְּלִבְּךָ — קוּם עֲשֵׂה וְאַל תֶּרֶף:

פא) הַנִּסָּיוֹן מְלַמֵּד דַּעַת לַנֶּפֶשׁ הַבַּהֲמִית שֶׁל בַּעֲלֵי
הַחַיִּים עַל-פִּי מַהֲלַךְ הָרַעְיוֹנוֹת שֶׁלָּהֶם. צִפּוֹר שֶׁנִּמְלְטָה מִפַּח
יוֹקְשִׁים פַּעַם אַחַת, כְּשֶׁהִיא רוֹאָה אוֹתוֹ פַּעַם שְׁנִית,
מִתְעוֹרֶרֶת בָּהּ עַל-יְדֵי-כָךְ הָרְשִׁימָה הַיְשָׁנָה מִן הַפַּח, וְאַגַּבָּהּ
נָמֵי רְשִׁימוֹת הַצָּרָה שֶׁלָּהּ בְּמַלְכָּדְתָּהּ, וְהִיא נִזְהֶרֶת עַל-יְדֵי-כָךְ
וּבוֹרַחַת. וְהַנִּסְיוֹנוֹת הָהֵם מִתְחַזְּקִין וְהוֹלְכִין עַל-יְדֵי הַהֶרְגֵּל,
דְּהַיְנוּ עַל-יְדֵי צֵרוּף הַמַּשֶּׁהוּיִין שֶׁל הָרְשִׁימוֹת כַּנַּ"ל (הקדמה
סי' נב), עַד שֶׁנּוֹלָדִים מִמֶּנָּה הַתָּאֲווֹת הַמְלֻמָּדוֹת הַנַּ"ל. וְהִנֵּה
עִקַּר מַהֲלַךְ הַזֶּה הוּא מַהֲלַךְ הַחֲלוֹמוֹת כַּנַּ"ל, אֶלָּא שֶׁעַל-יְדֵי
שֶׁהוּא נִפְסָק מַדַּרְכּוֹ בְּכָל עֵת עַל-יְדֵי הַהֶרְגֵּשׁוֹת שֶׁבְּעֵת
הַיְקִיצָה, וְחוֹזֵר וּמַתְחִיל בְּכָל פַּעַם אוֹתָהּ הַהֶרְגֵּשָׁה
שֶׁנִּתְחַדְּשָׁה בָּהּ עַכְשָׁו, שֶׁעַל-יְדֵי-כָךְ הוּא מְתֻקָּן וּמֻגָּהּ עַל-פִּי
הַהֶרְגֵּשׁוֹת מֵעוֹלָם הַגָּדוֹל, עַל-כֵּן נִקְרָא שֵׁם "מַהֲלַךְ
הָרַעְיוֹנוֹת". דֶּרֶךְ מָשָׁל: הַכֶּלֶב פּוֹנֶה מַדַּרְכּוֹ וְרָץ לְמִי
שֶׁמּוֹשִׁיט לוֹ פְּרוּסָה, אוֹ בּוֹרֵחַ מִן הַמַּקֵּל, וְכַיּוֹצֵא בָזֶה.

פב) וּכְמוֹ-כֵן הָאָדָם בְּקַטְנוּתוֹ, בְּעוֹד שֶׁלֹּא הִתְחִילָה
הַנֶּפֶשׁ הַמַּשְׂכֶּלֶת לְהִתְנוֹצֵץ בּוֹ כְּלָל, הוּא לוֹמֵד וְהוֹלֵךְ גַּם-כֵּן
עַל-פִּי הַנִּסָּיוֹן שֶׁל מַהֲלַךְ הָרַעְיוֹנוֹת כַּנַּ"ל. וְאָמְנָם כְּשֶׁהוֹלֵךְ
וּבָא בַיָּמִים, עַד שֶׁבִּכְּרָה נַפְשׁוֹ הַמַּשְׂכֶּלֶת וְהִבְשִׁילָה כָּל צָרְכָּהּ,
הֲרֵי הוּא בֶן-חוֹרִין לְעַכֵּב מַהֲלַךְ הַנֶּפֶשׁ הַבַּהֲמִית, וְלָקַח לוֹ
פְּנַאי לְהַמְלָכָה בַּעֲצַת בִּינָתוֹ הָרוֹאָה אֶת הַנּוֹלָד. אֲבָל רַבָּא

SECTION IV — DECISIVENESS
All of your acts should be preceded by deliberation;
when you have reached a decision, act without hesitating.

81. Through use of the thought process, the animal spirit learns by experience. If a bird escapes a hunter's trap once, the memory of that experience is reawakened when it sees a trap again — including the pain it experienced when it was trapped. It is therefore careful and flees. These experiences are reinforced by habit — i.e., by the accumulation of traces into the memory (see Introduction) — to the point where they can themselves create desires [i.e., action caused by conscious thought]. This process is fundamentally similar to the dream process. However, because it is constantly interrupted by the alternating sensations that one experiences when awake, and continues [after having been interrupted] from the most recent sensation [whereas dreams appear randomly], it is therefore attuned and set according to the patterns of the world of action [i.e., the real world]. We therefore refer to it as the thought process. For example, a dog will stop running and will turn to take something being held out to it, or will flee from a stick being raised [through conscious thought based on previous experience].

82. Similarly, a small child — even before his intellectual spirit has crystalized — learns through the experiential thought process. As he grows older and his intellectual spirit develops and matures, he reaches the point where he is capable of controlling his animal spirit [which reacts immediately to stimuli] and can take the time to consider the ramifications of any act by

דְּרַבָּא אִי אֶפְשָׁר לְהוֹצִיא דָּבָר מִתּוֹךְ דָּבָר (וּבִפְרָט בַּעֲסָקִים שֶׁבֵּין אָדָם לַחֲבֵרוֹ) בִּכְדֵי לְהַבְחִין בֵּין טוֹב לָרַע בְּבֵרוּר גָּמוּר;

אֶלָּא עַל־פִּי־רֹב צְרִיכִין אָנוּ לְהִסְתַּפֵּק בִּסְבָרָא בְּעָלְמָא וְלִפְסֹק הַדִּין עַל־פִּי מַה דְּמִסְתַּבֵּר טְפֵי; וְלֹא זוֹ אַף זוֹ, אֶלָּא שֶׁצָּרִיךְ לִהְיוֹת מָהִיר מְאֹד לְהוֹצִיא הֶכְרַע הַסְּבָרוֹת בִּזְמַן קָצָר, לְפִי שֶׁרֹב הָעֲסָקִים צְרִיכִין מְהִירוּת, בִּכְדֵי שֶׁלֹּא תַעֲבֹר הַשָּׁעָה הַמֻּכְשֶׁרֶת לְכָךְ, וּצְרִיכִין עַקְשָׁנוּת לְנַצֵּחַ אֶת הַמּוֹנְעִים, וּמִשֶּׁנִּפְסַק הַדִּין כְּמִשְׁפַּט הַנֶּפֶשׁ הַמַּשְׂכֶּלֶת, אֲזַי חוֹזְרִין וּמוֹסְרִין אֶת הָעֵסֶק הַגּוּפָנִי לַנֶּפֶשׁ הַבַּהֲמִית לִהְיוֹת פּוֹעֵל אוֹתוֹ בְּכָל תֹּקֶף הָרוּחַ הַבַּהֲמִי הֶחָזָק. וְהִנֵּה אוֹתָהּ הַמִּדָּה הַמְמֻצַּעַת הַמְכֻנָּה חֲרִיצוּת אוֹ עַקְשָׁנוּת, עֲלוּלָה לְחֳלָאִים וְהַפְלָגוֹת, לָסוּר אֵילָךְ וְאֵילָךְ מִדֶּרֶךְ הַנְּכוֹנָה.

פג) דֶּרֶךְ מָשָׁל: יֵשׁ לְךָ אָדָם שֶׁמְּקַצֵּר בַּהֲמְלָכָה מְאֹד, וּכְאִלּוּ הוּא נוֹהֵג אֶת כָּל עֲסָקָיו בַּעֲצַת הַנֶּפֶשׁ הַבַּהֲמִית בִּלְבַד, וְעָלָיו אָמַר הַכָּתוּב (משלי כא, ה): "מַחְשְׁבוֹת חָרוּץ אַךְ לְמוֹתָר וְכָל אָץ אַךְ לְמַחְסוֹר". וּכְנֶגֶד זֶה יֵשׁ לְךָ אָדָם מַשְׂכִּיל וּמָהִיר בְּאֵיזוֹ חָכְמָה אוֹ מְלָאכָה יְדוּעָה, וְהוּא מְחֻסַּר עֵצָה וְנִסָּיוֹן בַּעֲסָקִים אֲחֵרִים; וּכְשֶׁמִּזְדַּמֵּן לְפָנָיו אֵיזֶה עֵסֶק זָר, אֲזַי הוּא חוֹשֵׁב וּמִתְחַכֵּם וּמִתְנַחֵם, וְחוֹזֵר וּמִתְיָעֵץ וְחוֹזֵר וּמְפַקְפֵּק לְאֵין קֵץ; וַהֲרֵי אָדָם זֶה, תַּקָּנָתוֹ — קַלְקָלָתוֹ, לְפִי שֶׁעַל־יְדֵי שֶׁהוּא בַּר־שֵׂכֶל, הוּא יָכוֹל לְהַמְצִיא תָּמִיד פָּנִים לְכָאן וּפָנִים לְכָאן לְאֵין סוֹף, אוֹ עַל־כָּל־פָּנִים הוּא מְאַחֵר אֶת זְמַן כָּל

employing his power of understanding. For the most part, however, it is impossible to determine what the ramifications of any act will be — especially when they concern interpersonal relationships — so that one would be able to discriminate between good and evil with complete precision.

Generally, one must be content to rely on logic and make his determination based on probability. Moreover, one must reach his logical decision quickly, for most situations require alacrity so that the opportune moment does not pass. One must be stubborn so as to overcome all the impediments that stand in the way of making a decision. Once the intellectual spirit has reached its decision, the physical performance is relegated to the animal spirit to be executed with the full vigor which it possesses. This trait — which we refer to as decisiveness or obstinancy — is susceptible to many complications and extremes which can drive it away from the desired direction.

83. For example: There are people whose process of deliberation is so short that it seems as if they conduct all their affairs solely according to the advice of their animal spirits. About them, the verse (*MISHLEI* 21:5) states: *The thoughts of the zealous are superfluous and those who are hasty reap only loss*. Then there are people who are intelligent and quick in a certain field of learning or in a certain craft but who lack ideas or experience in other fields. When faced with a situation with which they are unfamiliar, they think and reflect and ponder, then they consult and think again interminably. This man's virtue is, in truth, his problem. Because he is intelligent, he can always find endless rationales that support different courses of action. Because of his inability to reach a final

הָעֵסֶק אוֹ מִקְצָתוֹ, אוֹ שֶׁהוּא מִתְעַכֵּב לִדְחוֹת אֶת הָעֵסֶק בְּשֶׁהִ״י וּפֵה־״י יָמִים וְשָׁנִים, וְעַל־יְדֵי־כָךְ הוּא מַפְסִיד לְהָנוֹת מִשְּׂכָרוֹ זְמַן רָב.

דֶּרֶךְ מָשָׁל : פְּלוֹנִי שׁוֹקֵל בְּדַעְתּוֹ לִקְנוֹת לוֹ חָבֵר לִקְבֹּעַ לוֹ עִמּוֹ עִתִּים לְתוֹרָה וַעֲבוֹדָה, וְהוּא מִתְיַשֵּׁב וְהוֹלֵךְ וְנִדְחֶה מִפְּנֵי הַמּוֹנְעִים וְהַמַּלְעִיגִים, עַד שֶׁאוֹתוֹ חָבֵר מוֹצֵא לוֹ חָבֵר אַחֵר כְּנֶגְדּוֹ, וּלְכָל הַפָּחוֹת הוּא מְבַטֵּל שָׁנָה אַחַת אוֹ חֹדֶשׁ אֶחָד מִתַּלְמוּד־תּוֹרָה. וְכֵן בְּמִי שֶׁנִּזְדַּמְּנָה לוֹ מִצְוָה דְרַבִּים, וְהוּא מִשְׁתַּהֶה וְהוֹלֵךְ עַד שֶׁנַּעֲשֵׂית הַמִּצְוָה כֻלָּהּ אוֹ מִקְצָתָהּ עַל־יְדֵי אֲחֵרִים, וְכֵן כָּל כַּיּוֹצֵא בָזֶה, הֵן בְּמִלֵּי דִשְׁמַיָּא, הֵן בְּמִלֵּי דְעָלְמָא.

decision, opportunity passes him by or he delays an enterprise with his hesitations for days or years thus sacrificing their benefits for long periods of time.

For example: A person is considering whether he should strike up a friendship with someone else so as to study Torah or engage in the Divine service with him. He continues to deliberate and hesitate because of people who obstruct him or mock him — and, in the meantime, the other person finds someone else. At least [i.e., even if the other person does not find someone else], he will have wasted a year or a month of Torah study. Similarly, one might be presented with the opportunity to fulfill a *mitzvah* which will benefit the public, but because of his procrastination, that mitzvah might be done completely or partially by someone else. This problem relates to both the affairs of Heaven and the affairs of man.

פֶּרֶק ה : נְקִיּוּת

לֹא יִמָּצֵא רֶכֶב וְכָעוּר בַּחֲפָצֶיךָ וּבְדִירָתְךָ,
וְכָל־שֶׁכֵּן בְּגוּפְךָ וּבְבִגְדֶיךָ :

פד) הָאָדָם, מִשָּׁעָה שֶׁהוּא נוֹלָד וְנִפְקְחוּ כְּלֵי הַרְגָּשָׁתוֹ
וְאָזְנָיו וְעֵינָיו לִרְאוֹת וּלְהַכִּיר חֶלְקֵי הָעוֹלָם הַגָּדוֹל הַזֶּה,
הוּא הוֹלֵךְ וְגָדֵל, רוֹאֶה יוֹם־יוֹם בְּרִיּוֹת חֲדָשׁוֹת, מִינֵי בַּעֲלֵי
הַחַיִּים, אִילָנוֹת וַעֲשָׂבִים שׁוֹנִים בְּטִבְעָם וְצִבְעָם וְרֵיחָם
וְשִׁעוּרָן וְכוּ', וְהוּא מַכְנִיס רְשִׁימוֹת הַדְּיוּקָנִים הָרַבִּים הָהֵם
בָּזֶה אַחַר זֶה לְאוֹצַר הַזִּכָּרוֹן שֶׁלּוֹ, וּמְאַסֵּף אוֹתָם אַחַת לְאַחַת
לִבְנוֹת מֵהֶם תַּבְנִית עוֹלָם קָטָן בְּמַשְׂכִּיּוֹת נַפְשׁוֹ הַבַּהֲמִית,
וְהוֹלֵךְ וּמוֹסִיף בּוֹ עוֹד דְּמוּת בְּרִיּוֹת חֲדָשׁוֹת תָּמִיד, אוֹ
דְּקְדּוּקֵי פְּרָטִים אֵיבָרִים צְפוּנִים שֶׁנִּתְגַּלּוּ לוֹ בַּדְּיוּקָנִים
הַיְּשָׁנִים, עַד שֶׁנִּמְצָא עוֹלָם הַקָּטָן הַזֶּה מֻשְׁכְּלָל בְּתִקּוּנוֹ
וְצִבְיוֹנוֹ, מֵעֵין הָעוֹלָם הַגָּדוֹל. וְאַחַר־כָּךְ מִתְנוֹצֶצֶת בָּהּ גַּם
נֶפֶשׁ הַמַּשְׂכֶּלֶת, לְמָשָׁל לְהָאִיר וּלְשׁוֹטֵט עֵינֵי הַשְׁגָּחָה בָּעוֹלָם
הַקָּטָן הַזֶּה, מֵעֵין הַשְּׁכִינָה שֶׁלְּמַעְלָה. וְאָז מַתְחִיל הָאָדָם
לְנַקּוֹת עוֹר בְּשָׂרוֹ מִלִּפְלוּפֵי טִיט וְלִכְלוּךְ שֶׁהָיָה מְתֻגּוֹלֵל בָּהֶם
עַד עַכְשָׁו, בִּכְדֵי לְהַתְקִין אֶת גוּפוֹ לְבֵית־זְבוּל אֶל הַנְּשָׁמָה
הָעֶלְיוֹנָה הָאֶסְטֶטְנִיסִית מְאֹד וּמוֹאֶסֶת כָּל דְּבַר תֹּעוּב וְשִׁמְצָה.

פה) וְהִנֵּה כָּל הַתּוֹרָה כֻּלָּהּ, שֶׁבִּכְתָב וְשֶׁבְּעַל־פֶּה, מְלֵאָה
אַזְהָרוֹת שֶׁל נְקִיּוּת וְטָהֳרָה: מִצְוַת קִדּוּשׁ יָדַיִם וְרַגְלַיִם,
נְטִילוֹת וּטְבִילוֹת, חֲפִיפָה וּרְחִיצָה בְּחַמִּין וְכוּ', הַנָּאִים מְאֹד
לְאֻמָּה הַיִּשְׂרְאֵלִית וּלְכָל מַאֲמִינִים בְּבוֹרֵא עוֹלָם שֶׁהַשְּׁכִינָה
שְׁרוּיָה בֵּינֵיהֶם ; וּבְעִנְיַן "וְהָיָה מַחֲנֶיךָ קָדוֹשׁ, וְלֹא יֵרָאֶה בְךָ

SECTION V — CLEANLINESS
**Let no stain or ugliness be found in your possessions or in
your home, and surely not on your body or clothes.**

84. From the time of his birth, when the sensory
organs — the eyes and ears — become receptive to the
components of the world at large, man progresses. From
day to day he sees new things: different species of
animals, trees and herbs which are different in their
nature, their color, their aromas and sizes. He assimilates
traces of these impressions into his memory one by one,
collecting them to build a framework of a private world
within the psyche of his animal spirit. He continually
adds new forms or previously hidden details of forms
which he had already seen until this small world is almost
as sophisticated as is the great world. Afterwards, the
intellectual spirit crystalizes within this collection,
reigning over it and illuminating it so that it controls this
small world, much as the *Shechinah* exercises its
providence over the world at large. It is then that man
begins to cleanse his body of the tar and dirt in which he
was immersed so as to render his body fit to serve as a
receptacle for his supernal soul which is most fastidious
and loathes all forms of sordidness.

85. The entire Torah — written and that which is orally
transmitted — is replete with exhortations to cleanliness
and spiritual purity. The ablutions of the feet and hands
[by the *kohen*], the washing of the hands and ritual
immersions, cleaning and washing in warm water and so
on, are becoming to the Jewish nation and to all who
believe in the Creator and among whom the *Shechinah*
dwells. As the verse (*DEVARIM* 23:15) states: *And your*

עֶרְוַת דָּבָר וְכוּ'" (דברים כג, טו). עַל אַחַת כַּמָּה וְכַמָּה
לְתַלְמִידֵי־חֲכָמִים, שֶׁצְּרִיכִין לְהִתְקַדֵּשׁ עוֹד יוֹתֵר שֶׁלֹּא יְהֵא
גּוּפָם מְחֻלָּל עַל הַבְּרִיּוֹת, כְּמוֹ שֶׁאָמְרוּ חֲכָמֵינוּ ז"ל (שבת קיז):
כָּל תַּלְמִיד־חָכָם שֶׁנִּמְצָא רֶבֶב עַל בִּגְדוֹ, חַיָּב מִיתָה; וְאָמְרוּ
זִכְרוֹנָם לִבְרָכָה: מַטְּתוֹ שֶׁל עַם־הָאָרֶץ כְּאוֹצָר בָּלוּם, וְאָמְרוּ:
נְקִיּוּת מְבִיאָה לִידֵי טָהֳרָה וְכוּ'.

פו) צֵא וּלְמַד: אִם פָּגַע בְּךָ אָדָם מְנֻוָּל אֶחָד, שֶׁמִּנְעָלָיו
וּבִגְדֵי־רַגְלָיו טוּחִים בְּטִיט; עֲטָרָה גְּדוֹלָה שֶׁל רֶפֶשׁ מַקֶּפֶת
שׁוּלֵי בְּגָדָיו סָבִיב; כֻּתָּנְתּוֹ וּמַלְבּוּשָׁיו קְרוּעִים פְּרוּמִים
וּמְזֹהָמִים עַל בְּשָׂרוֹ, הַמֵּצִיץ בְּשַׁחֲרוּתוֹ מִתּוֹךְ חוֹרֵיהֶן; שַׂעֲרוֹת
רֹאשׁוֹ מְחֻפִּין בְּנוֹצוֹת וְכָל בְּשָׂרוֹ מְגֹעָל בִּכְתָמִים. וְהִנֵּה נַפְשׁוֹ
שֶׁל אָדָם קָצָה וְנִרְתַּעַת לַאֲחוֹרֶיהָ תֵּכֶף בַּתְּחִלָּה, בְּעוֹד שֶׁלֹּא
שָׂמָה עַל לֵב לְהַבְחִין עֲדַיִן, שֶׁמָּא הוּא עָשִׁיר גּוֹלֶה וְיָרַד
מִנְּכָסָיו, שֶׁמָּא בֶּן־טוֹבִים הוּא, וְשֶׁמָּא בֶּן־תּוֹרָה וְכוּ'.

וּמֵאַחַר
שֶׁאַתָּה מְדַקְדֵּק וְרוֹאֶה בְּמוּמִין שֶׁל אֲחֵרִים — שִׂים לִבְּךָ
לִהְיוֹת נִזְכָּר בְּשֶׁלְּךָ, וְאַל תֹּאמַר: בִּמְלֵי דִשְׁמַיָּא אֲנִי עוֹסֵק
לְצֹרֶךְ נִשְׁמָתִי, וְהֵיאַךְ אֶטַּפֵּל בְּתִקּוּנֵי גּוּפִי לְמַרְאִית־עַיִן שֶׁל
אֲחֵרִים! שֶׁכְּבָר אָמְרוּ רַבּוֹתֵינוּ ז"ל: גָּדוֹל כְּבוֹד הַבְּרִיּוֹת
שֶׁדּוֹחֶה לֹא־תַעֲשֶׂה שֶׁבַּתּוֹרָה.

encampment shall be holy, and He shall not see in you a foul thing. How much more must Torah scholars sanctify themselves so that their bodies not be debased in the eyes of other men. As our Sages (*SHABBOS* 114a) said: *Any Torah scholar who has a stain found on his clothing incurs the penalty of death.* They also said (*BAVA BASRA* 58a): *The bed of an ignoramus is like a storehouse,* and (*AVODAH ZARAH* 20a): *Cleanliness leads to purity.*

86. You can see this for yourself. If you are accosted by a loathsome looking man — his shoes and socks covered with mud, a wreath of mire surrounding the edges of his clothing, his shirt and pants torn and tattered and filthy, with his dirty flesh peeping out from the holes, his hair covered with feathers and his skin marked with disgusting stains — you immediately recoil in revulsion without pausing to think that your impression may be erroneous. Perhaps this man is a wealthy person who has lost his land and his wealth? Perhaps he is from an upstanding family — a Torah scholar possibly?

If this is the way that you are affected by the shortcomings of others, then you had better remember to take care of yourself. Don't say, "I am preoccupied with Heavenly matters. How can I waste my time with bodily matters just for the sake of appearances?" Our Sages said (*MENACHOS* 37b): *Human dignity is great, for it overrides a negative precept of the Torah.*

פֶּרֶק ו: עֲנָוָה

הִשְׁתּוֹקֵק תָּמִיד לִלְמֹד דַּעַת מִכָּל אָדָם,
לְהַכִּיר חֶסְרוֹנוֹתֶיךָ וּלְתַקְּנָם, שֶׁעַל־יְדֵי־כָךְ
תִּלְמַד לְהַסִּיחַ דַּעְתְּךָ מִמַּעֲלוֹתֶיךָ וּמוּמִין
שֶׁבַּחֲבֵרֶךָ:

פז) אַהֲבַת הָאָדָם אֶת עַצְמוֹ הִיא הָעַזָּה שֶׁבְּאַהֲבוֹת
שֶׁהִטְבִּיעָה הַשֵּׁם יִתְבָּרַךְ בַּנֶּפֶשׁ הַבַּהֲמִית, וּמִתְפַּשֶּׁטֶת עַל גּוּפוֹ
וְעַל צֶאֱצָאֵי מֵעָיו וְעַל קִנְיָנָיו וְעַל כָּל שְׁאָר דְּבָרָיו, עַד שֶׁיֵּשׁ
בָּה כְּדַאי לִדְחוֹת כָּל מִינֵי רוּחוֹת מְצִוּיוֹת שֶׁל תַּאֲוָה וְצַעַר
הַמִּתְנַגְּדִים לוֹ בְּעִנְיְנֵי בְּרִיאוּת גּוּפוֹ וְגִדּוּל בָּנָיו וּשְׁמִירוֹת
קִנְיָנוֹ. מִכָּאן נוֹלַד הַכָּבוֹד הָאֲמִתִּי, שֶׁגַּם הוּא מֻטְבַּע בְּחוֹתַם
הַבְּרִיאָה הַמְפֻתָּח בְּחָכְמָתוֹ יִתְבָּרַךְ, דְּהַיְנוּ שֶׁהָאָדָם עָשׂוּי
לִשְׂמֹחַ כְּשֶׁאֲחֵרִים נֶהֱנִין לְהִסְתַּכֵּל בְּמַעֲלוֹתָיו.

פח) אֶלָּא שֶׁמִּדָּה זוֹ דוֹמָה לְכָל שְׁאָר הַהֲנָאוֹת הַמֻּטְבָּעוֹת
בָּאָדָם, שֶׁעִקַּר יְצִירָתָהּ הָיְתָה לְתַכְלִית מְכֻוֶּנֶת מֵאִתּוֹ יִתְבָּרַךְ.
אֲבָל כְּשֶׁמַּפְלִיגִין בָּהֶם, נַעֲשִׂים רוּחוֹת שֶׁל סְעָרָה שֶׁלֹּא עַל־פִּי
חִנּוּךְ הַנֶּפֶשׁ הַמֻּשְׂכֶּלֶת (סימן ד), וְסוֹפָן לְהִשְׁתַּעְבֵּד בַּנְּשָׁמָה
הַיְקָרָה וּלְכָבְשָׁהּ לְשִׁפְחָה לְתַאֲווֹתֶיהָ הַמְלֻמָּדוֹת, וְהֵן הֵן עִקַּר
חָרִיצָתוֹ שֶׁל יֵצֶר הָרָע. וּמִן הַכָּבוֹד הַיָּשָׁר נַעֲשֵׂית רְדִיפָה אַחַר
הַכָּבוֹד, עַד שֶׁנִּתְפַּתָּה לְהָעֵרִים וּלְהַמְצִיא כַּמָּה מִינֵי זִיּוּפְנוּת
וּשְׁקָרִים לְהַטְעוֹת אֶת הַבְּרִיּוֹת, שֶׁיִּמָּצְאוּ בוֹ מַעֲלוֹת בְּדוּיוֹת
שֶׁהוּא נָעוּר וָרֵיק מֵהֶם, וְעַל־כָּל־פָּנִים לְהִתְאַוּוֹת לִרְדֹּף אַחַר
חֶבְרַת בְּנֵי־אָדָם הַקְּטַנִּים מִמֶּנּוּ, בִּכְדֵי לְהִתְעַלֵּס בְּיִתְרוֹנוֹ
עֲלֵיהֶם, וּבְדַרְכּוֹ־כְּלָל לְהִשְׁתַּעֲשֵׁעַ וְלַעֲגֹן תָּמִיד בְּמַעֲלוֹתָיו,
וּלְגַלּוֹת אֲפִלּוּ הַיּוֹתֵר קְטַנּוֹת שֶׁבְּמַעֲלוֹת עַצְמוֹ וְהַיּוֹתֵר קַלָּה
בְּמוּמִין שֶׁל חֲבֵרוֹ, בִּכְדֵי שֶׁיִּמָּצֵא מָקוֹם לְהִתְגָּאוֹת אֲפִלּוּ

SECTION VI — HUMILITY
Always seek to learn wisdom from every man, to recognize your failings and correct them. In doing so you will learn to stop thinking about your virtues and you will take your mind off your friend's faults.

87. Man's self-adoration is the strongest love that God implanted within the animal spirit. It spreads to include his body, his offspring, his possessions and everything related to him, until it is strong enough to overcome all the normal desires and pain that come into conflict with his physical well-being, the raising of his children and the protection of his property. It is from this self-adoration that honor stems; a concept which was also implanted in man through God's wisdom. It is the nature of man to experience pleasure when others admire his virtues.

88. This trait — like all other pleasures implanted in man — was primarily placed within him to fulfill a specific purpose desired by God. When taken to the extreme, however, it becomes a tempest which is antagonistic to the regimen of the intellectual spirit (see subsection 4). The end result is that it subjugates the precious soul and makes it subservient to its acquired desire. This is the prime enterprise of the *yetzer ha-ra*: to have the desire for real honor degenerate into the pursuit of honor.

The point is reached where one resorts to various subterfuges and deceptions so that others might see virtues in him which he lacks! Or, he may seek out the company of men of lesser stature so that he can relish his own superiority. Generally, man finds his delight in examining his own virtues, in discovering even the smallest of his positive attributes and the most minute fault of his friends, for he can then find reason to be proud even when in the company of great men whose little fingers

בַּחֲבוּרַת אֲנָשִׁים גְּדוֹלִים שֶׁקְּטָנָם עָבָה מִמָּתְנָיו, עַד שֶׁיָּכוֹל
לְהָעֵז וּלְהַפְקִיר אֶת פָּנָיו לְכַלְמוֹת רָק.

דֶּרֶךְ מָשָׁל: מִי שֶׁפָּנָיו

מְכֹעָרוֹת בְּיוֹתֵר, וּמַרְגִּיל אֶת עַצְמוֹ לִרְאוֹת בְּאַסְפַּקְלַרְיָא יוֹם־
יוֹם, עַד שֶׁתִּגֵּל נַפְשׁוֹ לַחֲזוֹת בְּיָפְיוֹ; אוֹ מִי שֶׁקּוֹלוֹ עָב כִּגְעִיַּת
הַחֲמוֹר, וְהוּא רָגִיל לְהַשְׁמִיעַ לָרַבִּים, שֶׁסּוֹבֵר לְהַהֲנוֹתָם בְּנֹעַם
קוֹלוֹ וּבַאֲרִיכַת זְמִירוֹתָיו, עַד שֶׁמְּעַצְּמִים עֵינָיו אֲפִלוּ כְּנֶגֶד
הַמְשַׂחֲקִים עָלָיו בְּפָנָיו. וְיֵשׁ מִתְעַנֵּג לְהַרְחִיב פֶּה וְלָשׁוֹן
בְּמַקְהֵלוֹת, כְּדֵי לְהַשְׁמִיעַ דְּבַר שְׁטוּתוֹ וּלְהַכְאִיבָם בְּגַסּוּת
רוּחוֹ, כְּמוֹ שֶׁאָמַר הַכָּתוּב (משלי יד, ג): "בְּפִי אֱוִיל חֹטֶר גַּאֲוָה
וְגוֹ'". וְזֶהוּ עִנְיַן מַה שֶׁאָמְרוּ חֲכָמֵינוּ זַ"ל: כָּל גַּס שׁוֹטֶה,
שֶׁאָפְלוּ מִי שֶׁהָרְגָּשַׁת גַּסּוּת הָרוּחַ שֶׁלּוֹ חַדּוּדָה כָּל־כָּךְ, עַד
שֶׁמִּתְלַהֵב בַּחֲרִי־אַף כְּנֶגֶד מִי שֶׁפּוֹגֵעַ בִּכְבוֹד עַבְדּוֹ —
מִשְׁתַּטֶּה וְיוֹצֵא מִדַּעְתּוֹ לִמְכֹּר עַצְמוֹ לְכָל הַבִּזְיוֹנוֹת וְהַשְּׁפָלוֹת
הַלָּלוּ עַל־יְדֵי גַאֲוָתוֹ.

פט) וְלַמַּחֲלָה זוֹ צָרִיךְ לְהַתְחִיל הַחִנּוּךְ בְּדֶרֶךְ הַפוּכָה,
דְּהַיְנוּ לְהַרְגִּיל עַצְמוֹ לִהְיוֹת בּוֹלֵם אֶת פִּיו בַּחֲבוּרוֹת אֲנָשִׁים
קְטַנִּים מִמֶּנּוּ, וְכָל־שֶׁכֵּן גְּדוֹלִים, וּלְהִתְחַנֵּךְ לְהוֹצִיא מֵהֶם,
מִדְּבוּרֵיהֶם וּמִמַּעֲשֵׂיהֶם, יְדִיעוֹת חֲדָשׁוֹת תָּמִיד לְתוֹעֶלֶת עַצְמוֹ
לְתַקֵּן מִדּוֹתָיו, וּבְכָךְ כְּלַל לְחַנֵּךְ אֶת עַצְמוֹ לִהְיוֹת מָהִיר
לִמְצֹא אֲפִלוּ מַעֲלוֹת הַיּוֹתֵר קְטַנּוֹת שֶׁבַּחֲבֵרוֹ, אֶלָּא שֶׁהֵן
גְּדוֹלוֹת לְגַבֵּי דִידֵהּ, וְלִהְיוֹת נִבְהָל מִמִּדּוֹת גְּרוּעוֹת קְטַנּוֹת
שֶׁחֲבֵרוֹ מִתְגַּנֶּה עַל־יָדֵיהֶן, כְּשֶׁנּוֹדָע שֶׁיֶּשְׁנָן גַּם בּוֹ, וּמַה גַּם
כְּשֶׁאוֹתָהּ מִדָּה גְּרוּעָה הַקְּטַנָּה הִיא הִיא הַגַּאֲוָה עַצְמָהּ.

are thicker than his loins. He reaches the point where he becomes absolutely brazen and exposes himself to ridicule and contempt.

For example, one who is ugly but looks into the mirror every day, can convince himself that he is beautiful. Or, one whose voice sounds like the braying of a donkey but accustoms himself to sing in public, can imagine to himself that the sweetness of his voice and his interminable singing brings his audience pleasure. So convinced is he, that he closes his eyes and does not notice that he is being laughed at. Then there are those who delight in speaking publicly, relishing the opportunity to spew forth their idiocies, torturing their listeners with their vanities. As the verse (MISHLEI 14:3) states: *The stick of pride is in the mouth of the fool.* It was to this that our Sages were referring, when they said (MIDRASH MISHLEI 14): *Every proud man is a fool.* One who is so full of pride that he becomes angry even if his servant is slighted, acts like a fool and loses his sense of propriety, suffering all sorts of humiliations and abasements — all because of his pride!

89. This malady requires reverse conditioning; i.e., one must accustom himself to remain silent even when in the company of men of lesser stature, and he surely must do so when he is in the company of great men. He must train himself to elicit new ideas from their speech and actions which will be beneficial in correcting his traits. In general, he has to train himself to quickly detect even the slightest virtues in his friends, virtues which are great in comparison to his. He must also be aghast when he sees his friend taking pride in a minor, degrading trait and remember that he too suffers from that same trait — especially when that minor, degrading trait is none other than pride itself!

פֶּרֶק ז : צֶדֶק

מַאי דְּסָנֵי עֲלָךְ, לְחַבְרָךְ לָא תַּעֲבֵיד:

צ) נִתְבָּאֵר לְעֵיל (סִימָן פז), שֶׁאַהֲבַת הָאָדָם אֶת עַצְמוֹ
הִיא אַהֲבָה עַזָּה שֶׁהִטְבִּיעַ הַשֵּׁם יִתְבָּרֵךְ בַּנֶּפֶשׁ הַבַּהֲמִית מִפְּנֵי
תִּקּוּן הָעוֹלָם. אֶלָּא מֵחֲמַת שֶׁנֶּפֶשׁ הַבַּהֲמִית לָעוֹלָם מְצֻוָּה
וְאֵינָהּ מְצֻוָּה כַּנַּ"ל (סִימָן ח), לְפִיכָךְ אֵין לָהּ אֶלָּא נֹהַם כְּרֵיסָהּ
בִּלְבָד (שָׁם). וְאָמְנָם הַנֶּפֶשׁ הַמַּשְׂכֶּלֶת מְצֻוָּה לַעֲשׂוֹת רְצוֹן
קוֹנָהּ, דְּהַיְנוּ לְהֵיטִיב לַבְּרוּאִים, וּבִפְרָט לָאָדָם הֶחָבִיב
לְהַקָּדוֹשׁ-בָּרוּךְ-הוּא, שֶׁבְּרָאוֹ בְּצַלְמוֹ *), וּמַה גַּם לַמַּאֲמִינִים
בְּבוֹרֵא שָׁמַיִם וָאָרֶץ, בַּיְּשָׁנִים הַמַּרְגִּישִׁין בְּצַעַר נַהֲמָא
דְּכִסּוּפָא, וְרַחֲמָנִים עַל הַמֻּצְטָרֵךְ לַבְּרִיּוֹת, שֶׁפָּנָיו מִשְׁתַּנּוֹת
כִּכְרוּם — לָנוּ נָאֶה לִהְיוֹת גּוֹמְלֵי חֲסָדִים, דְּהַיְנוּ לִדְבֹק
בְּמִדָּתוֹ שֶׁל הַקָּדוֹשׁ-בָּרוּךְ-הוּא כַּנַּ"ל, וּבְיוֹתֵר לֶאֱהֹב לְכָל
מַאֲמִינִים בַּשֵּׁם, שֶׁנּוֹדַעַת לוֹ חִבָּה יְתֵרָה, שֶׁנִּצְטַוָּה גַם הוּא עַל
הָאַהֲבָה הַזֹּאת מִפִּי הַגְּבוּרָה, שֶׁנֶּאֱמַר (וַיִּקְרָא יט, יח): "וְאָהַבְתָּ
לְרֵעֲךָ כָּמוֹךָ", וְאָמְרוּ רַבּוֹתֵינוּ זַ"ל, שֶׁזֶּה יְסוֹד כָּל הַתּוֹרָה
כֻּלָּהּ,

וּבְמָקוֹם אַחֵר אָמְרוּ: בָּא חֲבַקּוּק וְהֶעֱמִידָן עַל אַחַת,

---

*) וְזֶה לְשׁוֹן הַתּוֹסְפוֹת-יוֹם-טוֹב (אָבוֹת ג, יד) בְּדִבּוּר הַמַּתְחִיל "חָבִיב
אָדָם שֶׁנִּבְרָא בְּצֶלֶם", פֵּרֵשׁ רַשִׁ"י: לָכֵן מוּטָל עָלָיו לַעֲשׂוֹת רְצוֹן קוֹנוֹ
וְכוּ'. וְלָכָל אָדָם אָמַר רַבִּי עֲקִיבָא וְכוּ', וְאַף לִבְנֵי נֹחַ וְכוּ'. וְכָל הַמְקַבֵּל
שֶׁבַע מִצְוֹת וְנִזְהָר לַעֲשׂוֹתָן, הֲרֵי זֶה מֵחֲסִידֵי אֻמּוֹת הָעוֹלָם וְיֵשׁ לוֹ חֵלֶק
לָעוֹלָם הַבָּא וְכוּ', עַיֵּן שָׁם.

SECTION VII — RIGHTEOUSNESS
What is hateful to you, do not do to your neighbor.

90. We already explained (see subsection 87) that self-adoration was implanted by God within the animal spirit for the good of the world. However, since the animal spirit is always compelled but never commanded (see subsection 8), it can only seek its own satisfaction. The intellectual soul, on the other hand, is commanded to fulfill the will of its Creator; i.e., to do good for all that was created [He is especially commanded to benefit] man who is God's treasure, for man was created in His image.* [This is even more applicable] to those who believe in He who created the heavens and earth, who are embarrassed for they have to accept the "bread of shame" [i.e., sustenance that He grants even though they are not worthy which leads them to be ashamed], and who are merciful to those who require public assistance and are embarrassed by their need. It is befitting that one exercise lovingkindness; i.e., bond himself to the attributes of God [by emulating the Divine trait of extending lovingkindness to his fellow man], in particular to love all who believe in God, for he was obligated by God to *love your neighbor as yourself* (VAYIKRA 19:18), an obligation which our Sages characterized as being the foundation of the entire Torah.

Elsewhere they said (MAKKOS 24a): *Chavakuk came and*

---

* The Tosafos Yom Tov (AVOS 3:14, s.v. *chaviv adam*) writes: Rashi explains, Man must fulfill G-d's will ... and Rabbi Akiva said that this applies to all men ... even to the children of Noach [i.e., not only to Jews]. All who accept the Seven Noachide Laws and are careful to fulfill them are considered to be of the righteous of the nations and have a share in the World to Come.

שֶׁנֶּאֱמַר: "וְצַדִּיק בֶּאֱמוּנָתוֹ יִחְיֶה". וְגָרְסִינָן בְּמִדְרָשׁ מִשְׁלֵי: "אִישׁ אֱמוּנוֹת רַב בְּרָכוֹת, וְאָץ לְהַעֲשִׁיר לֹא יִנָּקֶה" (משלי כח,

כ) — הַנּוֹשֵׂא וְנוֹתֵן בֶּאֱמוּנָה, נְכָסָיו מִתְרַבִּין, וְהַקָּדוֹשׁ־בָּרוּךְ־ הוּא מַזְמִין לוֹ פַּרְנָסָתוֹ, מִפְּנֵי שֶׁבְּנֵי־אָדָם בּוֹטְחִין בֶּאֱמוּנָתוֹ, וְיִהְיֶה מָמוֹנָם מָצוּי לוֹ תָּמִיד; וְלֹא דַי לוֹ שֶׁמִּתְפַּרְנֵס מִן הָאֱמוּנָה, אֶלָּא שֶׁנִּקְרָא צַדִּיק, שֶׁנֶּאֱמַר (חבקוק ב): "וְצַדִּיק בֶּאֱמוּנָתוֹ יִחְיֶה", עַד כָּאן לְשׁוֹן ר"ח, רֵישׁ פֶּרֶק מו"מ.

וְנֶאֱמַר: "אֲשֶׁר יַעֲשֶׂה אוֹתָם הָאָדָם וָחַי בָּהֶם", וְאָמְרוּ רַבּוֹתֵינוּ ז"ל: גְּדוֹלָה תּוֹרָה, שֶׁהִיא נוֹתֶנֶת חַיִּים לְעוֹשֶׂיהָ בָּעוֹלָם הַזֶּה וּבָעוֹלָם הַבָּא וְכוּ'.

וְהֵן אֱמֶת, שֶׁאֵין אָנוּ יוֹדְעִין עַכְשָׁו כֵּיצַד כְּלוּלָה כָּל הַתּוֹרָה בַּמִּצְוָה זוֹ, וְאֵין בְּיָדֵינוּ לְהָשִׁיב לַיֵּצֶר הָרָע וּלְאֻמּוֹת הָעוֹלָם מַה טַּעַם לְשַׁעַטְנֵז וּפָרָה אֲדֻמָּה וְכוּ', מִכָּל מָקוֹם כְּלוּלִין בַּחִנּוּךְ הַזֶּה אֲפִלּוּ אֶצְלֵנוּ מִצְוֹת שֶׁבֵּין אָדָם לַחֲבֵרוֹ, כְּגוֹן הַמַּנִּיעָה מִגְּנֵבָה וּגְזֵלָה, עָוְלָה וְאוֹנָאָה, קִנְאָה, שִׂנְאָה וּמַלְשִׁינוּת וְכַיּוֹצֵא בָזֶה, וּמַה גַּם שֶׁיֵּשׁ בַּכְּלָל הַזֶּה אֲפִלּוּ מִצְוַת עֲשֵׂה שֶׁל גְּמִילוּת חֲסָדִים כַנַּ"ל.

condensed them [the precepts] into one, as the verse (CHAVAKUK 2:4) *states: The righteous live because of their trustworthiness.* The Midrash *Mishlei* explains: *A man who is trustworthy has many blessings, but he who makes haste to accumulate wealth will not be cleansed [of sin]* (MISHLEI 28:20) — *if one conducts his business dealings in good faith, his possessions will increase and G-d will make his livelihood readily available, for men trust him because of his good faith and their money will always be deposited with him. Moreover, not only does he earn his livelihood because he is trustworthy; he is called a tzaddik as well, as the verse* (CHAVAKUK op. cit.) *states: The righteous [tzaddik] live because of their trustworthiness.* Another verse (VAYIKRA 18:5) *states: And these are the things which man shall do and live by them.* The Sages explained: *Great is the Torah for it provides life to he who fulfills it, in this world and in the World to Come.*

It is true that in our times we do not know how all of the Torah can be seen as being condensed within this precept [of living in righteousness], just as we lack the ability to answer the questions of the *yetzer hara* or the nations regarding the reasons for the proscription of *sha'atnez* or the *parah adumah*. Notwithstanding this lack of knowledge, we do know that this discipline [to live righteously] obligates us in a number of precepts which are in the area of interpersonal relationships; e.g., avoiding robbery, theft, taking advantage, cheating, jealousy, hatred, or informing. Moreover, this obligation also includes the positive precept of performing acts of lovingkindness.

פֶּרֶק ח: קִמּוּץ (חִבּוּב מָמוֹן כָּשֵׁר)

הֱוֵי חָס עַל מָמוֹנְךָ, שֶׁלֹּא לְהוֹצִיא
אֲפִלוּ פְּרוּטָה אַחַת שֶׁלֹּא לְצֹרֶךְ:

צא) חָכְמָה בִּינָה וָדַעַת, הַמְפֻרְסָמִים לְשֶׁבַח אֵצֶל הֲמוֹן
הָעָם, הֵם בְּעִנְיָנֵיהֶם אָרִיג שֶׁל שְׁקָרִים, חֲנִיפוּת, צְבִיעוּת,
גְּנֵבַת־דַּעַת, מַלְשִׁינוּת וְלֵיצָנוּת וְכוּ'; אֵיזֶהוּ חָכָם? זֶה הַיּוֹדֵעַ
לְהִשְׁתַּכֵּר בְּהַזֵּק שֶׁל אֲחֵרִים, כְּמוֹ שֶׁאָמַר הַכָּתוּב: "מְחַשֵּׁב
לְהָרֵעַ, לוֹ בַּעַל מְזִמּוֹת יִקְרָאוּ" (משלי כד, ח); וְאֵיזֶהוּ אִישׁ
מְכֻבָּד? הַיּוֹדֵעַ לְפַזֵּר מָמוֹנוֹ וּמָמוֹן אֲחֵרִים וּלְהִתְכַּבֵּד בִּקְלוֹנָם.
וְכָךְ דַּרְכָּם שֶׁל מְכֻבָּדִים הַלָּלוּ, לְהַמְצִיא מִדֵּי יוֹם בְּיוֹם
מִנְהָגִים שֶׁל פִּזּוּרִים חֲדָשִׁים בְּמַלְבּוּשִׁים, תַּכְשִׁיטִין וְצִדְקוֹת
גְּדוֹלוֹת מִשֶּׁל אֲחֵרִים, בִּכְדֵי לְבַיֵּשׁ אֶת מִי שֶׁאֵין לוֹ וּלְהוֹסִיף
כָּבוֹד עַל כְּבוֹדָם עוֹד; וְאַף־עַל־פִּי שֶׁכְּבָר כָּלוּ וְחָזְרוּ וְכָלוּ
הַקַּפּוֹתֵיהֶם הַיְשָׁנוֹת, עוֹדָם מִתְגַּבְּרִים בְּהוֹצָאוֹת וּפִזּוּרִים
חֲדָשִׁים, שֶׁמָּא יֵשׁ מִי שֶׁאֵינוֹ מַכִּיר בְּדַלּוּתָם עֲדַיִן, וְיִטְעֶה לָתֵן
לָהֶם בְּהַקָּפָה עוֹד. וּמַחֲלָה זוֹ הִיא מִכְּלַל אוֹתָן הֶחֳלָאִים
הַמִּתְדַּבְּקִין וּמִתְפַּשְּׁטִין בִּמְהִירוּת גְּדוֹלָה כְּדֶבֶר וּמַגֵּפָה,
רַחֲמָנָא לִצְלַן, וּמִי שֶׁאֵין לוֹ לֵב לְהָעֵז פָּנִים בִּכְבוֹדָם שֶׁל
מְשֻׁגָּעִים הַלָּלוּ, נִגְרָר אַחֲרֵיהֶן בְּעַל־כָּרְחוֹ, מְבַזְבֵּז מְעוּט מָמוֹן
כָּשֵׁר שֶׁלוֹ בִּמְהֵרָה, וְסוֹפוֹ לְהַשְׁחִיר אֶת פָּנָיו לִשְׁאֹל עַל
הַפְּתָחִים, אֲבָל אֵין רוּחַ חֲכָמִים הָאֲמִתִּיִּים נוֹחָה מֵהֶם.

צב) וְעַל־כֵּן הַפִּקְחִים חוֹשְׁבִים אוֹתָם לִסְכָלִים, וְחָכְמָתָן

SECTION VIII — FRUGALITY
(loving honestly earned money)

**Be careful with your money.
Do not spend even a penny needlessly.**

91. The wisdom, understanding and knowledge which are praised by the populace at large are a tapestry of lies, flattery, hypocrisy, deception, informing and scorning. Who is considered "wise"? One who knows how to profit from someone else's loss, as the verse (*MISHLEI* 24:8) states: *One who plots evil, he is called a man of ingenuity.* And who is an "honored man"? One who knows how to squander his money or other people's money so as to gain prestige from their disgrace. This is the manner in which these "honorable" people act: Every day they devise new ways to waste their money — on clothing and jewelry or giving larger sums to charity than others do — all to embarrass those who are without means and to gain prestige for themselves. Although they have already exhausted the credit available to them, they continue to spend and squander, for there may still be some who are unaware of their poverty and will still extend credit to them. This is one of the contagious afflictions that spreads with the speed of a plague, God forbid. One who lacks the courage to flout the honor of these crazed people finds himself compelled to follow in their footsteps, squandering the little honest money that he has. The end result is that he is reduced to demeaning himself and to go out and beg. The truly wise do not look favorably upon such people.

92. Intelligent people consider people like this fools, and they see the "wisdom" of those who pretend, as

שֶׁל רַמָּאִים — לְטִפְּשׁוּת גְּמוּרָה. אֶלָּא דַעַת הִיא — לְמּוּד
הַנִּסָּיוֹן הַבָּהֲמִי הַמְתֻקָּן בַּעֲצַת הַנֶּפֶשׁ הַמַּשְׂכֶּלֶת וְכוּ' (סֵי' פא
פב) *); בִּינָה הִיא — לְהָבִין דָּבָר, וּלְהָבִין לַאֲחֵרִים דָּבָר

---

*) וְהִיא הִיא הַדַּעַת הַגְּמוּרָה שֶׁטָּרַח עָלֶיהָ שְׁלֹמֹה הַמֶּלֶךְ, עָלָיו הַשָּׁלוֹם,
לְלַמְּדָהּ אַחַר־כָּךְ לַהֲמוֹן־הָעָם: "כָּל זֶה נִסִּיתִי בַחָכְמָה וְכוּ'"; "וְיוֹתֵר
שֶׁהָיָה קֹהֶלֶת חָכָם עוֹד לִמַּד דַּעַת אֶת הָעָם וְכוּ'", וְכָל אָדָם זוֹכֶה בָהּ
כְּפִי מַדְרֵגָתוֹ וַהֲכָנַת לִבּוֹ.

מִי שֶׁיֵּשׁ בְּיָדוֹ בִּינָה וּגְבוּרָה, דְּהַיְנוּ הַיּוֹדֵעַ לִמְצֹא טַעַם כָּל דָּבָר
וְנִמּוּקוֹ, יוֹדֵעַ גַּם־כֵּן לְהַכִּיר הַמַּחֲשָׁבָה מִתּוֹךְ הַמַּעֲשֶׂה, וּלְהַכִּיר הָאֱמֶת
דִּלְשֶׁעָבַר מִתּוֹךְ טַעֲנוֹת בַּעֲלֵי־דִינִין וּכְזָבֵיהֶן שֶׁל עַכְשָׁו, וּמֵבִין חִידוֹת
וּמְשָׁלִים וּמְלִיצוֹת, כְּמוֹ שֶׁאָמַר הַכָּתוּב (משלי א): "לְהָבִין מָשָׁל וּמְלִיצָה
דִּבְרֵי חֲכָמִים וְחִידוֹתָם". וְאִישׁ נָבוֹן יוֹדֵעַ לְהַכִּיר הַמַּחֲלָה שֶׁבַּחֲלַל
הַגּוּף מִתּוֹךְ מֵחוּשִׁים חִיצוֹנִיִּים וְכַיּוֹצֵא בָזֶה. וְכָל זְמַן שֶׁהָאָדָם מוֹסִיף
וּמַעֲמִיק לְהִתְבּוֹנֵן דָּבָר מִתּוֹךְ דָּבָר תָּמִיד וְכוּ', הוּא מוֹצֵא לִפְעָמִים
שֶׁמֵּאֵיזֶה דְּבָרִים קַלִּים מְאֹד נִגְלִין וְיוֹצְאִין הַדְּבָרִים הַיּוֹתֵר גְּדוֹלִים. דֶּרֶךְ
מָשָׁל: עַל־יְדֵי עֲקִימַת שְׂפָתָיו, וְכַדּוֹמֶה לָזֶה דְּבָרִים רַבִּים מְאֹד, שֶׁזְּכָרָם
מְשַׁתֵּכַּח בְּתוֹךְ־כְּדֵי־דִבּוּר מִלִּבּוֹ שֶׁל אָדָם, גּוֹרְרִין לִפְעָמִים תּוֹלָדוֹת
גְּדוֹלוֹת אַחֲרֵיהֶן, שֶׁחַיָּיו וּכְבוֹדוֹ וְהַצְלָחָתוֹ דִּשְׁנֵי עוֹלָמוֹת שֶׁלּוֹ וְשֶׁל
זַרְעוֹ לְהֵיטִיב אוֹ לְהָרַע תְּלוּיִין בָּהֶם. וּבְמֹשֶׁה רַבֵּנוּ, עָלָיו הַשָּׁלוֹם,
נֶאֱמַר: "וַיֵּרֶא אֶת אָחִיו וְכוּ'", וּפֵרֵשׁ הָרַמְבַּ"ם ז"ל, שֶׁזֶּהוּ בִּינָה,
דְּהַיְנוּ מִן הַמְאֻחָר אֶל הַקּוֹדֵם; וְאָמְרוּ זִכְרוֹנָם לִבְרָכָה, שֶׁנִּפְתְּחוּ לוֹ
מ"ט שַׁעֲרֵי בִינָה, וּלְפִיכָךְ גַּבֵּי מֹשֶׁה לֹא אַשְׁכְּחָן "נְבוֹנִים". וּשְׁלֹמֹה
הַמֶּלֶךְ, עָלָיו הַשָּׁלוֹם, בִּקֵּשׁ עַל זֶה, לִשְׁפֹּט לְהָבִין בֵּין טוֹב לְרַע וְכוּ',
וְנַעֲנֶה: "וְנָתַתִּי לְךָ לֵב חָכָם וְנָבוֹן".

וְהִנֵּה הָעַצְלוּת מִתְנַגֶּדֶת לָהּ עַל־יְדֵי
מַהֲלַךְ הָרַעְיוֹנוֹת שֶׁלָּהּ מִן הַקּוֹדֵם אֶל הַמְאֻחָר, וְצָרִיךְ לְנַצְּחָהּ עַל־יְדֵי
חִנּוּךְ וְהֶרְגֵּל. וּמִכָּאן תָּבִין מִפְּנֵי־מָה קָשֶׁה לָהֶם לַמַּתְחִילִים לַחֲזֹר

absolute folly. True knowledge can be defined as the learning experience of the animal spirit that is a result of the intervention of the intellect (see subsections 81 and 82).* True understanding can be defined as understand-

---

* This is the total knowledge that Shlomo sought— the ability to impart to others after learning himself. As the verse (KOHELES 7:23) states: *All this I have tried in wisdom* and (ibid. 12:9): *More than Koheles was a wise man, he also taught knowledge to the people.* Any man can achieve this, according to his level and willingness.

One who has understanding and strength — i.e., one who is capable of discerning the reasons and rationale for all things — can also recognize the thought that is part of every action. He can recognize what really transpired in the past by examining the claims of litigants [who come to be judged] as well as the lies they tell now. He can understand allusions, parables and figures of speech, as the verse (MISHLEI 1:6) states: *To understand parable and figures of speech, the words of the wise and their allusions.* The understanding man can recognize an internal illness from external symptoms. The more that one explores and probes so as to understand one thing from another, the more he finds that things which seemed to be simple are complex. For example: A grimace or similar expression — a reaction which people are almost unaware of having — can have all kinds of profound consequences — both positive and negative. They can affect one's life, honor and future success, as well as those of his children — both in this world as well as in the World to Come! The verse (SHEMOS 33:23) states: *And you [Moshe] shall see My back.* The Rambam explains that G-d was granting Moshe the gift of understanding, of being able, when something happens, to see what its earlier cause was [i.e., hindsight]. Our Sages said, that the 49 gates of understanding were opened for him. Hence, we do not find that there are any people who reached Moshe's level of understanding. Shlomo asked for the ability to judge and understand the difference between good and bad, a request that was granted, as the verse (MELACHIM I 3:12) states: *I have given you a wise and understanding heart.*

Laziness is anathema to understanding, for its [i.e., the lazy person's] thought process follows a straight past to future pattern — i.e., it does not allow for seeing the present and future as having been caused by the past. It can only be overcome through disciplining and conditioning. It is now understandable why those beginning the con-

מִתּוֹךְ דָּבָר מִלְּתָא בְּטַעֲמָא, וְאֵיזֶהוּ חָכָם? הָרוֹאֶה אֶת הַנּוֹלָד;
כִּי כְּמוֹ שֶׁהַבְּהֵמָה אֵינָהּ רוֹאָה אֶלָּא מַה שֶׁלְּפָנֶיהָ, וְהִיא רוֹדֶפֶת
אַחַר אֲגֻדָּה שֶׁל שַׁחַת לְבֵית הַשְּׁחִיטָה, כָּךְ נִתְּנָה דֵעָה בָּאָדָם
לְהַפְקִיר אֶת הַהֹוֶה מְחִיר הֶעָתִיד הַיּוֹתֵר טוֹב, וְהַטּוֹב מְחִיר
הַיּוֹתֵר טוֹב מִמֶּנּוּ, וַאֲפִלּוּ לִזְמַן יוֹתֵר רָחוֹק, עַד שֶׁהַחֲכָמִים
הָאֲמִתִּיִּים מַשְׁלִיכִים גַּם כָּל הֲנָאוֹת הָעוֹלָם הַזֶּה כְּנֶגֶד הֶעָתִיד
לָבוֹא אַחַר מִיתָה.

וְאֵיזֶהוּ מְכֻבָּד? זֶה הַמְכַבֵּד אֶת הַבְּרִיּוֹת,
וּמְקַמֵּץ לְעַצְמוֹ וּמֵיטִיב לַאֲחֵרִים, כִּי נָאֶה לַצַּדִּיקִים וְלַחֲכָמִים
לְמַעֵט בַּהֲנָאוֹת הַבַּהֲמִיּוֹת וּלְהִתְעַדֵּן בְּתַעֲנוּגֵי הַנֶּפֶשׁ
הַמַּשְׂכֶּלֶת, שֶׁלֹּא לָחוּס עַל טָרְחָם בְּדַעַת וּבְכִשְׁרוֹן, וְלָחוּס
אֲפִלּוּ עַל פַּכִּים קְטַנִּים מֵחֲמַת חִבּוּב מָמוֹן כָּשֵׁר. וְאִיתָא

לַאֲחוֹרֵיהֶם (סִי׳ לֹח לט).

וּבְתַנְחוּמָא פָּרָשַׁת לֶךְ־לְךָ אִיתָא: מַעֲשֶׂה בְּאֶחָד
שֶׁכִּנֵּס מָמוֹן בִּמְדִינַת־הַיָּם וְהִנִּיחַ שָׁם דַּיָּתִיקָא: כָּל נְכָסַי לְעַבְדִּי, חוּץ
מֵחֵפֶץ אֶחָד לִבְנִי בְּאֶרֶץ־יִשְׂרָאֵל וְכוּ׳. אָמַר לוֹ רַבּוֹ: אָבִיךָ חָכָם גָּדוֹל
הָיָה וְכוּ׳, אָמַר: אִם אַנִּיחַ נְכָסַי בְּיַד עַבְדִּי כָּאן וְכוּ׳, אֶלָּא כּוֹתְבְנִי הַכֹּל
לוֹ וְכוּ׳, וְעַכְשָׁו אֱמֹר לִפְנֵי בֵּית־דִּין: אֵינִי חָפֵץ אֶלָּא בְּעַבְדִּי זֶה! וְתִקְנֶה
הַכֹּל עִמּוֹ — בְּכָאן הָיָה הָאָב חָכָם, וְהָרַב נָבוֹן, וְהַבֵּן יוֹדֵעַ בִּלְבָד.

ing something, and being able to explain the cause and effect relationship to others. And who is wise? One who can see the future results of an act. An animal can only see that which is directly in front of it, and will follow a bundle of fodder [even though it leads him] straight into the slaughterhouse. Man, however, was granted understanding which enables him to forgo immediate gratification so as to be able to receive something more valuable in the future, or to forgo something good so as to be able to earn something better — even if doing so means waiting a long time. The truly wise forgo all of the pleasures of this world in the face of the future that will come after death.

And who is honorable? One who honors his fellow man, who is frugal with himself and generous to others. It befits the righteous and the wise to limit their animalistic pleasures and instead delight in the pleasures of the intellectual spirit, not to spare themselves exertion in seeking knowledge and talent and to worry about even "small jugs" [insignificant sums] because of their appreci-

---

ditioning process find it so difficult to think "backwards" (see subsections 38 and 39).

In the Midrash *Tanchuma* (*Parashas Lech Lecha*) we find the following: It once happened that a man amassed a considerable amount of money while abroad. He wrote a document declaring: "All of my money shall be transferred to my servant save for one thing which my son in the land of Israel may request." The son's mentor told him: "Your father was very wise, for he understood that were he to leave all of his wealth to you, the servant would have taken it all for himself. But because he gave it all to him save for one wish which you can make, you can approach the court and tell them that your wish is that the servant become yours and thus, everything will become yours!" In this case, we see that the father was wise — for he planned for the future; the mentor had understanding — for he saw what the father had planned; and the son acquired knowledge — once the mentor had explained his father's ruse.

בְּמִדְרַשׁ קֹהֶלֶת: ״טוֹב מְלֹא כַף נָחַת, מִמְּלֹא חָפְנַיִם עָמָל
וּרְעוּת רוּחַ׳ — טוֹב מִי שֶׁהוּא עוֹשֶׂה צְדָקָה מְעוּטָה מִשֶּׁלּוֹ,
מִמִּי שֶׁהוּא גּוֹזֵל וְחוֹמֵס וְעוֹשֵׁק וְעוֹשֶׂה צְדָקוֹת גְּדוֹלוֹת מִשֶּׁל
אֲחֵרִים. מַתְלָא אָמְרִין: גַּיָּפָה בְּחֲזוּרִין מְפַלְּגָא לְבִישַׁיָּא;
׳וּרְעוּת רוּחַ׳ — רְעוּתָא דְּמִתְקָרֵי בַּר מִצְוָתָא״. פֵּרוּשׁ: לְקַבֵּל
אֶתְנָן וּלְחַלֵּק לְחוֹלִים, בִּכְדֵי שֶׁיַּחְשְׁבוּהוּ רוֹדֵף אַחַר הַמִּצְוֹת.

בְּוַיִקְרָא-רַבָּה, פָּרָשָׁה ג: ״נֶפֶשׁ כִּי תַקְרִיב מִנְחָה וְכוּ׳״
— טוֹב מִי שֶׁיֵּשׁ לוֹ עֲשָׂרָה זְהוּבִים וְנוֹשֵׂא וְנוֹתֵן וּמִתְפַּרְנֵס
מֵהֶן, מִמִּי שֶׁהוּא הוֹלֵךְ וְלֹוֶה בְּרִבִּית, דִּמְאַבֵּד דִּילֵהּ וּדְלָא
דִּילֵהּ; אֶלָּא רְעוּתֵהּ דְּמִתְקָרֵי פְּרַגְמַטְיָא.

ation of honestly earned money. In Midrash *Koheles*, we find: [The verse states,] *Better a handful of contentment than two handfuls of toil and foul spirit* — [this means] better is he who gives a small amount of charity from funds that are his, than one who steals and robs and cheats and gives more charity than others. As the folk expression states: *She is adulterous for apples [which she receives as a fee] and she distributes them to the sick. "Reus ruach" [foul spirit can be explained as]* — *reusah* — ambition to be called one who does good deeds. She accepts her fee and distributes it to the poor so that people will think that she desires to do good deeds.

The Midrash (*VAYIKRA RABBAH* 3) comments: [*The verse states,*] *If a soul offers a meal-offering* — better one who has only ten gold pieces and earns his livelihood with them than one who borrows money with interest, for he [the latter] loses what is his and what is not his because of his desire to be seen as a businessman.

פֶּרֶק ט : זְרִיזוּת (אִסּוּר הַבַּטָּלָה)

הַמְצֵא לְךָ עֵסֶק תָּמִיד, לְטוֹבַת עַצְמְךָ אוֹ לְטוֹבַת
חֲבֵרְךָ, וְלֹא תִכְלֶה רֶגַע מֵחַיֶּיךָ לְבַטָּלָה:

צג) הַנֶּפֶשׁ הַבַּהֲמִית דַּי לָהּ בְּמַהֲלָךְ הַחֲלוֹמוֹת אוֹ
הָרַעְיוֹנוֹת שֶׁלָּהּ, וְאֵינֶנָּה קָצָה בְּחַיֵּי בַטָּלָה לְעוֹלָם, וְכָל
תַּהֲלוּכוֹת פְּעֻלּוֹתֶיהָ וּתְנוּעוֹתֶיהָ אֵינוֹ אֶלָּא עַל-פִּי הֶכְרֵחַ
הָרוּחוֹת, כַּנִּזְכָּר לְעֵיל. אָכֵן הַנֶּפֶשׁ הַמַּשְׂכֶּלֶת, אַף-עַל-פִּי
שֶׁהִיא עֲסוּקָה לְהַגִּיהַּ מַהֲלַךְ הָרַעְיוֹנוֹת תָּמִיד, בִּכְדֵי לְצַיֵּר מֵהֶן
מַחְשָׁבוֹת כַּנַּ"ל, מִכָּל מָקוֹם הִיא קָצָה בָּעֵסֶק הַזֶּה מְהֵרָה,
וּמִתְגַּעְגַּעַת לַחֲזֹר וְלִטְרֹחַ בְּאֵיזֶה עִיּוּן אוֹ מְלָאכָה, עַד שֶׁהִיא
מְכַלָּה אֶת כֹּחָהּ בָּהֶן, וְחוֹזֶרֶת לִמְצֹא קֹרַת-רוּחַ לְהַנֶּפֶשׁ
בְּמַהֲלַךְ הַמַּחְשָׁבוֹת. וְאָמְנָם גַּם אוֹתוֹ הָעִיּוּן אוֹ הַמְּלָאכָה
שֶׁהִיא טוֹרַחַת בָּהֶן צְרִיכִין לִתֵּן לָהּ שְׂכַר עֲמָלָהּ, דְּהַיְנוּ עֹנֶג
וַהֲנָאָה, אוֹ עַל-כָּל-פָּנִים שְׁמִירָה מִצַּעַר וְהֶפְסֵד.

צד) וְהִנֵּה נִתְבָּאֵר לְעֵיל, שֶׁיֵּשׁ מִינֵי הֲנָאוֹת שֶׁל יֵצֶר הָרָע
וּמִינֵי עֹנֶג שֶׁל יֵצֶר טוֹב, דְּהַיְנוּ בַּהֲמִי וְשִׂכְלִי; אֶלָּא שֶׁחַיָּב
אָדָם לַעֲבֹד אֶת קוֹנוֹ בִּשְׁנֵי יְצָרָיו, לְפִיכָךְ צָרִיךְ הוּא לְוַתֵּר גַּם-
כֵּן מִקְצָת פְּנַאי מִימֵי חַיָּיו בִּכְדֵי לְאַמֵּץ אֶת נַפְשׁוֹ הַבַּהֲמִית
לַעֲבוֹדַת הַבּוֹרֵא כַּנַּ"ל. אֲבָל מִכָּל מָקוֹם צָרִיךְ לָשׂוּם כָּל עִקָּר
מְגַמּוֹתֶיהָ לְהִתְעַלֵּס בַּתַּעֲנוּגֵי הַנְּשָׁמָה הָעֶלְיוֹנָה כַּנַּ"ל, וְלִהְיוֹת
מִשְׁתַּלֶּמֶת וְהוֹלֶכֶת בָּהֶן מִיּוֹם לְיוֹם, שֶׁעַל-יְדֵי-כָךְ נִקְרָאִים יְמֵי
חַיֵּי חַיִּים אֱנוֹשִׁיִּים. לֹא כֵן הָרְשָׁעִים, שֶׁמְּאַבְּדִין אֶת חֶלְקָם
בַּחַיִּים הַיְקָרִים הַלָּלוּ, אֶלָּא מֵתִים וְהוֹלְכִין וּמִתְגַּלְגְּלִין בַּקּוֹף
הַנִּזְכָּר לְעֵיל.

צה) וְהִנֵּה, לֹא מִבַּעְיָא חַיֵּי-בַטָּלָה מַמָּשׁ, שֶׁהֵם מְבִיאִים

SECTION IX — DILIGENCE
Always find something to do — for yourself or for a friend, and don't allow a moment of your life to be wasted.

93. The animal spirit finds its satisfaction in dreaming or fantasizing, and never grows tired of a life of idleness. As we already mentioned, all its activities and movements are a result of its being moved by the "passing wind." However, the intellectual spirit — despite its constant preoccupation with monitoring the thought process so as to develop ideas — tires of this activity quickly and yearns to return and occupy itself with study or with a task that it can undertake until it is exhausted. It can then return and monitor the thought process until it has refreshed itself. The study or task, however, must be rewarding — i.e., it must provide pleasure or delight — or at least it must provide protection from pain or loss.

94. We previously explained that there are pleasures which delight the *yetzer ha-ra* and those which delight the *yetzer ha-tov* — i.e., animal pleasures and intellectual pleasures. Man is required to serve God utilizing both these inclinations. Hence, he has no choice but to cede some of his time so as to dispose his animal spirit to seek to fulfill the Divine service. Nevertheless, the bulk of his time must be directed towards regaling in the delights of the supernal soul, progressively perfecting himself in this area daily. It is only in this manner that he can be seen as leading a "human" life [i.e., fulfilling his potential as a human]. This is not true of the wicked, who waste their share in this precious life and die with nothing to show for themselves!

95. Our reference in this section is not only to complete

לִידֵי שְׁעֲמוּם וְגוֹרְמִין מִיתָה מַמָּשׁ, כְּמוֹ שֶׁאָמְרוּ חֲכָמֵינוּ ז"ל:
אֵין אָדָם מֵת אֶלָּא מִתּוֹךְ הַבַּטָּלָה וְכוּ' (אבות דר"נ פי"א); אֶלָּא
שֶׁאֲפִלּוּ שָׁעָה מוּעֶטֶת שֶׁהָאָדָם מְבַלֶּה בְּתַעֲנוּגֵי הַיֵּצֶר הָרָע
יוֹתֵר מֵהַצָּרִיךְ לְשֵׁם־שָׁמַיִם כַּנַּ"ל, נִקְרָא חַיֵּי־בַטָּלָה, לְפִי
שֶׁאֵינוֹ אֶלָּא מְפַטֵּם אֶת הַפִּיל וּמוֹכֵר עַצְמוֹ לַעֲבוֹדָתוֹ. וְכָל מִי
שֶׁנִּגְבַּר עָלָיו יִצְרוֹ עַל־יְדֵי הַהֶרְגֵּל לִרְדֹּף אַחַר חַיֵּי בַטָּלָה
וְעַצְלוּת הַנַּ"ל, צָרִיךְ לְהִתְרַפֵּאת עַל־יְדֵי הַחִנּוּךְ בְּמִדַּת
הַזְּרִיזוּת.

idleness, which leads man to [intellectual] dullness and death, as our Sages (*AVOS D'RABI NASAN* 11) said: *Men only die because they are idle*, but even to the short amount of time which man spends on the pleasures of the *yetzer hara* beyond that called for by his Divine obligations. This too can be seen as "idleness" — he is fattening the "elephant" and subjugating himself to its service. One who finds that his inclination has subdued him through force of habit and he is therefore pursuing a life of idleness and laziness must cure himself through disciplining himself in the trait of diligence.

פֶּרֶק י': שְׁתִיקָה

קֹדֶם שֶׁתִּפְתַּח פִּיךְ — שְׁתֹק וְהַמְלֵךְ בְּלִבְּךָ, מַה
תּוֹעֶלֶת יְהֵא בַּדִּבּוּר הַהוּא לְעַצְמְךָ אוֹ לַאֲחֵרִים:

צו) כְּבָר נִתְבָּאֵר לְעֵיל (סִימָן נ), שֶׁהַנֶּפֶשׁ הַבַּהֲמִית, אֲפִלּוּ
בְּתַכְלִית שַׁלְוָתָהּ הִיא מִתְנוֹעַעַת תָּמִיד בְּמַהֲלַךְ הָעַצְלוּת
מֵהַרְגָּשָׁה לְרַעְיוֹן, וּמֵרַעְיוֹן לְרַעְיוֹן, וּמֵרַעְיוֹן לִפְעֻלָּה,
הַמִּשְׁתַּלְשְׁלִים בְּסֵדֶר הַזְּמָן שֶׁנִּרְשְׁמוּ בָהּ עַל־יְדֵי הַדִּיּוֹקָנִים
הַחִיצוֹנִים. דֶּרֶךְ מָשָׁל: כְּשֶׁאֲנִי רוֹאֶה אֶת הָאָב, אֲנִי נִזְכָּר
מִבְּנוֹ, וּמִבְּנוֹ לְנֶכְדּוֹ, וּמֵהֶם לְמַעֲשֵׂיהֶם וְקִנְיָנֵיהֶם וְכוּ'; אוֹ עַל־
יְדֵי הַתָּאֲווֹת הַמִּטְבָּעוֹת בָּהּ, כְּגוֹן רִקּוּד הָעֲגָלִים וּקְפִיצַת
הַגְּדָיִים וְכוּ'. וְדָבָר זֶה נוֹהֵג אֲפִלּוּ בְּמַהֲלַךְ הַמַּחֲשָׁבוֹת, לְפִי
שֶׁאֵין לְכֹחַ הַדִּמְיוֹן הַבַּהֲמִי שׁוּם צִיּוּר וּתְפִיסָה מִפְּעֻלַּת
הַקִּשּׁוּר כְּלָל, שֶׁהֲרֵי סֵדֶר מַהֲלַךְ הָרַעְיוֹנוֹת נִמְשָׁךְ מֵאֵלָיו עַל־
יְדֵי סֵדֶר הַדִּיּוֹקָנִין כַּנַּ"ל.

צז) וְאָמְנָם הַנֶּפֶשׁ הַמַּשְׂכֶּלֶת שׁוֹלֶטֶת בָּעַצְלוּת הַהִיא בְּכָל
פַּעַם שֶׁעוֹלֶה בִּרְצוֹנָהּ, וְהִיא יְכוֹלָה לְקַשֵּׁר אֵיזֶה רַעְיוֹנוֹת עִם
הַרְגָּשַׁת אֵיזוֹ אוֹתִיּוֹת בִּכְתָב אוֹ בְּעַל־פֶּה. וְעַל שֵׁם כָּךְ נִקְרֵאת
נֶפֶשׁ הַמַּשְׂכֶּלֶת גַּם־כֵּן נֶפֶשׁ הַמְדַבֶּרֶת, עַל שֵׁם שֶׁנִּבְרֵאת בָּאָדָם
לְגַלּוֹת מַחֲשָׁבוֹת לִבּוֹ לַאֲחֵרִים, לְמַרְאִית הָעַיִן אוֹ לְהַשְׁמָעַת
אָזְנַיִם, בִּכְדֵי שֶׁיִּהְיוּ בְּנֵי־אָדָם לוֹמְדִים וּמְתַלְמְדִים, מַשְׁלִימִים

SECTION X — SILENCE
Before you open your mouth, be silent and reflect:
"What benefit will my speech bring me or others?"

96. We have already explained (see subsection 50) that when the animal spirit — even if entirely serene — is in its "mode of sluggishness," it leaps from sensation to idea, and from one idea to another idea, and then from the idea to action according to the order in which it is externally stimulated [i.e., not according to a pre-planned or pre-set pattern of behavior]. For example: When I see a father, I think of his son, which leads me in turn to think of the grandson, which in turn leads me to think about their possessions and on and on. Additionally, the animal spirit moves by instinctive responses — e.g., the skipping of calves or the jumping of goats. This kind of response is evident in the animal spirit's thought mode as well [i.e., the free association of thoughts without any pre-plannned order of progression]. The reason for this is that the imagination of the animal spirit is totally devoid of the ability to link thoughts, for the progression of its thoughts proceeds according to the order of the stimuli which it experiences.

97. The intellectual spirit, on the other hand, controls this "mode of sluggishness" whenever it so desires, and it can link specific ideas with either written or spoken words. It is for this reason that the intellectual spirit is also known as the "speaking soul" — i.e., it was created within man so as to give expression to the feelings of the man's heart so that others might become aware of them. Thus, either through sight or through sound people can learn from each other and their interaction can be a

וּמִשְׁתַּלְּמִין בַּחֲבוּרָתָם זֶה עִם זֶה *). אֲבָל כְּשֶׁמַּפְלִיגִין בְּדִבּוּר
בְּלִי הַג הַרְבֵּה, סוֹפָה לְהֵעָשׂוֹת מִמֶּנָּה יֵצֶר הָרָע שֶׁל תַּאֲוָה
הַמְלֻמֶּדֶת, וְשִׁפְחָה לְגַאֲוָה וּרְדִיפַת הַכָּבוֹד; וּמָה גַם שֶׁדְּבָרִים
בְּטֵלִים מְבִיאִין לִידֵי לָשׁוֹן הָרָע, רְכִילוּת, לֵיצָנוּת וּשְׁקָרִים

---

*) הַנֶּפֶשׁ הַבַּהֲמִית מְחַסֶּרֶת בִּינָה וְרָצוֹן כַּנַּ״ל (סִימָן ב), לְפִיכָךְ אֵין
סָבְרָא, לֹא לְהַפְרִיד וְלֹא לְקַשֵּׁר רַעְיוֹן מֵעַצְמָהּ, דְּהַיְנוּ שֶׁלֹּא עַל פִּי סֵדֶר
הַדִּיוֹקְנִין שֶׁהִכְנִיסָה מִן הָעוֹלָם הַגָּדוֹל (סִי׳ פד צז); וְכָל שֶׁכֵּן שֶׁאֵינָהּ
מַבְחֶנֶת בְּטִיב קִשּׁוּר הָרַעְיוֹנוֹת כְּלָל. אָכֵן הַנֶּפֶשׁ הַמַּשְׂכֶּלֶת, עַל יְדֵי כֹּחַ
הַבִּינָה שֶׁלָּהּ יְכוֹלָה לְהַבְחִין וּלְהִתְבּוֹנֵן הֵיאַךְ נִקְשָׁרִים שְׁנֵי רַעְיוֹנוֹת
שׁוֹנוֹת זוֹ עִם זוֹ, וְכַמָּה הָרָצוֹן שֶׁלָּהּ אֵינֶנּוּ מְשֻׁעְבָּד לְהִשְׁתַּלְּשְׁלוּת
הַדִּיוֹקְנִים כְּלָל, וְעַל כֵּן יְכוֹלָה לְקַשֵּׁר רַעְיוֹנוֹת וְהַרְגָּשׁוֹת זָרוֹת, אוֹ
לְהַפְרִיד הַמְחֻבָּרוֹת זוֹ מִזּוֹ מִדַּעַת עַצְמָהּ לְכַוָּנָה מְיֻחֶדֶת, וּלְחַנֵּךְ בָּהּ אֶת
הַנֶּפֶשׁ הַבַּהֲמִית עַל יְדֵי לִמּוּד וְהֶרְגֵּל (סִימָן נד).

דֶּרֶךְ מָשָׁל: מִינֵי דְּפִיקַת הַתֹּף — סִימָן לָרַעַשׁ וּלְשָׁלוֹם, לִשְׁכִיבָה
וּלְקִימָה, לְוִדִיפָה, לִבְרִיחָה, הֲלִיכָה, עֲמִידָה; וְכֵן מְיַחֲדִין סִימָנִים עַל
יְדֵי חוּשׁ הָרְאוּת וְהַמִּשּׁוּשׁ, כְּגוֹן אָלֶף בֵּית שֶׁל קְפִיצוֹת וְקִרְיצוֹת
שֶׁמְּלַמְּדִין בָּהֶם אֶת הָאִלְּמִים לְדַבֵּר כִּלְשׁוֹן עַם וָעָם; וְכֵן אוֹתָן
הַסִּימָנִים הַמִּשְׁתַּתְּפִים לְכָל עַם וְלָשׁוֹן, כְּגוֹן גֹּשֶׁם מִשְּׁלָשׁ שֶׁגַּגּוֹ לְמַעְלָה —
סִימָן לְאֵשׁ; גַּגּוֹ לְמַטָּה — סִימָן לְמַיִם, שֶׁמִּשְׁתַּמְּשִׁין בָּהֶן הָרוֹפְאִים
בְּנֻסְחֵי רְפוּאוֹת שֶׁלָּהֶם לָרוֹכְלִים בְּכָל אֶרֶץ אֵירוֹפָּא; וְסִימָנֵי הַמּוּזִיקָא
לְחַכְמֵי הַנִּגּוּן, וְאוֹתִיּוֹת הַ׳צִיפֶר׳ (סְפֹרָה) לְבַעֲלֵי הַחֶשְׁבּוֹן; דּוֹמֶה לָזֶה
— כְּתָב אֶרֶץ חִינָא (סִין), שֶׁיְּכוֹלִין לְהַכִּיר בָּהּ וְלִקְרוֹתָהּ אִישׁ אִישׁ
כִּלְשׁוֹן בְּנֵי עַמּוֹ; וְכֵן אוֹתוֹ הַכְּתָב הַמִּשְׁתָּף לְכָל אֻמָּה וְלָשׁוֹן, הַנִּקְרָא
״פָּאסִי גְּרַאפִיָה״, שֶׁהַמְצִיאוֹ מְקָרוֹב; וְחָכָם אֶחָד סוּמָא מֵעֵת הֻלְּדוֹ,
מָהִיר מְאֹד בְּחָכְמַת הַחֶשְׁבּוֹן, הִמְצִיא לְעַצְמוֹ קַבִּיעוֹת קְטַנּוֹת לְסַמֵּן
בָּהֶם אֶת הַמִּסְפָּרִים, וְהָיָה מְחַשֵּׁב בָּהֶן חֶשְׁבּוֹנוֹת הַתְּכוּנָה הַגְּדוֹלִים
וְהָעֲצוּמִים עַל יְדֵי חוּשׁ הַמִּשּׁוּשׁ בִּלְבַד; וְדוֹמֶה לָזֶה — מַחֲרוֹזוֹת
הַמִּסְפָּר, שֶׁמִּשְׁתַּמְּשִׁין בָּהֶם הַסּוֹחֲרִים בְּאֶרֶץ רוּסְיָא שֶׁלָּנוּ, שֶׁיְּכוֹלִין
לְהִשְׁתַּמֵּשׁ בָּהֶם עַל כֵּן גַּם עַל יְדֵי הַדַּחַק אֲפִלּוּ בַּחשֶׁךְ עַל יְדֵי חוּשׁ
הַמִּשּׁוּשׁ בִּלְבַד. וְהַכֹּל עַל יְדֵי תַּחְבּוּלוֹת קִשּׁוּר הָרַעְיוֹנוֹת בְּכַוָּנָה,

means of achieving perfection.* However, when speech is overused, it can itself become a *yetzer ha-ra* and an acquired desire, a maidservant to one's ego and search for personal prestige. Moreover, pointless speech can lead one to speak *lashon ha-ra*, to gossip, to scorning

---

* As explained, the animal spirit lacks both understanding and will. It can thus neither analyze nor synthesize thoughts on its own, independently of the stimuli which it experiences in the world at large. It surely is unable to discern how thoughts are linked to each other. The intellectual spirit, however, through its ability to understand, can discriminate and see how two separate thoughts are connected. Moreover, its will is not dependent upon external stimuli. It can thus connect ideas and sensations that would seem to be unrelated, or it can separate those which are clearly linked so as to use them to achieve some other purpose. It can also condition the animal spirit — through education and habit (see subsection 54).

For example: The beating of a drum by an army can be associated with either war or peace, taps or reveille, attack or retreat, parading or standing at attention. Similarly, physical signals can have specific meaning [different than what they would seem to have were the person not aware of their specificity]; e.g., sign language used to communicate with the deaf, which gives them the ability to express themselves. Other examples are the universal symbols which everyone understands; e.g., an upright triangle which symbolizes fire or an inverted triangle which symbolizes water which physicians use in their prescriptions throughout Europe, or musical notes or accounting symbols. In China, the script itself is made up of symbols which enable each person to read the script according to his dialect [i.e., the symbols represent a concept rather than a specific word]. Another example is the recently devised universal script known as "phasigraphy." Another example are the symbols, which one wise man — blind from birth and possessed of extraordinary mathematical capabilities — developed to enable himself to make astronomical calculations using his sense of touch. Another example is the abacus which is widely used by storekeepers in Russia. Using it, they can make complex calculations even in the dark using their sense of touch alone. All of these things are possible by establishing a link between ideas and intent — a gift that was given to man alone among living creatures. It is this link that is the basis of speech.

וְכַיּוֹצֵא בָזֶה, כְּמוֹ שֶׁאָמְרוּ חֲכָמֵינוּ זַ"ל (אבות פ"א, יז): כָּל
הַמַּרְבֶּה דְבָרִים מֵבִיא חֵטְא.

צח) וְאָמְנָם דֶּרֶךְ הַחִנּוּךְ הוּא לְפַנּוֹת אֶת לִבּוֹ לְהַמְלָכָה
בְּעוֹד שֶׁלֹּא נִפְתַּח הַפֶּה, דְּהַיְנוּ בְּעוֹד שֶׁרוּחַ הַתַּאֲוָה קָלוּשׁ
מְאֹד בְּסָמוּךְ לִמְקוֹרוֹ, וּלְחָנְקָהּ בַּחֲדַר הוֹרָתָהּ כַּנַּ"ל (סימן נא);
שֶׁאִם רָחַשׁ לִבּוֹ אֵיזוֹ דְּבַר הֲלָצָה דִּבְדִיחוּתָא, יַרְגִּיל עַצְמוֹ
לַחֲזֹר וּלְבַלְעָהּ לְתוֹךְ מֵעָיו, כְּמוֹ שֶׁנִּתְפָּאֵר דָּוִד הַמֶּלֶךְ, עָלָיו
הַשָּׁלוֹם: "זַמֹּתִי בַּל יַעֲבָר פִּי" (תהלים יז), וּכְמוֹ שֶׁאָמְרוּ
חֲכָמֵינוּ זַ"ל: תֵּן דַּעְתְּךָ עַד שֶׁיֵּצֵא מִפִּיךָ (תנד"א זוטא פ"ג).

שֶׁנִּתְיַחֵד בָּהּ הָאָדָם עַל אַחַת מִשְּׁלֹשִׁים אֶלֶף מִינֵי הַחַיִּים שׁוֹנִים
שֶׁנִּבְרְאוּ עַל פְּנֵי הָאֲדָמָה, וְשֶׁעָלֶיהָ מוּסֶדֶת סְגֻלַּת הַדִּבּוּר כַּנַּ"ל.
וְלֹא זוּ בִּלְבָד, אֶלָּא שֶׁעַל יָדֵי כָךְ יָכוֹל הָאָדָם לְהִשְׁתַּמֵּשׁ בְּכָל מִינֵי
כֹּחוֹת שְׁאָר בַּעֲלֵי הַחַיִּים עַל יָדֵי חִנּוּךְ נֶפֶשׁ בַּהֲמִיּוּתָם כַּנַּ"ל (סי' ב).
וּגְדוֹלָה מִזּוֹ, שֶׁיָּכוֹל הָאָדָם לְחַנֵּךְ חֵלֶק הַבַּהֲמִי חֶלְקֵי שֶׁבְּנֶפֶשׁ שֶׁל עַצְמוֹ
לְכָל מִינֵי מְלֶאכֶת מַחֲשֶׁבֶת (הַצִּירְכוּת כַּוָּנָה מְיֻחֶדֶת לְהַכְשִׁיר חֶלְקֵיהֶן
וּלְסַדְּרָם בְּאֹפֶן שֶׁיֵּצֵא מֵהֶן אֵיזוֹ תּוֹעֶלֶת לְטוֹבָתוֹ), וְהוּא מִתְחַנֵּךְ בָּהֶם
אַחַת אַחַת; וְאַחַר כָּךְ מוֹסְרָן לַנֶּפֶשׁ הַבַּהֲמִית שֶׁלּוֹ לְהַנְהִיג הַמְּלָאכָה
עַל יְדֵי מַהֲלַךְ קִשּׁוּר הָרַעְיוֹנוֹת מֵאֵלָיו (סי' נ), וְהוּא יָכוֹל לְפַנּוֹת אָז
מַחֲשֶׁבֶת רוּחַ הַבִּינָה שֶׁלּוֹ לַעֲסָקִים וְעִנְיָנִים חֲדָשִׁים שֶׁל צֹרֶךְ אוֹתָהּ
שָׁעָה. דֶּרֶךְ מָשָׁל: סוֹפֵר פְּלוֹנִי הִרְגִּיל אֶת עַצְמוֹ זֶה כַּמָּה שָׁנִים לְהַעְתִּיק
סְפָרִים כְּתוּבִים לְפָנָיו, וְעַתָּה יָכוֹל הוּא לִמְסֹר מְלָאכָה זוֹ לַנֶּפֶשׁ
בַּהֲמִיּוּתוֹ; וְהֲרֵי הַיָּד כּוֹתֶבֶת, וּבְפִיו מְדַבֵּר דְּבָרִים אֲחֵרִים, שׁוֹאֵל
וּמֵשִׁיב לְאִישׁ אִישׁ עַל פִּי דַרְכּוֹ בְּדַעַת וּבְהַשְׂכֵּל; וּמָצִינוּ אֲנָשִׁים
גְּדוֹלִים יוֹשְׁבִין עֲסוּקִים בִּמְלַאכְתָּם וְעִסְקֵי בֵיתָם, וּמַפְלִיגִין אֶת
מַחֲשַׁבְתָּם לְדִבְרֵי תוֹרָה וְסִפְרֵי חָכְמָה.

לְפִי שֶׁכָּל מַעֲשֵׂי הַחֲנוּכִים, מִשֶּׁנִּגְמַר הַתְקַשְּׁרוּתָם בַּנֶּפֶשׁ, כְּבָר יָצְאוּ
מֵרְשׁוּת הַנְּשָׁמָה וְנַעֲשׂוּ הֶרְגֵּלִים (סי' נד), וְנִכְלָלִים בְּמַהֲלַךְ הָרַעְיוֹנוֹת
הַנִּקְרָא מַהֲלַךְ הָעַצְלוּת, עַל שֵׁם שֶׁנִּמְשָׁךְ מֵאֵלָיו בְּלִי שׁוּם כִּלְיוֹן שֶׁל
כֹּחַ כְּלָל (סי' נ), וּמְשַׁיְּרִין אֶת הַנְּשָׁמָה פְּנוּיָה לְכָל דְּבַר עִיּוּן וְהַבְחָנָה
כְּחֶפְצָהּ, וְעַל זֶה נִבְנֶה מְלֶאכֶת הַחִנּוּךְ לְתִקּוּן הַמִּדּוֹת.

and to lying, as our sages said (*AVOS* 1:17): *One who speaks too much brings sin.*

98. The regimen of discipline for this trait is to free one's mind to deliberate before speaking — i.e., when the "appetite" is still weak and close to its source and it can be nipped in the bud (see subsection 51). If one is tempted to say something frivolous, he should condition himself to swallow his words. As David *ha-Melech* said proudly about himself (*TEHILLIM* 17:3): *My thought did not leave my mouth.* And as our Sages said (*TANNA D'VEI ELIYAHU*): *Think before you speak.*

Moreover, through utilization of this faculty [i.e., of giving meaning to symbols et. al.], man can use the other species to accomplish his goals through conditioning of the animal spirit, as we explained (see subsection 2). What is more, man can even condition his own animal spirit to accomplish tasks that call for the combination of various unrelated parts and setting them into a fixed order so as to realize any benefit from them. Man disciplines himself to accomplish these types of tasks one at a time, and once he has done so, he can condition his animal spirit to continue to follow the pattern which he has established (see subsection 50). He can then free his faculty of understanding to accomplish new tasks and engage in new areas of study as per the exigencies of the moment. For example: For a number of years, a certain writer conditioned himself to copying texts — to the point where he could transfer this work to his animal spirit. Once he had done so, his hand could write one thing while his mouth spoke of other things. He could ask and respond to people intelligently [even though his hands were busy copying texts]. We see many great people who are busy with their occupations and household duties, yet their minds are completely free to sail on the seas of the Talmud and wisdom.

Once the conditioning process is accomplished, and the discipline is affixed into the spirit, they leave the province of the spirit and become habit (see subsection 54). They are then inculcated into the "mode of sluggishness" since they become automatic responses and demand no conscious effort (see subsection 50). The intellectual spirit is then free to pursue any contemplative activity which it desires. This is the basis for the conditioning of traits.

פֶּרֶק יא : נִיחוּתָא

דְּבְרֵי חֲכָמִים בְּנַחַת. וּמִהְיוֹת טוֹב אַל תִּקְרֵי רָע :

צט) רַב מִדּוֹת הַיְשָׁרוֹת מְצֻמְצָמוֹת מְאֹד בְּמִדָּתָן, שֶׁאִם חִסֵּר מֵהֶן אוֹ הִפְרִיז עֲלֵיהֶן, הֲרֵי זֶה סָר מִדֶּרֶךְ הַנְּכוֹנָה. כְּשֵׁם שֶׁלִּכְלוּךְ הַטִּיט וְכַדּוֹמֶה מְגֻנֶּה מְאֹד, כָּךְ הִיא הַהִתְפָּאֲרוּת וְהִתְקַשְׁטוּת יְתֵרָה גַם הִיא מְאוּסָה ; וּכְמוֹ שֶׁהַצְּבִיעוּת (דַּיְנוּ מִי שֶׁמִּתְכַּוֵּן לְהַטְעוֹת אֶת הַבְּרִיּוֹת לַחֲשֹׁב לְאִישׁ־חֶסֶד) מְגֻנֶּה מְאֹד, כָּךְ הִיא הַקַּלּוּת (הַמְזַלְזֵל בִּכְבוֹד הַבְּרִיּוֹת וּבִגְנוּתָן) גַּם הִיא מְגֻנָּה מְאֹד, וְעַל זֶה נֶאֱמַר: "וִהְיִיתֶם נְקִיִּם מֵה' וּמִיִּשְׂרָאֵל" (במדבר לב, כב) — הִקַּשׁ הַנָּקִיוֹן מִיִּשְׂרָאֵל לַנָּקִיוֹן מֵהַקָּדוֹשׁ־בָּרוּךְ־הוּא.

ק) וּמֵאַחַר שֶׁצָּרִיךְ לְהַקְפִּיד עַל הַנְּקִיוּת, שֶׁלֹּא יִתְגַּנֶּה בְּעֵינֵי הַבְּרִיּוֹת, כָּל־שֶׁכֵּן שֶׁצָּרִיךְ לְהַקְפִּיד עוֹד יוֹתֵר שֶׁלֹּא יְהֵא שָׂנוּא לָהֶם, חַס וְשָׁלוֹם. לְפִיכָךְ צָרִיךְ לְדַקְדֵּק מְאֹד בְּמַשָּׂא־וּמַתָּן וּבַעֲסָקָיו עִם הַבְּרִיּוֹת, וְשֶׁיְּהֵא שׁוֹקֵל בְּדַעְתּוֹ בִּמְתִינוּת וְיִשּׁוּב הַדַּעַת קֹדֶם שֶׁהוּא מַתְחִיל בְּעֵסֶק אוֹ בְּדִבּוּר, שֶׁלֹּא תֵצֵא מֵהֶם גְּנוּת וְשִׂנְאָה וּקְטָטָה חַס וְשָׁלוֹם, אֶלָּא לַעֲרֹךְ כָּל עֲסָקָיו וְדִבּוּרָיו בְּנַחַת עִם הַבְּרִיּוֹת, שֶׁהַצְּעָקָה וְהַכַּעַס נָאֶה לַכְּסִילִים וְלָרְשָׁעִים. וַאֲפִלּוּ בְּשָׁעָה שֶׁהוּא צָרִיךְ לְהִתְנַהֵג עִמָּהֶם בְּמִדַּת־הַדִּין, מִכָּל מָקוֹם יַטְרִיחַ לְהַעֲמִיק בְּכָל מִינֵי תַחְבּוּלָה וְעָרְמָה, שֶׁלֹּא לְהַפְרִיז עַל הַמִּדָּה אֲפִלּוּ כְּחוּט הַשַּׂעֲרָה, וּכְמוֹ שֶׁאָמְרוּ חֲכָמֵינוּ זַ"ל: "מִהְיוֹת טוֹב אַל תִּקְרֵי רָע".

SECTION XI — CALMNESS
The words of the wise are stated gently.
In being good, do not be called evil.

99. Most positive character traits have narrow parameters. Thus, if a trait is underemphasized or overemphasized, the person can be seen as having strayed from the correct path. Just as one who is dirty is seen as being repulsive, so too is ostentation and excessive display disgusting. And just as hypocrisy — i.e., one who willfully misleads people into thinking that he acts for the public's benefit — is greatly condemnable, so too is indifference — i.e., evidencing no concern for others or for their opinions. And the verse (*BEMIDBAR* 32:22) states: *And you shall be impeccable [in your actions vis.] God and Israel*. The verse draws a parallel between the requirement to act impeccably towards Israel and towards God.

100. If one is required to act impeccably so as not to be repulsive to others, then one is surely required to make every effort to insure that his actions do not lead others to hate him, God forbid. Therefore, one must be very careful in his negotiations with others. He should carefully and calmly consider matters before he speaks or acts so that he does not arouse animosity, hatred or strife, God forbid. All of one's dealings and communications with others should be carried out in a calm atmosphere. Shouting and anger are only fitting for fools and the wicked. Even at those times when one must act strictly with others, one should still make every attempt not to overstep the bounds. As our Sages said (*BAVA KAMMA* 81a): *When doing good* [e.g., admonishing or punishing someone], *do not be called evil* [do not act in a way which leads the other person to see you as evil].

פֶּרֶק יב: אֱמֶת

אַל תּוֹצִיא מִפִּיךָ אֲפִלּוּ דִּבּוּר קַל שֶׁאֵין
לְבָּךְ מֵעִיד לְךָ עַל אֲמִתָּתוֹ מִכָּל צַד:

קא) הַשַּׁקְרָנוּת הִיא חֳלִי הַנֶּפֶשׁ מְגֻנֶּה מְאֹד, וּלְכַתְּחִלָּה
הִיא בָּאָה עַל־יְדֵי רְדִיפַת הַנָּאָה שֶׁל מָמוֹן אוֹ כָּבוֹד וְאַהֲבַת
הַבְּרִיּוֹת בְּהֶתֵּר, וְאַחַר־כָּךְ בְּאִסּוּר, וּלְבַסּוֹף יוֹצֵא מִמֶּנָּה
הַתַּאֲוָה הַמְלַמֶּדֶת שֶׁל שַׁקְרָנוּת שֶׁלֹּא עַל־מְנָת לְקַבֵּל פְּרָס;
וּכְשֶׁהִיא מִזְדַּוֶּגֶת לַיֵּצֶר הָרַע שֶׁל לַהַג וּדְבָרִים בְּטֵלִים — אֲזַי
נוֹלְדָה מֵהֶם גַּם הַתַּאֲוָה לִשְׁבוּעוֹת־שָׁוְא, רַחֲמָנָא לִצְּלַן.
פְּלוֹנִי

הַגַּאַוְתָן טוֹרֵחַ בְּכָל מְאֹדוֹ לְהִתְפָּאֵר בִּפְנֵי אֲחֵרִים בְּמַעֲלוֹת
שֶׁאֵין בּוֹ, וּמִתְגַּבֵּר לְפַתּוֹתָם בְּחַבְזִילֵי חֲבִילוֹת שֶׁל רְאָיוֹת
וְזִמְמָאוֹת שֶׁל תֹּהוּ וָרִיק, אוּלַי יַאֲמִינוּ בּוֹ; מִתְלוֹצֵץ, מַלְשִׁין
וּמֵטִיל דֹּפִי בַּכְּשֵׁרִים, וְעִקָּר רְאָיָתוֹ מִן הַחֲנֵפִים. חֲבֵרוֹ הַצָּבוּעַ,
מִתְעַטֵּף בְּטַלִּית עַד טַבּוּרוֹ, אֵינוֹ מִסְתַּכֵּל מִתּוֹךְ אַרְבַּע
אַמּוֹתָיו, וּבוֹרֵחַ מִפְּנֵי הַנָּשִׁים, וַעֲדַיִן הוּא קוֹבֵל תָּמִיד עַל
מַעֲשֵׂה בַּעַל־דָּבָר, שֶׁמִּתְגַּנֵּב לְתוֹךְ תְּחוּמוֹ לִפְרָקִים.
פְּלוֹנִי

הָרַמַּאי מְשַׁקֵּר בִּשְׂכַר הֲנָאוֹת מָמוֹן, וּבוֹנֶה כָּל־עִקָּר פַּרְנָסָתוֹ
וּכְבוֹדוֹ וּמַשָּׂא וּמַתָּן שֶׁלּוֹ עַל מַעֲלָתוֹ זוֹ, שֶׁכְּבָר אִתְחַמֵּי
וְנַעֲשָׂה חָרִיף לְרַמָּאוּת וּלְהוֹנוֹת אֶת הַבְּרִיּוֹת בְּאוֹנָאוֹת מָמוֹן
וְאוֹנָאוֹת דְּבָרִים, לֵיצָנוּת וּמַלְשִׁינוּת וַחֲנִיפוֹת, כְּדֵי שֶׁיִּרְאוּ
מִלְּפָנָיו. וּפְלוֹנִי בֶּן־זוּגוֹ גּוֹנֵב דַּעַת הַבְּרִיּוֹת אוֹ כְבוֹדָם. גּוֹנֵב
דַּעַת הַבְּרִיּוֹת — זֶה הַמִּתְחַכֵּם לְדַבֵּר אֶחָד בַּפֶּה וְאֶחָד בַּלֵּב,
וּמִתְפָּאֵר בְּטוֹבוֹת בְּדָיוֹת שֶׁהוּא גּוֹמֵל לַאֲחֵרִים תָּמִיד, בִּכְדֵי
לְאָנְסָם לַהֵפֶךְ לוֹ לְאוֹהֲבִים; וְגוֹנֵב כְּבוֹד הַבְּרִיּוֹת — זֶה

SECTION XII — TRUTH
Do not allow anything to pass your lips
that you are not certain is completely true.

101. Lying is a most despicable spiritual illness. At first it stems from the pursuit of permitted pleasure, money, prestige or the esteem of men. It then progresses towards the pursuit of prohibited pleasures. At the end, it becomes an acquired inclination of its own — lying for the sake of lying! When it is combined with the *yetzer hara* of mocking and of idle talk, it brings man to the point where he will even swear falsely, God forbid.

For example: A haughty person expends all of his efforts to flaunt virtues which he does not possess. He strives to deceive others — through mountains of lies and exaggerations — hoping that they will believe him. A person who mocks also slanders and discredits decent people. A person who flatters, uses falsehood as his chief weapon. His friend the hypocrite, wraps himself in his *tallis* so that it covers his navel, does not look outside of his four cubits and flees from women, all the while continuously protesting about Satan's intrusion into his domain.

Then there's the cheat who lies for money; building his livelihood and his prestige and his business on this virtue. His expertise in deception, cheating, wrongdoing, mocking, slandering and flattering makes him a person to be feared. His partners are the professional con-artists; the one who fools people by saying one thing while meaning another, who vaunts himself by concocting stories of the benefits he brings others. And the second, who steals the honor that others deserve, taking credit for the Torah novellae and virtuous acts of his friends,

הַמִּתְכַּבֵּד בְּחִדּוּשֵׁי-תּוֹרָה וּמַעֲשִׂים טוֹבִים שֶׁל חֲבֵרוֹ, וּמְפַרְסְמָן עַל שְׁמוֹ.

קב) וְסוֹף-סוֹף שֶׁקֶר אֵין לוֹ רַגְלַיִם. וַאֲפִלּוּ אוֹמֵר אַחַר-כָּךְ אֱמֶת, אֵין מַאֲמִינִים לוֹ עוֹד. וְכָךְ עָנְשָׁן שֶׁל גַּאַוְתָנִים, צְבוּעִים, רַמָּאִים וְגוֹנְבֵי דַעַת הַלָּלוּ, שֶׁמִּתְגַּלִּים וְהוֹלְכִים, הַיּוֹם לָזֶה וּמָחָר לַחֲבֵרוֹ, עַד שֶׁמִּתְפַּרְסְמִין וְנַעֲשִׂים נִבְזִים, שְׁפָלִים וּשְׂנוּאִים לְכָל אָדָם.

קג) לְפִיכָךְ צָרִיךְ לְדַקְדֵּק בַּתְּחִלָּה וְלַחְקֹר אַחַר מְקוֹר הַמַּחֲלָה שֶׁלּוֹ, בִּכְדֵי לְעׇקְרָהּ מִשָּׁרְשָׁהּ עַל-יְדֵי הַחִנּוּךְ בְּמִדּוֹת עֲנָוָה, צֶדֶק וּשְׁתִיקָה הַנַּ"ל; וְאַחַר-כָּךְ צָרִיךְ לְצָרֵף אֲלֵיהֶם גַּם הַחִנּוּךְ בְּמִדַּת הָאֱמֶת, לְשֵׁם מִצְוַת עֲשֵׂה מְיֻחֶדֶת שֶׁל חִבּוּב הָאֱמֶת, וַאֲפִלּוּ בְּשָׁעָה שֶׁהוּא מַפְסִיד עַל-יָדָהּ הֲנָאוֹת מָמוֹן אוֹ כְּבוֹד הַמְדֻמֶּה (כְּשֶׁנִּזְדַּמְּנָה לוֹ אֵיזוֹ גְּנֵבָה אוֹ עָרְמָה אוֹ הַלְצָה יְפֵיפִיָּה), וְלָזֶהַר אֲפִלּוּ מִקְּרִיצוֹת וּרְמִיזוֹת שֶׁל שֶׁקֶר וּמִלִּשְׁנָא דְמִשְׁתַּמַּע לִתְרֵי אַפֵּי, וַאֲפִלּוּ מִשֶּׁקֶר דְּלָאו בְּפֵרוּשׁ אִתְּמַר אֶלָּא מִכְּלָלָא, וְעַל-יְדֵי הַדִּיּוּק וְכַיּוֹצֵא, עַד שֶׁיִּתְפַּקְּחוּ עֵינָיו לִרְאוֹת בְּיָפְיָפוּתָהּ שֶׁל אֱמֶת, וְכַמָּה הִיא חֲבִיבָה לִפְנֵי מִי שֶׁאָמַר וְהָיָה הָעוֹלָם, שֶׁנִּקְרָא אֵל אֱמֶת. וְאֵין לְךָ נִמְאָס וּמְשֻׁקָּץ וּמְתֹעָב כַּלְּיָצָנוּת, עַוְלָה וּמִרְמָה וַחֲנִיפָה, וּכְמוֹ שֶׁאָמְרוּ חַזַ"ל: סָהֲדֵי שַׁקָּרֵי, אַאוּגְרַיְהוּ זְלֵי — שֶׁהַלֵּיצָנִים וְהַמַּלְשִׁינִים וְהַחֲנֵפִים נִבְזִים אֲפִלּוּ בְּעֵינֵי אוֹתָן הַנָּאוֹתִין בְּשִׁקְרֵיהֶן, וְאֵין נוֹתְנִין לָהֶם שָׂכָר, אֶלָּא כְּמוֹ שֶׁמַּשְׁלִיכִין נְבֵלָה לַכְּלָבִים. וְאִם בְּעֵינֵי הַפְּסוּלִים שֶׁכָּמוֹתְךָ כָּךְ — בְּעֵינֵי כְּשֵׁרִים עַל-אַחַת-כַּמָּה וְכַמָּה.

pretending they are his.

102. But in the end, falsehood has no base on which to stand. And if the liar should later speak truthfully, no one believes him any longer. This is the punishment of those who are haughty, hypocritical, deceitful or who cheat others — they are discovered and exposed, first by one friend and then by another, until their lies are publicized and they become full of shame, debased and hated by all.

103. Therefore, one must, from the very beginning [of its appearance], search for the root of this illness and root it out by applying the disciplines of humility, righteousness and silence. Afterwards, one must include the discipline of truth — by committing himself to the positive precept of loving truth — even when doing so will cause him to forgo some monetary pleasure or presumed honor [e.g., when he has the opportunity to engage in a particularly attractive theft, deception or mockery]. He must stand guard even against something which only hints at deception or ambiguity — including lies that are not specifically said and mistaken assumptions which he leads people to make. He must continue to exercise caution until his eyes are opened and he sees the beauty of truth, how precious it is to He who spoke and the world came about, who is known as the God of truth. There is no one more repulsive, despicable and abominable than the person who mocks, who cheats, who deceives and who flatters. As our Sages said (*SANHEDRIN* 29a): *False witnesses — those who hire them see them as cheap*. Mockers, slanderers and flatterers are despised even by those who benefit from their lies, and they pay them their fees like one tosses a carcass to a dog. If those who are on their level see them this way — surely honest people view them this way as well.

פֶּרֶק יג : פְּרִישׁוּת

הִתְגַּבֵּר לְהַפְסִיק מֵהִרְהוּרֵי זִמָּה. וּלְאִשְׁתְּךָ
לֹא תִקְרַב אֶלָּא בְּשָׁעָה שֶׁדַּעְתְּךָ פְּנוּיָה
לְקַיֵּם מִצְוַת עוֹנָה אוֹ פְּרִיָּה וּרְבִיָּה:

קד) רוּחוֹת הַנֶּפֶשׁ הַבַּהֲמִית נִבְרְאוּ לְתַכְלִית יְקָרָה, לַעֲזֹר
לְהוֹצִיא לָאוֹר מִשְׁפָּט נֶפֶשׁ הַשִּׂכְלִית הַחֲלוּשָׁה מֵהֶם הַרְבֵּה,
וּמַה גַּם תַּאֲוַת הַמִּשְׁגָּל, וְהִיא הַיּוֹתֵר חַדָּה, וְעֻזָּהּ שֶׁבַּהֲנָאוֹת
וַאֲהָבוֹת שֶׁבֵּין אָדָם לְאָדָם. וְקַדְמוֹנֵינוּ ז"ל שֶׁתִּקְּנוּ מַטְבֵּעַ שֶׁל
בִּרְכוֹת הַנֶּהֱנִין עַל כָּל מִינֵי הֲנָאוֹת הָעוֹלָם הַזֶּה, פֵּרְשׁוּ לָנוּ
עֹצֶם הֲנָאַת אַהֲבָה הָעַזָּה הַזֹּאת וִיקַר עֶרְכָּהּ בְּנֻסַּח בִּרְכַּת
הַנִּשּׂוּאִין, שֶׁכְּלוּלִין בָּהּ כָּל מִינֵי דִּיצָה, חֶדְוָה, אַהֲבָה וְאַחֲוָה
וְכוּ'.

קה) וְהִנֵּה עִקַּר בְּרִיאַת אַהֲבַת זוֹ מִתְּחִלָּה הָיְתָה כְּדֵי
לְקַיֵּם מִצְוַת פְּרִיָּה וּרְבִיָּה. וְהַשֵּׁם יִתְבָּרַךְ קִדְּשָׁנוּ בְּמִצְוֹתָיו
עוֹד, לְיַחֵד לְכָל אִשָּׁה בַּעַל מְיֻחָד, לְפִי שֶׁהַיֶּלֶד הָאֱנוֹשִׁי נוֹלָד
רַךְ וּמִזָּג, צָרִיךְ לְטִפּוּל שֶׁל טְרָחָה רַבָּה וִיתֵרָה בִּכְדֵי לְסַעֲדוֹ,
לְגַדְּלוֹ וּלְהַדְרִיכוֹ לְתוֹרָה וּלְמַעֲשִׂים טוֹבִים. וְעַל־כֵּן הִנְחִיל
אוֹתָנוּ הַשֵּׁם יִתְבָּרַךְ עַל־יְדֵי מִצְוָה זוֹ אוֹתָהּ הָאַהֲבָה הַנִּפְלָאָה
כְּפוּלָה וּמְכֻפֶּלֶת, לְפִי שֶׁהִיא כְּלוּלָה מִשְּׁתֵּי הָאַהֲבוֹת הַיּוֹתֵר
עַזּוֹת שֶׁבְּכָל הַבְּרִיאָה, דְּהַיְנוּ אַהֲבַת הָאָדָם אֶת עַצְמוֹ כַּנַּ"ל
(סִימָן פז), וְאַהֲבַת זָכָר וּנְקֵבָה שֶׁל אָב וָאֵם, וְיֵשׁ בָּהּ כְּדֵי
לִסְבֹּל הַמַּשָּׂא כְּבֵדָה הַצָּרוּפָה הַזֹּאת יָמִים וְשָׁנִים, וְלִמְצֹא בָּהּ
עוֹד תּוֹסֶפֶת רֶוַח יְקַר מְאֹד שֶׁל אַהֲבַת בָּנִים הֲגוּנִים אֶל
אֲבוֹתָם, לְתָמְכָם לְעֵת זִקְנוּתָם.

SECTION XIII — SEPARATION
Strengthen yourself so that you can stop lewd thoughts. Draw close to your wife only when your mind is free, [occupied only] by thoughts of fulfilling your conjugal duties or procreating.

104. The impulses of the animal spirit were created for a worthy purpose; to assist the weaker intellectual spirit to express its desires — including the desire for coition which is the most intense and strongest of the desires and love that exist between people. Our early Sages, who formulated the blessings that are to be recited before deriving any pleasure in this world, gave expression to the intensity of this love and its precious nature in the blessing which is recited at marriage which includes references to joy, gladness, love and brotherhood.

105. At first, this love was created primarily so that man would fulfill the obligation to procreate. But God sanctified man even further by designating that every woman should have a specific husband. Because the human child is born frail and fetid, he requires care which consists of much effort in order to be nurtured, to be raised and to be trained in the way of the Torah and in the performance of good deeds. God therefore bequeathed us — through this obligation [of marriage] — a double measure of the most wondrous love — a love which is itself formed by a combination of the two strongest ardorous forces in creation; the love that a person has for himself (see subsection 87) and the love that exists between man and a woman. This combined love can withstand the ongoing, heavy burden [of raising children] for many days and years, until it finds further, precious reinforcement in the love that children show their parents when they

קו) אֶלָּא שֶׁגַּם אַהֲבָה זוֹ עֲלוּלָה לַחֲלָאִים רַבִּים וַעֲצוּמִים מַמָּשׁ כְּאוֹתָהּ דִּלְעֵיל, שֶׁיּוֹצְאִים מִמֶּנָּה גַּם גֶּזֶל וּשְׁפִיכַת דָּמִים, וּמוֹלִידִים גַּם־כֵּן חֳלָיֵי הַגּוּף מְגֹאָלִים וּמְנֻוָּלִים אֲרֻכִּים מְאֹד. וּמֵחֲמַת שֶׁמְּקוֹר כָּל הָרָעוֹת כָּאֵלּוּ הִיא בְּרוּחַ שֶׁל תַּאֲוָה קָשָׁה כַּנַּ"ל, לְפִיכָךְ מִדַּת הַפְּרִישׁוּת הִיא גַּם־כֵּן מִדָּה כְּבֵדָה בְּמַהֲלָכָהּ מְאֹד.

קז) וְאׇמְנָם כָּל־כַּמָּה שֶׁהָרוּחַ הַהוּא קָשֶׁה בְּשַׁעַת תָּקְפּוֹ, מִכָּל מָקוֹם רַבָּא דְּרַבָּא הוּא נוֹבֵעַ מִמְּקוֹר דַּק מְאֹד בִּתְחִלָּתוֹ, עַד שֶׁנִּכָּרִין בּוֹ אַרְבָּעָה פְרָקִים שֶׁל יְמֵי קְלִיטָה: עִבּוּר, לֵדָה וְגִדּוּל. דְּהַיְנוּ: (א) כְּשֶׁבָּאוּ לוֹ הַהִרְהוּרֵי עֲבֵרָה בְּהֶסַּח־הַדַּעַת וְהוּא נִפְתָּה; (ב) לְהַאֲרִיךְ בָּהֶם וּלְחַדֵּד אֶת תַּאֲוָתוֹ מֵרֶגַע לְרֶגַע, עַד (ג) שֶׁהוּא מַתְחִיל בְּדִבּוּרִים וַעֲסָקִים מֵעִנְיָן זֶה בְּדֶרֶךְ כְּלָל, וְאַחַר־כָּךְ (ד) מַתְחִיל רוּחַ הַתַּאֲוָה מַמָּשׁ לְסָחֵב אוֹתוֹ לִמְקוֹם עֲבֵרָה.

קח) וְהִנֵּה הַקְּלִיטָה עַצְמָהּ (דְּהַיְנוּ תְּחִלַּת הַהִרְהוּרֵי עֲבֵרָה כַּנַּ"ל) בָּאִים עַל־פִּי־רֹב עַל־יְדֵי גִּלְגּוּל מַהֲלַךְ הָרַעְיוֹנוֹת, שֶׁאִי אֶפְשָׁר לְהִשָּׁמֵר מִפָּנָיו, כְּמוֹ שֶׁאָמְרוּ רַבּוֹתֵינוּ ז"ל: שְׁלֹשָׁה דְבָרִים אֵין אָדָם נִצּוֹל מֵהֶם בְּכָל יוֹם, וַחֲדָא מִנַּיְהוּ — הִרְהוּרֵי עֲבֵרָה. וְשַׁתִּירוּ אִם־כֵּן שָׁלֹשׁ מִשְׁמָרוֹת שֶׁל עִבּוּר, לֵדָה וְגִדּוּל, הַנִּזְכָּרִים לְעֵיל. וְאִם יִזְדָּרֵז הַמִּתְחַנֵּךְ לְשַׂכֵּל אֶת הָעֻבָּר הַזֶּה עַל־יְדֵי הֶפְסֵק אֵיזוֹ מְלֶאכֶת מַחֲשֶׁבֶת שֶׁיֵּשׁ בָּהּ תּוֹעֶלֶת, עַל־יְדֵי סִיּוּעַ שֶׁל מִדַּת זְרִיזוּת אוֹ אִסּוּר הַבַּטָּלָה; וּמִשֶּׁהִתְחִיל בַּמַּחֲשָׁבָה הַחֲדָשָׁה, אֲזַי יָכוֹל הוּא לְפָרֵשׁ בְּקַל

support them in their old age.

106. But this love [between man and woman] is also susceptible to serious afflictions, like the others we have previously mentioned. It can lead to theft and bloodshed. It can cause abhorrent, chronic diseases. Because the root of all of these illnesses is mired within one of man's most intense desires, the trait of separation is therefore one of the most difficult to inculcate.

107. Nevertheless, as strong as this desire is at the apex of its assertiveness, in most cases its onset is hardly perceptible. In totality, it can be seen as being comprised of four stages: 1 – conception, 2 – gestation, 3 – birth and 4 – growth. The first stage is marked by succumbing to these thoughts when they come upon him suddenly and unexpectedly. The second stage is marked by indulging in these thoughts and allowing them to increase his desire. The third stage is marked by his manifesting the existence of these thoughts through his words and actions. The fourth stage is marked by his thoughts leading him to places where he can indulge in sin.

108. The stage of conception [i.e., when a person first begins to think lewd thoughts] is generally brought about by the associative thought process over which one has no control. As our Sages said (*OTZAR HA-MIDRASHIM*): *There are three things which one cannot completely escape every day — and one of them is lewd thoughts.* Thus, man can only protect himself as regards the following three stages: gestation, birth and growth. The person who is utilizing this discipline must be quick to abort this fetus while it is gestating by immediately engaging his mind in some kind of productive thought process, reinforced by his trait of decisiveness and his rejection of the characteristic of idleness. Once he has been successful in

מֵהֶמְשֵׁךְ הַהִרְהוּרֵי הָעֲבֵרָה עַל-יְדֵי טִיּוּעַ שֶׁל מִדַּת סֵדֶר, דְּהַיְנוּ
עַל-יְדֵי הַסֵּיפָא דְּפִסְקָא שֶׁלָּהּ: "וְכָל מַחְשַׁבְתְּךָ תְּהֵא פְנוּיָה
לְמַה שֶׁלְּפָנֶיךָ". וַחֲכָמֵינוּ ז"ל אָמְרוּ: אִם פָּגַע בְּךָ מְנֻוָּל,
מָשְׁכֵהוּ לְבֵית-הַמִּדְרָשׁ. וְזֹהִי עֵצָה הַיּוֹתֵר הֲגוּנָה, דִּמְקָרְבָא
הֲנֶיָתָהּ, לְפִי שֶׁדִּבְרֵי-תוֹרָה מְצוּיִּין לָנוּ בְּכָל זְמַן וּבְכָל מָקוֹם.

קט) אָכֵן אֲפִלּוּ אִם נִתְרַשֵּׁל מִלְּשַׁכְּלָם בִּמְשֵׁךְ עֲבוּרָם,
וְיָצְאוּ לַאֲוִיר הָעוֹלָם וּכְבָר גָּדְלוּ קְצָת — עֲדַיִן יָכוֹל הוּא
לְנַצֵּחַ עַל-פִּי סִיּוּעַ שֶׁל הָעֲלָאָה קְטַנָּה בַּפִּסְקָא "מְנוּחַת
הַנֶּפֶשׁ". וְאִם בְּכָל זֹאת גָּבְרָה עָלָיו הַתַּאֲוָה פַּעַם וּפַעֲמַיִם
וְשָׁלֹשׁ, מִכָּל מָקוֹם נִשְׁתַּיְּרוּ עַל-כָּל-פָּנִים רְשִׁימוֹת כַּוָּנָתוֹ
הַטּוֹבָה לְהִתְנַצֵּחַ כְּנֶגְדָּהּ כַּנַּ"ל.

קי) לְפִיכָךְ צָרִיךְ לְהִדָּבֵק וּלְהֵחָבֵק בְּחֶסֶד הַשֵּׁם יִתְבָּרַךְ
לַבָּא לְטַהֵר, בִּכְדֵי לַעֲצֹר כֹּחַ לְהַתְמִיד אֶת הַמִּלְחָמָה בְּכָל מִינֵי
תַחְבּוּלוֹת הַנַּ"ל כְּאַחַת בְּלִי רִפְיוֹן; וִיהֵא לִבּוֹ נָכוֹן וּבָטוּחַ,
שֶׁמָּקֵץ אֵיזוֹ שָׁנִים מוּעָטוֹת יִזְכֶּה לְהַעֲלוֹת אֲרוּכָה לְמַחֲלָתוֹ,
לְבָרְכוֹ וּלְהֵיטִיב אַחֲרִיתוֹ.

קיא) אוֹתָן הַי"ג פְּרָקִים עִם הָרְמָזִים וְהַפִּסְקָאוֹת שֶׁלָּהֶם
לֹא הוּבְאוּ כָּאן אֶלָּא בִּכְדֵי לְהַרְאוֹת דֻּגְמָא מֵאַרְבָּעָה תְּנָאִים
הַצְּרִיכִים כָּאן, דְּהַיְנוּ הַפְּרָקִים צָרִיךְ שֶׁיִּהְיוּ מְפֹרָשִׁים,
הַפִּסְקָאוֹת — קְצָרִים, הַמּוּסָרִים נוֹחִים וְכוֹלְלִים עֵצוֹת כָּל-
כַּמָּה שֶׁאֶפְשָׁר.

introducing a new thought, he will find it easier to discontinue his lewd thoughts by seeking further assistance from the trait of order — specifically through the latter part of its summary statement: **Let your thoughts always be free to deal with that which lies ahead of you.** Our Sages said (*KIDDUSHIN* 30b): *If this wretch has accosted you, drag him into the study hall.* This is a most cogent piece of advice, for it is immediately applicable since the words of Torah surround us at all times and in all places.

109. However, even if man was careless and did not manage to abort these thoughts while they were still gestating, and they have been born and have begun to grow, he can still vanquish them by making the summary statement of the trait of equanimity somewhat stricter. If in spite of all this, he succumbs to his desires once or twice or three times, at least he still retains the traces of his desire to overcome them.

110. Therefore, one must cleave to God and be embraced by the mercy which He shows to one who desires to be purified, so that he might gird himself with the strength to persist in this war [with his inclination], using all of the strategies available with no interruption whatsoever. His heart should be confident that within but a few years he will merit that his spiritual illnesses will be cured, that he will be blessed and that his end will be good.

111. The thirteen sections — including the traits and statements of summation — were only brought as examples of the four conditions that the conditioning regimen requires: that the chapters of study be explicit, that the summations be concise, that the *mussar* selections be practical and that they offer as much advice as is feasible.

וְלָרֶוַח דְּמִלְּתָא נִתּוֹסְפוּ עוֹד כַּמָּה פְּסְקָאוֹת
עִם רְמָזֵיהֶן לַמִּדּוֹת הָעֲלוּלוֹת לַחֲלוֹת בְּדוֹרֵנוּ, לִהְיוֹת מְזֻמָּנִים
לְאִישׁ וָאִישׁ כְּפִי צֹרֶךְ תִּקּוּן נִשְׁמָתוֹ:

רֶמֶז פְּלוֹנִי — הִסְתַּפְּקוּת: קֹדֶם שֶׁתִּקַּח מָזוֹן אֶל פִּיךָ,
הִתְבּוֹנֵן מַה תּוֹעֶלֶת יֵשׁ בּוֹ לִבְרִיאוּת גּוּפְךָ אוֹ לְצֹרֶךְ מִצְוָה.

רֶמֶז פְּלוֹנִי — מְתִינוּת: לִבְּךָ אַל יְבַהֵל, וּפִיךָ אַל יְמַהֵר,
אֶלָּא הֱוֵי מַפְסִיק דְּבוּרֶיךָ וַעֲסָקֶיךָ כַּמָּה וְכַמָּה פְּעָמִים
בְּהַמְלָכוּת וְיִשּׁוּב הַדָּעַת.

רֶמֶז פְּלוֹנִי — צְנִיעוּת: הִזָּהֵר מִן הַכִּעוּר וְהַגְּנוּת, מִן
הַתַּאֲוָה וּמֵחֲשָׁדָה, וְתִמְצָא חֵן בְּעֵינֵי אֱלֹהִים וְאָדָם.

רֶמֶז פְּלוֹנִי — בִּטָּחוֹן: אִם בָּאָה דְּאָגָה בְּנַפְשֶׁךָ, הֱוֵי
מְקַבֵּל אוֹתָהּ כְּאַזְהָרָה מֵה' אוֹהַבְךָ, לְפַשְׁפֵּשׁ בְּמַעֲשֶׂיךָ
וּלְהִמָּלֵךְ עִם הַיּוֹעֲצִים אֲשֶׁר בָּרָא בְּלִבֶּךָ. וּמִשֶּׁעָשִׂיתָ רְצוֹנוֹ,
בְּטַח עָלָיו וְשׁוּב לִמְנוּחַת נַפְשֶׁךָ (עַיֵּ' סִיֵּ' עוֹ, עַז, וְרֵישׁ סִיֵּ' עַד).

רֶמֶז פְּלוֹנִי — נְדִיבוּת: הִתְלַמֵּד לְהַרְגִּיל הָעֹנֶג שֶׁל
גְּמִילוּת חֲסָדִים וְהַפְּחִיתוּת שֶׁבְּמִדּוֹת הַכִּילוּת.

ADDENDUM

For the benefit of the reader, we have included a number of other summary statements which refer to character traits which, in our generation, often need rectification. They are brought so as to be available for those who need them.

TEMPERANCE — Before taking food into your mouth, consider what benefit it has for your personal health or for the fulfillment of a precept.

DELIBERATION — Let your heart not be precipitate nor your mouth hasty. Rather, pause several times while speaking or acting so as to deliberate and calm yourself.

MODESTY — Distance yourself from all that is ugly and unseemly, from lust and from anything which leads people to be suspicious of you, and you will find favor in the eyes of God and man.

TRUST — If worry comes to your heart, take it as a warning from God who loves you. Examine your deeds and take counsel with those whose advice you seek. When you have fulfilled His will, trust Him and your serenity will return (see subsections 76 and 77).

GENEROSITY — Accustom yourself to finding satisfaction in acting kindly towards others and in seeing the meanness of being stingy.

שָׁבוּעַ א׳ — מְנוּחַת הַנֶּפֶשׁ: הִתְגַּבֵּר עַל מְאֹרָעוֹת פְּחוּתֵי
הָעֵרֶךְ, רָעוֹת אוֹ טוֹבוֹת, שֶׁאֵינָם כְּדַאי לְבַלְבֵּל מְנוּחַת נַפְשֶׁךָ.

ז	ו	ה	ד	ג	ב	א	רְמָזִים
							מְנוּחָה
							סַבְלָנוּת
							סֵדֶר
							חֲרִיצוּת
							נְקִיּוּת
							עֲנָוָה
							צֶדֶק
							קִמּוּץ
							זְרִיזוּת
							שְׁתִיקָה
							נִיחוּתָא
							אֱמֶת
							פְּרִישׁוּת

SAMPLE CHART
WEEK I · EQUANIMITY

*Rise above events that are inconsequential — both bad and good —
for they are not worth disturbing your equanimity.*

TRAITS	1	2	3	4	5	6	7
Equanimity							
Toleration							
Order							
Decisiveness							
Cleanlines							
Humility							
Righteousness							
Frugality							
Zeal							
Silence							
Calmness							
Truth							
Separation							